香港人的政治心態

劉兆佳　著

商務印書館

香港人的政治心態

作　　者：劉兆佳

責任編輯：張宇程

封面設計：張毅

出　　版：商務印書館（香港）有限公司
　　　　　香港筲箕灣耀興道 3 號東滙廣場 8 樓
　　　　　http://www.commercialpress.com.hk

發　　行：香港聯合書刊物流有限公司
　　　　　香港新界大埔汀麗路 36 號中華商務印刷大廈 3 字樓

印　　刷：美雅印刷製本有限公司
　　　　　九龍觀塘榮業街6號海濱工業大廈4樓A

版　　次：2017年 6 月第 1 版第 1 次印刷
　　　　　© 2017 商務印書館（香港）有限公司
　　　　　ISBN 978 962 07 6599 5
　　　　　Printed in Hong Kong

　　　　　版權所有　不得翻印

目　錄

第三部分　信任與參與

序

　　《香港社會的政制改革》、《香港社會的民主與管治》和《香港人的政治心態》三冊書匯集了近 40 年來我對香港回歸前和回歸後所做研究的主要學術論文，其中大部分論文原以英語撰寫並在西方國家的學術期刊發表，現在經翻譯首次以中文出版。這些學術論文反映了我學術生涯中不斷變化的研究重點和目標，也反映了在過去半個世紀香港社會與政治的急劇變遷。這些學術論文既代表我個人的學術成果，也可以說是香港歷史的印記。藉着這三冊書與讀者見面的機會，我也全面回顧了自己的學術歷程。

　　1975 年，我在美國明尼蘇達大學取得了哲學博士學位，在美國工作半年後便回到香港，在香港中文大學社會學系任教。我的博士論文探討了 19 世紀中國儒家精英在整合和領導傳統中國社會上所起到的關鍵作用，並重指出政治與社會的分崩離析與儒家精英的弱化和解體有關。雖然之後我仍然對傳統中國的社會、政治與思想有濃厚興趣，但這不再是我的研究重點。研究重點的轉移並非完全由我個人的學術志趣驅動，在很大程度上反而與研究機遇、香港的變遷和"九七問題"的凸起有更大的關係。

　　儘管我年輕時唸書的地方是一所由英國聖公會開辦並以英語為主要授課語言的學校，但我在中學時期已經深深地被儒家思想，特別是其經世濟民的主張所吸引，因此對中國語文和中國歷史尤其是近代史特別着迷。我認可知識分子對國家、民族和社會的責任和擔當，並認為讀書人應該有匡扶社稷，"先天下之憂而憂，後天下之樂而樂"和"民胞物與"的襟懷。中學畢業進入大學後，我放棄了研修中文和中國歷史的初衷，轉而主修社會學和經濟學。經過再三思考，我決定以政治社會學為日後學術工作的重點，其中政治和社會發展、政治文化、政治體制、政治領袖、比較政治和國際政治乃研究重點所在。

即便如此，回香港工作後，我還需要物色具體研究項目，因此在香港中文大學社會學系任教的頭兩年，我一直在摸索將來要從事哪些方面的研究。在此期間，我參與了社會學系的一項集體研究計劃，該計劃旨在探討內地人民公社的功能和意義。假如這項研究能夠啟發我對"中國研究"的興趣，則日後我的研究重點便會是內地而非香港。在當時的環境下，對於一位年輕學者來說，"中國研究"比"香港研究"更具"實用"價值，因為在國外學術刊物發表"中國研究"的文章比較容易，而發表國際學術界認可的文章的多寡對學者的學術事業來說關係重大。然而最後，我決定捨"中國研究"而取"香港研究"，這當中有幾方面的考慮。

第一，這不等於我特別"愛"香港。雖然我在香港出生、成長和受教育，但我的"國家情懷"比"香港情懷"要更濃厚一些。因此，愛香港並非驅使我其後幾十年集中研究香港的動力。當然，隨着時間的遷移，我對香港的感情不斷加深，進而促使我更加銳意研究香港，並願意對其未來盡一份力。

第二，雖然從功利角度考慮，"中國研究"應該是首選，但是內地研究中有關人民公社研究的經驗卻讓我對"中國研究"感到猶豫。一方面，我沒有把握能夠從內地取得大量信而有徵的材料和數據，以作為嚴謹學術研究的基礎。另一方面，我感到人生苦短，希望自己在有限生命中創造的研究成果能夠經得起時間考驗並具有實用和傳世價值。因此，"中國研究"對我來說風險太大，非我所能承擔。相反，就算"香港研究"不能帶來豐碩的學術回報，甚至對個人的學術事業造成阻滯，但從學者"求真"的精神出發，也是無可奈何的事。無論如何，社會學者需要有一個他看得見、摸得着的研究"地盤"或"對象"，這樣才會產生"踏實"

的感覺。毫無疑問，對我來說，香港正是那個"地盤"和"對象"。當然，有些學者喜歡做抽象和理論的探討，因此不需要對某一特定社會進行研究，但我不屬於這類學者，我始終希望能夠立足或扎根於一個社會，並以此為基礎或出發點來探討理論性課題。

第三，"香港研究"愈來愈成為迫切的實際需要。回顧過去，1975–1981 年這段時間對我來說是"黃金"六年，是我可以在比較不受外面世界干擾的環境中專注於學術工作的六年。1980–1981 年，我在美國哈佛大學做哈佛燕京訪問學者期間出版了《香港社會與政治》(*Society and Politics in Hong Kong*) [1] 一書。自哈佛回港後，適逢香港前途問題出現，中英兩國政府及香港各界人士都被捲入這個歷史性事件之中，我個人也不例外。作為香港本地培養的首批社會學者之一，我有義不容辭的責任去研究與香港未來有關的種種問題，特別是香港日後的政治與政制發展，不但要分析，更要拿出應對辦法。中英兩國政府，尤其是中國政府，不時向我諮詢，提出現實或政策性問題。政治環境的突變，使我在"象牙塔"內做學問的同時，還要回應各方面提出的問題和建議。1992年，英國政府派政治人物彭定康來香港當總督，旋即爆發中英之間在香港政制發展問題上的嚴重對抗，並最後促使中國政府以"另起爐灶"作為反制的策略。在香港回歸祖國過渡期的最後幾年，我先後以"港事顧問""香港特別行政區籌備委員會預備工作委員會委員"和"香港特別行政區籌備委員會委員"的身份參與了中央主導的香港回歸祖國的工作，並就特首和立法會的產生辦法提供意見。香港回歸後，政治、經濟與民生的挑戰紛至沓來，令各方面疲於奔命。個人的學術研究在這種環境下不可避免地要更有針對性和實用價值。2002–2012 年，我離開大學，進入特區政府出任中央政策組的首席顧問。在這十年中，研究的範圍進一步擴大，研究的內容更為複雜，而研究成果的實用性較諸其學術性更為重要。總的來說，自 1982 年以來，我的學術事業直接與香港的前途和發展問題緊密聯繫，"純學術"研究已經變得不可能。研究的目標不但要對理論的探討和建設有意義，還要對發現和解決香港的諸多問題有價值。很多時候，學術研究題目的選定取決於香港面對的現實和迫切需要解決的問題，而非源於學術理論發展的要求，與西方社會學理論的變遷與爭辯，關係更加小。所以，過去幾十年，我個人所身處的社會環境和自定的工作目標，塑造了我的學術風格和研究取向。無論就背景、目標、經驗，還是歷練而言，在香港的社會學與政治學界中，我都是頗為"與眾不同"的。

毋庸諱言，不少甚至大部分香港社會學者和政治學者在研究香港問題時，喜歡簡單套用西方理論，並肯定其在香港的應用價值，西方的民主和民主化理論尤其受到重視和認同。原因有三個：一是相信甚至"迷信"西方理論的"普遍性"，認為就算不能直接應用於香港，稍作調整便可適用。在這些學者的眼中，香港研究是人類（其實是西方）社會科學研究的一個環節，哪怕只是小環節，香港研究的成果既印證了普遍理論，又豐富了普遍理論。二是他們服膺於那些理論背後的西方價值，並確信那些價值代表"普世"價值，因此應該在香港樹立和推廣。三是假如學者認同了西方理論的"普遍性"，而其研究成果又進一步證實了西方理論在香港適用，那麼在西方刊物或出版社（大學的出版社尤其重要）發表著作便較為容易，而能否在西方"學術市場"發表著作，對個人的學術事業至關重要，因為香港的大學傾向於以在"國際"（主要指西方）領域發表著作為評審標準來衡量學者的學術成就。因為這些原因，眾多的香港學者喜歡探討香港與西方社會的共同點，兩者之間的差異則較少受到重視。

另外一種情況是，部分學者喜歡將當前西方理論界的"時髦"理論、觀點和概念引入香港，並肯定那些東西對香港有參考或應用價值。對於不少香港學者的這些傾向和行為，我的看法是雙方面的。一方面，我承認，西方社會既然是人類社會的一部分，那麼來自西方的社會學理論也自然在其他的社會有一定的參考和應用價值。運用西方理論分析香港的社會現象，有利於發掘和透視一些我們因為長期在香港生活而看不到或者遺漏的東西，對我們已有的知識可以提供新的研究角度，從而深化我們對香港社會的理解，西方理論也會強化本地學者從理論角度剖析香港社會現象的能力。然而，另一方面，將注意力放在某些現象上等於疏忽了另外一些現象，而那些現象對香港社會而言可能更為重要，或是更好地理解香港社會的"鑰匙"。換句話說，西方理論讓我們看到一些東西，但同時遮掩了另外一些東西。總的來說，我認為，西方學者在概念和理論建設方面有獨到之處，尤其是在將社會現象拆解後進行分析，然後再將分析結果予以整合來建構理論這一方面。因此，鑒於西方社會學比其他地方的社會學更為"發達"，我們不可避免地要參考西方的理論研究和研究成果，起碼要用它增強我們思考的深度與廣度，但不能照單全收，更不可以盲目奉之為金科玉律。在參考西方理論和運用西方學術概念的同時，我們必須有意識地脫離西方的思考框架，認真細緻地去探尋香港的諸多社會現象，總的目標是全面和確切地認識香港，從中建構更好的概念和理論，並將之用於研究香港。

從一開始我便以香港的特殊性作為研究的理論支點，這在香港學者中是較為罕見的，目標是不僅要指出西方理論涵蓋面的不足，也表明不能簡單地從西方理論中尋找認知和解決香港問題的辦法。香港研究必須立足於香港的歷史和現實，必須從客觀角度出發，不要混淆現實和理想，也不能把理論當成現實。基本上，我是從"不服氣"的起點出發來思考香港社會的，首先假設西方學者"不可能"對香港有深度的認識，因此他們的理論總會在某些方面難以直接套用於香港。一些在西方社會比較矚目的現象，在香港不一定重要，而香港一些顯著的現象也可能在西方看不到。誠然，一些西方學者強調他們的理論絕非完全建基於西方現象，而是來源於西方和非西方社會的比較，但即便如此，倘若他們對香港缺乏認識，他們的概念和理論總會與香港有格格不入之處，而那些格格不入之處正好是香港學者研究的最佳切入點，也是香港研究可以對所謂"普遍理論"建設所能作出的"貢獻"。

　　既然要突出香港的獨特性，建構植根於"本土"的社會學理論，那麼研究方法便不能不採用"歷史暨比較"角度（historical-comparative approach）。所謂歷史角度，是要基於香港過去的歷史發展去認識香港的現狀和探索香港的未來。香港過去的經歷、事件、人物、制度、政策和一些"集體回憶"，都左右和規限着香港目前和將來的發展。歷史角度不單指香港自身的歷史，也必須包括更廣闊的視野，其中中國近代和當代史、中西方關係史和東亞地區的歷史尤為重要。不了解歷史，為香港的改革和發展提出的訴求和建議容易流於不切實際或難以兌現。每個社會都有其與眾不同的歷史發展經驗，因此在一定程度上，每一個社會都是獨一無二的。通過歷史分析，香港的獨特性便"躍然紙上"，馬上成為學者關注和探討的課題。所謂比較角度，是要將香港與古往今來的人類社會比較，找出其異同之處，從而透視香港獨特的地方。當然，我們不可能將香港跟"所有"的人類社會比較，而事實上學者們對其他社會的研究也不多，因此實際上只能通過縝密思考，找尋若干有意義或有價值而又可供比較或對比的現象。在我看來，目的不是要通過比較香港與其他社會來建構一般性的社會學理論，而在於加深對香港的了解，尤其是能夠更好地發掘香港社會的"核心"社會現象。這些"核心"社會現象不但有其重要性，我們更可以借助這些現象更好地了解與之密切關聯的其他社會現象。

　　在過去近 40 年的研究生涯中，我提出了一系列概念來描述和分析與香港社會和政治發展有關的諸多現象，並取得了一些成果。在不同程度上，這些概念代表了我說的"核心"概念，因為它們擔當着研究的"鑰匙"的功能，通過它們，我們可以更全面和深入地分析香港的過去和現在，並對未來提供線索和可行之道。這些概念在學術界廣受關注，當然也受到不少批評，部分批評在香港的高度政治化環境中更流於道德或惡意的中傷。誠然，我的"核心"概念不是批評者的"核心"概念，他們認為我的"核心"概念忽略了一些更重要的社會現象，因此對香港的分析有失偏頗，並錯誤理解部分現象，而基於我的研究成果的政策建議不但無用，而且對香港有害，比如不利於推動香港的民主發展，也不利於讓當政者正視香港的社會矛盾等，不一而足。我的看法是，各種各樣的"核心"概念和與之相關的理論並存絕對是好事，良性的學術爭論會越辯越明。然而我相信，我的學術成果是經得起時間考驗和實踐檢驗的。

在長達 40 年的學術生涯中，我建構了一批"核心"概念，並以此為工具研究香港社會的狀況和變遷。這些概念中比較重要的包括："先有殖民政府、後有殖民地人民"的殖民地、高度穩定的殖民社會、功利家庭主義（utilitarianistic familism）、社會容納政治（social accommodation of politics）、低度整合的社會與政體（compartmentalization of society and polity）、沒有獨立的非殖民化（decolonization without independence），缺乏被領導者的政治領袖、缺乏領袖的制度（institutions without leaders）、缺乏社會基礎的政治（social irrelevance of politics）、功利主義法律觀、行政主導、局部民主政體（partial democracy）、發育不良的政黨體系（stunted political party system）、沒有執政黨的政黨政治（party politics without the ruling party）、低民主、高自由的社會、民主發展後於法治、自由、人權、穩定、繁榮的出現、關注的旁觀者（attentive spectators）、從非常態政治到常態政治、矛盾民主觀（democratic ambivalence）等。這些"核心"概念通通源於長年累月對香港的實證研究，也源於認真利用歷史暨比較方法挖掘香港的特點。

總體而言，這些"核心"概念加起來其實很好地描述和反映了香港作為一個社會乃至一種社會現象的主要特色。

第一，香港在"開埠"伊始已經是一個特殊的英國"殖民地"。英國人攫取香港這片荒島為"殖民地"，目標是要建立一個有利於英國商人的對華"貿易"而且不受清政府控制的橋頭堡。為了達到目的，一開始英國人便要在香港推行開明和懷柔的管治方法，以吸引各地尤其是中國內地的人才、資金和勞工來香港開拓和發展。為此，一套有利於各方面經商、就業和生活的法律和制度便不可或缺。與絕大部分殖民地不同，香港是先有殖民政府的出現，然後才有"殖民地"人民的到來。從內地來香港定居或發展的華人，無論基於甚麼理由，都是自願接受殖民管治的，起碼不反對殖民管治，因此他們絕無推翻殖民政府（在香港，即為港英政府）之心，反而將香港作為安身立命之所，這種情況在 1949 年新中國成立後更是如此。正因如此，香港從來沒有發生過反殖民或獨立運動，也無法借助反殖民或獨立運動來培育有威望的政治領袖。

第二，中國政府不會容許香港脫離中國走向獨立。為了讓中國政府放心，英國人不會在香港推動有"還政於民"意味的政治體制改革，不會刻意培育有羣眾基礎的本地政治領袖。為了鞏固殖民管治，英國人通過"行政吸納政治"的手段籠絡華人精英，讓他們成為殖民政府的"同路人"，同時減少社會上出現"獨立"於殖民政府的政治力量的可能性。這些"同路人"雖然在華人社會享有一些聲望，但絕對不是具備政治權威的政治人物。社會上反對殖民政府的政治人物絕無僅有，因此對殖民管治不構成威脅。

第三，香港的華人社會由無數的家庭單位組成，這些家庭單位的核心是那些有血緣和姻緣關係的人，但也可以從"功利"角度考慮，選擇性地將一些與自己有利益聯繫的親戚朋友"納入"家庭單位，因而表現出"功利家庭主義"的形態。這些家庭單位在一定程度上解決了個人的需要，並起到穩定社會的作用。

第四，家庭單位與眾多的華人社團共同處理了不少華人社會的問題和矛盾，解決了不少可能引發政治事端或衝突的問題，因此發揮了"社會容納政治"的功能，大大減少了最後需由殖民政府應對的政治摩擦與挑戰，使得行政需要吸納的政治不至於過多，從而保持了香港的政治穩定。與其他殖民地相比，香港的政局絕大部分時間都是高度穩定的。"二戰"後，全世界反殖浪潮風起雲湧，但香港的政局卻風平浪靜。我研究香港的起點恰恰就是探討香港"超穩定"殖民社會的原因何在。當時幾乎所有人對香港的第一印象就是政治穩定和港人對政治的不熱衷甚至"冷漠"。我當然不會否定社會衝突的存在，但 20 世紀 70 年代香港的政治穩定對我和不少人來說，應該是較為矚目和值得探討的現象。我的基本看法是，"行政吸納政治"和"社會容納政治"相輔相成，大幅減少了香港政治矛盾的數量和嚴重性。與此同時，華人社會與殖民政府各司其職，來往不多，形成"低度整合的社會與政體"的局面。就當時來說，在殖民管治被廣大香港人接受的前提下，所謂香港政治在很大程度上就是"官僚政治"，即發生在政府內部和政治精英之間的"政治"。這些"政治"與社會沒有密切關係，也沒有受到廣大羣眾的關注，因此是"缺乏社會基礎的政治"。人們關心的問題一般不會進入政治領域，也沒有有實力的本地政治領袖將它們轉化為政治議題，從而將之帶進政治領域。

第五，港人政治文化的內涵與"功利家庭主義"基本上是一體的兩面。對此，我和關信基教授合著的《香港華人的心態》(*The Ethos of the Hong Kong Chinese*)[2]一書有詳細闡述。簡而言之，港人的政治文化是一種公民文化與順民文化的混合體。港人一方面吸收了一些來自西方的民主和自由的思想，另一方面又呈現出對權威的尊重以及對穩定與秩序的追求。他們願意接受殖民管治，並基於殖民政府的良好施政表現而賦予它頗高的政治認受性。港人的法律觀或法律文化有明顯的實用主義傾向。他們不太了解西方法律背後的原則和思想，仍然保留了一些傳統中國的法律觀點。不過，港人相信香港的法律對自己有用，因此堅持遵守法律的重要性。無論是港人的政治文化還是法律文化，功利主義或實用主義的色彩都很突出，而中國傳統的價值觀與西方的價值觀則不太和諧地並存。實際上，港人對西方文化的接受流於表面，大體上認為西方文化對自己和香港有用，但仍然受到來自中國傳統的"威權性"政治文化（authoritarian political culture）的薰陶，而後者是和西方文化相悖的。

第六，隨着社會的變遷、經濟的發展和教育水平的提高，社會矛盾增加，民眾的期望與訴求攀升，華人社會自我解決問題和滿足需要的能力下降，殖民政府面對的來自社會的要求和壓力就愈來愈多，也愈來愈難應對。殖民政府介入社會和民生事務的程度有所提高，港人對政府的依賴不斷提升，因此社會上逐漸湧現一些政治人物和組織。他們不僅向殖民政府提出各種具體訴求，也在確認殖民管治的前提下要求更多參與政治的機會。殖民政府一方面盡其所能地回應民眾的民生需要，另一方面卻不願意放棄對政治權力的壟斷和控制。在"九七問題"出現的前夕，香港的政治人才十分匱乏。大部分港人認同香港的政治、行政、經濟和社會制度，但對政治領袖缺乏信任與尊重，出現了"缺乏領袖的制度"和"缺乏被領導者的政治領袖"現象。人們覺得只要制度運作良好，政治領袖可有可無。再者，在殖民政府管治下，人們也不相信本地政治領袖會擁有實質的政治權力或能力。這種輕領袖、重制度的心態本來應該是進步的象徵，但在政治領袖匱乏的情況下卻成為絆腳石，阻礙了領袖的形成與成長。香港脫離殖民管治並在"一國兩制"框架下實行"高度自治"，然而缺乏擁有羣眾基礎的政治領袖便為回歸後香港的有效管治和政治穩定埋下了隱患。

"九七問題"的"突然"出現，對香港的政治格局與生態造成了巨大衝擊。在無法延續殖民管治的情況下，英國人謀求"光榮撤退"和在回歸前的過渡期內保護英國的權威與利益，一方面大力推動香港的民主改革和"還政於民",另一方面則銳意扶植反共和民主派勢力。中國政府則一方面致力於挫敗英國人的政治意圖,另一方面努力培養"愛國愛港"力量。中英雙方的政治角力塑造了香港的民主化路向,但同時分化和弱化了剛冒起卻"先天不足"的本地政治領袖和勢力。在中英鬥爭的大氣候下,香港所走的"沒有獨立的非殖民化"道路呈現幾個重要特徵:第一,既然香港不是獨立國家,港人便不能完全決定由誰來控制特區政權。在主流民意仍然反共和拒共的氛圍下,中國政府覺得必須確保特區的行政長官是中央可以信任和依託的人。因此香港的民主化是"局部民主化",具體反映在港人有較大權利選舉負責監督政府的立法會議員,但在選舉行政長官上則權利有限。第二,"局部民主化"讓一位擁有強大憲制權力的行政長官與享有實質"反對"權力的立法會並存,各自有各自的權力來源和支持者,彼此之間摩擦難免。第三,從憲法的角度看,香港是一個"行政主導"甚至可以說是"行政長官主導"的政體。行政長官壟斷了政策制定權、財政主導權和人事任免權。但在羣眾支持不高、政府權威不足和行政長官沒有政黨聯繫的格局中,行政長官縱有憲制權力,卻在政治威望低落的情況下無法充分和有效地運用手上的權力。回歸後香港特區的管治不暢和政局混亂與此不無關係。第四,為了避免突然進入全面民主化而帶來政治動盪,民主改革遵循循序漸進的步伐。行政長官的普選只會在條件成熟時才進行,同時要防止選舉與中央對抗的人成為特首。在立法會的選舉辦法中,"功能團體"議席的引進和逐步減少,以及選民基礎的不斷擴大發揮了"以空間換時間"的巧妙作用,從而使得以普選辦法產生所有立法會議員的時刻不會過早。第五,香港的"局部民主化"衍生了香港幾乎獨一無二的"沒有執政黨的政黨政治"現象。在執政黨缺位的情況下,特區政府在立法會內缺乏穩定和可靠的支持;無論是建制派政黨還是泛民主派政黨,都以監督和制衡政府為己任;建制派和泛民主派政黨都處於鬆散和積弱狀態,社會支持基礎不強。泛民主派政黨屬於"永久的反對派"，從長遠來看有走下坡、內部分裂日趨激烈的趨勢。"沒有執政黨的政黨政治"似乎不能成為長期存在的現象，因為它對特區的長治久安不利。

香港的"局部民主化"誠然不能滿足大部分港人對民主的追求，對於政治體制，社會上也存在着一定的不滿情緒。但過去幾十年來香港沒有出現擁有強大羣眾基礎、得到中產階層鼎力擁護、有能力持久"作戰"、波瀾壯闊的民主運動。這可以從香港獨特的民主發展軌跡和與此相關的港人"矛盾民主觀"中找到解釋。香港這種"先有殖民政府、後有殖民地人民"的歷史背景，使得它在民主化發生之前已經陸續享有法治、善治、自由、人權等不少其他國家和地區需要付出巨大代價，包括流血犧牲、在爭取到民主之後才能獲得的東西。既然港人已經得到那些他們認為比民主更加珍貴的東西，那麼他們便不願意付出沉重代價來爭取民主。"沒有獨立的非殖民化"只容許香港在脫離殖民管治後成為中華人民共和國的一個特別行政區。港人明白與中央對抗有害無益，因此也不太希望因為民主改革問題而與中央交惡。不少港人甚至擔憂，不適當的民主化反而會帶來不符合自己和香港利益的惡果，因此寧願慎重地、一步一腳印地推進民主進程，持這類觀點的人在中產階層不佔少數。由於顧慮多且猶豫不決，港人的"矛盾民主觀"與循序漸進發展民主若合符節。假如港人願意不顧一切地追求民主，循序漸進發展民主就不會被港人接受，而港人與中央的衝突便會極度激烈，不僅政治穩定和有效管治不可能，甚至中央的"一國兩制"方針也難以落實。

如果政策建議是基於對香港獨特性研究的成果，那麼與來自簡單套用西方理論的建議相比自然有所不同，反映在如何處理香港的民主發展和達到有效管治的問題上尤其如此。在"沒有獨立的非殖民化"下，香港的利益和未來必將建構在"兩制"關係融洽和中央與特區合作的基礎上。"互利共贏"和"榮辱與共"必然是彼此互動的指導原則。從香港歷史發展的角度看，港人與內地同胞、中央與特區之間必然會建立更緊密的關係，這是長期的、不可逆轉的趨勢。誠然，這個趨勢也不可能一帆風順、一片坦途，反而會跌宕起伏、陰晴不定和坎坷不平。基於對歷史發展趨勢的肯定，也基於我對香港獨特性的理論思考，過去幾十年來我曾經提出了一些政策和行動建議。粗略來說，"行政主導"政治體制的建設、功能團體議席和選舉辦法的引進、香港特別行政區籌備委員會預備工作委員會的設置、臨時立法會的成立、比例代表制的施行、"管治聯盟"的建構等，都有我一些建議的影子。毋庸諱言，這些建議都曾經受到一些人的猛烈攻擊。然而回想過去，這些建議在香港的歷史發展和現實環境中恐怕是迫不得已、有一定正面價值的建議。當然，隨着國際形勢的變化、國家的發展、香港的變遷、香港人心的變動、中央與港人矛盾的逐步緩解、"兩制"之間的差異縮小，以及兩地同胞逐步在"兩制"下合成"命運共同體"，香港的政治、管治與政黨發展自然會沿着新的方向演進。經濟、社會和民生立場上的分歧會逐漸取代中央與港人之間在政治與意識形態上的分歧，而成為左右香港內部政治形態的主要因素。困擾香港多時並妨礙妥協的"非常態政治"會大幅度地被對協商解決問題有利的"常態政治"所取代。到了那個時候，政治穩定和經濟發展才會有更扎實的根基。然而，必須指出的是，從"非常態政治"過渡到"常態政治"絕非一個順暢的過程，反而是一個艱難、曲折和反覆的過程，2014 年爆發的"佔領中環"行動和香港最近湧現的"本土主義"主張可為明證。

在政治鬥爭日趨激烈的今天，我對香港的未來保持較為樂觀的期盼，這樣的態度對一些人來說是嚴重脫離現實的。但基於我過去近 40 年香港研究的經驗，我對我的論斷和預測是有相當把握的。未來的變遷也許可以為我印證。

《香港社會的政制改革》分為五個部分。第一部分分析了社會與政治的關係，並着重指出，香港在殖民地時期的政治穩定與香港華人的家庭和社會結構有莫大關係。華人家庭和各種民間組織擁有不少資源和能力去處理華人社會內部的問題和需要，從而減少了社會問題"外溢"為政治問題的概率，對維護殖民管治有利。不過，香港急劇的社會變遷逐步削弱了華人家庭和社會的作用，使得政治矛盾和衝突不斷上升。第二部分描述了香港引進羣眾性選舉後的早期情況，指出選舉在動員羣眾方面作用有限，而媒體在選舉過程中發揮的作用不大。第三部分論述了在"沒有獨立的非殖民化"下，香港的政治體制改革、殖民政府的管治困難、英國謀求"光榮撤退"的部署、中英政府圍繞政制改革的鬥爭和"局部民主化"所造成的精英政治與羣眾政治分離的種種現象，進而指出香港脫離殖民管治過程的複雜性和獨特性。第四部分回顧了中國政府在新中國成立後一貫的對港政策，並着重指出其理性務實的一面，而"一國兩制"方針的提出就是中國對香港的"長期打算、充分利用"政策在香港回歸後的延續。既然保持香港的繁榮穩定是中國對港政策的首要目標，那麼《中華人民共和國香港特別行政區基本法》(簡稱《基本法》)所要建構的香港政治秩序便以此為指導原則，不過這個新政治秩序卻蘊藏着一些管治困難。第五部分則講述了政治精英和政黨發展的情況，其中突出了"局部民主化"所造成的精英政治與羣眾政治分離的種種現象，進而指出香港脫離殖民管治過程的複雜性和獨特性。在香港政治精英的矛盾與分化、各類反對勢力湧現、行政主導政治體制因而缺乏足夠實施條件的情況下，回歸後香港特區的管治面臨相當困難的局面。與此同時，香港的政治體制又對政黨的發展不利。特區政府固然不能依靠"執政黨"來進行有效管治，但在沒有"執政黨"的情況下，香港的政黨呈現弱化和分化的趨勢。

　　《香港社會的民主與管治》分為三個部分。第一部分描述了香港獨特的民主發展道路，具體特徵包括"局部民主化"、民主化問題成為"永恆"的政治議題、中央在民主化過程中的主導地位、民主化的出現後於法治、人權和自由等。儘管香港沒有重複西方的民主發展道路，但仍然具有積極和正面的內容，起碼切合香港實際的情況和需要。第二部分探討了香港回歸後的管治形態，特別關注了新生的香港特區政權在管治上經驗不足、政治能力不強、內外環境不利和反對勢力阻撓的情況。自香港特區成立以來，非常態政治實際上是香港政治的"常態"，而政治鬥爭則圍繞着政治原則、信念和道德等議題，其中退讓和妥協的空間有限，因此衝突難以化解。雖然以實際利益衝突為本的常態政治長遠來說應該成為"常態"，但演化過程卻十分曲折。這一部分也論述了在"沒有獨立的非殖民化"下，香港的政治體制改革、殖民政府的管治困難、英國謀求"光榮撤退"的部署、中英政府圍繞政制改革的鬥爭。第三部分講述了香港人獨特的民主觀，指出香港人有明顯的民主訴求，但其民主觀充斥着自相矛盾和實用主義的元素，因此難以構成龐大、持久的民主運動的基礎。

《香港人的政治心態》分為三個部分。第一部分描述了香港人對政治領袖的態度，指出香港人心目中缺乏可以信任的政治領袖，而且人們對制度的信任遠高於對領袖的信任，因此香港得以擁有良好的政治秩序。香港的政治領袖雖然佔據領導的位置，但其社會或羣眾基礎頗為薄弱。第二部分探討了香港人的社會與經濟態度，指出香港人在整體上雖然支持香港自由放任的資本主義體制，卻仍然受到中國傳統文化的影響，希望政府能夠發揮管理經濟活動和提供社會福利的積極作用。"殖民地"結束前夕，各種社會矛盾紛紛湧現，導致香港社會的公平性受到不少香港人的質疑。此外，隨着回歸的到來，香港人的身份認同問題浮現，卻沒有出現"香港人"與"中國人"對立的局面。第三部分專注於政治信任和參與。最為明顯的現象是，儘管香港人對殖民政府有一定的支持，但對各類政治權威和制度的信任有不斷下滑的趨勢。與此同時，雖然香港人有不錯的"政治認知",但多數民眾在政治參與方面仍然不夠積極,因而成為"關注的旁觀者"。

　　這三本書的出版與一些朋友的努力和幫助分不開。北京大學法學院強世功教授首先提出出版我的學術論文的建議,而且為翻譯工作籌措經費。這三本書的翻譯出版獲得敏華研究基金和中信改革發展研究基金會的支持。香港中文大學香港亞太研究所的尹寶珊女士既是我以前的學生,也是長期以來我在研究工作上的得力助手與夥伴。尹女士在統籌和協調學術論文的翻譯、核對和出版等工作上花了很大氣力。孫文彬博士是我在香港特區政府中央政策組任職期間的首席研究主任,她不僅承擔了部分翻譯工作,同時負責協調牛悦博士和雷競旋教授的翻譯工作,確保不同論文的用詞和行文一致。幾位譯者高水平的翻譯讓我的英文論著得以準確和清晰地展現在讀者面前。我對上述學者的支持和協助表示由衷的感激!

　　最後要説的是,有關香港研究的學術著作迄今其實不多,主要原因是香港研究並非學者們學術事業騰飛的捷徑。中央和香港的官員在制定政策時往往缺乏充足的學術研究作為支持,這是甚為可惜和令人痛心的事。我特別希望這三本書的出版能夠為內地讀者提供參考,更真誠地盼望它能夠為促進兩地同胞的互信和彼此了解發揮一些作用。

註釋

1.　Lau Siu-kai, *Society and Politics in Hong Kong* (Hong Kong: Chinese University Press, 1982). 在書名中 "社會" 置於 "政治" 之前是刻意的,目的在於突顯香港政治的社會基礎。

2.　Lau Siu-kai and Kuan Hsin-chi, *The Ethos of the Hong Kong Chinese* (Hong Kong: Chinese University Press, 1988).

第一部分

對領袖的態度

第 1 章　缺乏社會基礎的政治[*]

在香港，隨着"九七問題"的出現，政治參與及政治衝突不斷增加。中國將對香港恢復行使主權，大量的政治積極分子及團體湧現，他們對香港的政治需要有不同的理解。與此同時，社會、經濟及文化團體也愈來愈政治化。伴隨着此等新政治勢力的出現，港英政府的威信持續下降，其管治香港的時限也只剩下 5 年多。港英政府的弱化，既引發更多針對它的政治挑戰，也逐漸令其喪失處理政治衝突的能力。由於選舉制度的引入，香港的政治體制得到局部開放，這更提高了政治參與及政治衝突的程度。

然而，到目前為止，政治變遷對香港社會只造成有限的衝擊。大體而言，是政治衝突脫離了社會及經濟衝突，後一種衝突主要在非政治領域（其中市場最為重要）進行。在社會內部，政治動員及民眾參政的程度依然偏低，政治衝突所引發的社會分化效應仍舊相當溫和。再者，政治力量與社會經濟力量之間還缺乏強而有力的聯繫。[1]

在"九七問題"出現前夕，香港一直受到政治領袖匱乏的困擾，所以有此不良情況的原因甚多，我曾在其他地方就港人的態度如何導致此情況的出現做歷史和結構因素的分析，[2]本文將集中探討以下問題：缺乏社會基礎的政治如何阻礙被港人信任的領袖湧現，以及如何阻礙擁有強大社會基礎的政治團體形成。本研究的焦點在於，港人對香港政治領

---

[*] 本文原以英文發表，刊於 Lau Siu-kai, "Social Irrelevance of Politics:Hong Kong Chinese Attitudes toward Political Leadership," *Pacific Affairs*, Vol. 65, No. 2 (1992), pp. 225-246. 中文版曾以 "缺乏社會基礎的政治：香港華人對政治領導的態度" 為題，刊於《廣角鏡》，第 228 期（1991），50-62 頁；現在的譯本再經修訂。

導架構的態度，政治領導架構包括主要的政治制度、政治人物及政治團體等組成部分。通過這個研究我發現，對於這些政治領導組成部分之間的矛盾，港人雖然朦朧地覺察到，卻不能夠把這些矛盾與當前香港顯著的社會經濟問題聯繫起來，因此，他們不會覺得政治矛盾與社會經濟矛盾之間有何關係。結果，民眾在使用政治準則來區分不同的領導組成部分時，雖然稍有困難，但仍能對之做有限度的分辨。然而，要以社會經濟準則來劃分這些政治領導組成部分時，他們幾乎無能為力。這種情況，對於政治領袖及政治團體的認可度，以及這些領袖和團體取得民眾的信任來說，顯然都不利。

本研究的數據來自一項全港性隨機抽樣的問卷調查。[3] 調查在 1990 年進行，成功訪問了 390 人，回應率為 69.8%。

對政治領導的取向

近年來，香港雖然湧現了大批自稱代表民意的政治領袖，但港人依舊感到難以從中找到值得信任的人。在調查中，我詢問受訪者心目中有沒有值得信任的政治領袖，69% 回答"沒有"，只有 9% 認為"有"。將這些數據與我在 1988 年所做的同類型調查的結果相比較（相關的數字為 69.9% 及 16.2%）[4] 可以看出，港人對政治領袖比以往更缺乏信任。

在 37 位回答"有"的受訪者中，當被問及誰是他們信任的領袖時，有 5 位不能給予答案，能夠提供領袖姓名的則有 32 人。這些領袖分別是（括號內的數字為提及該領袖的受訪者人數）：李柱銘（由功能團體選出的立法局議員及民主運動領袖）(12)、衞奕信勳爵（香港總督）(7)、鄧蓮如女男爵（行政局委任議員）(5)、司徒華（由功能團體選出的立法局議員及民主運動領袖）(3)、麥理浩勳爵（前香港總督）(1)、李鵬飛（行政局及立法局委任議員）(1)、尤德爵士（前香港總督）(1)、李永達（由直選產生的區議員及民主運動領袖）（1），以及徐四民（中國人民政治協商會議的委員）（1）。大體而言，在港人心目中缺乏值得信任的領袖。最重要的是，審視上述的領袖名單，看不到某類政治取向的領袖能夠較其他類型更能夠獲得民眾信任。[5]

至於地方領袖，情況與全港性領袖大致相同。當被問及在居住的區域內有沒有值得信任的地方領袖時，60% 的受訪者認為“沒有”，7.9% 回答“有”，其餘 32.1% 則不能提供確定的答案。將此結果與 1988 年的調查結果比較可以看出，民眾對地方領袖的信任程度亦較前下降，情況和全港性領袖一樣。[6]

受訪者亦被問及心目中有沒有值得信任的政治團體（1988 年的調查沒有問及這個問題），一如所料，結果與上述有關全港性領袖與地方領袖問題所得差不多：62.1% 的受訪者答稱“沒有”，只有 7.2% 的人認為心目中有信任的團體。然而，只有 17 人能夠提供團體的具體名稱。這些團體（及有關的受訪者人數）為：香港市民支援愛國民主運動聯合會（1989 年成立，目標為支持中國民主運動的團體聯盟，簡稱“支聯會”）（11）、香港民主同盟（香港民主積極分子目前最龐大的組合）（2）、太平山學會（支持民主改革的公民團體）（1）、新華通訊社香港分社（簡稱“香港新華”，中國政府在香港的官方代表）（1）、新香港聯盟（擁護中央及保守的政治團體）（1），以及香港基金（保守的智囊組織）（1）。一般而言，政治團體只能得到微不足道的民眾信任，同時，有限的民眾信任往往投向那些反對中國政府和推動香港民主化的團體。

在港人心目中，雖然缺少值得信任的政治領袖和團體，但並不表示他們疏離於香港的政治制度之外。59% 的受訪者同意以下說法：“雖然香港的政治制度並非完美，但在香港的現實環境下，這已經是最好的了。”港人對港英政府的信任雖然持續下降，但在調查中仍然有 42.9% 的受訪者表示信任港英政府，而只有 15.1% 的人表示不信任。一般而言，港英政府的工作表現也得到頗為肯定的評價，只有 15.1% 的受訪者批評政府表現不好。不過，民眾對政府工作表現的評價愈來愈差是總趨勢。

除了政府及政治體制，在不同程度上行使政治領導職能的制度與團體同樣獲得港人一定程度的接受。這些制度與團體分為幾類：第一類與政府有密切關聯，屬於政治體制內不可分割的部分，包括香港總督（簡稱"港督"）、公務員、立法局、立法局委任議員、立法局選舉團選出的議員、立法局功能團體選出的議員、區議員及政府委任的諮詢委員會。第二類是政府以外的本地政治力量，包括壓力團體、民主運動領袖、工商界領袖、工會領袖、學者及專業人士。第三類是與中國政府有關係的制度與組織，包括兩個由中國政府參與組織、負責起草《基本法》的團體（基本法起草委員會及基本法諮詢委員會），中國政府的駐港代表（香港新華），以及擁護中央的左派機構。

表 1-1 顯示了港人對這些制度及團體的信任情況。其中幾項特別值得留意。第一，與港英政府有直接關聯的制度與團體（特別是港督）得到港人最大程度的信任。第二，就取得的民眾信任程度而言，具有選舉性質的制度和團體與不具有此性質的相差不大，這表示選舉方式作為政治認受性（political legitimacy）的來源至今仍不佔主導地位。第三，除了學者及專業人士之外，政府以外的制度與團體只得到有限的信任，大比例的受訪者答稱"不知道"或拒絕回答，這表明，對於這些制度與團體，他們不能確定自己有多大的信任。第四，香港新華及左派機構皆不為港人所信任，這反映了民眾仍舊對中國政府反感。但在另一方面，由中國政府催生的兩個與《基本法》起草有關的委員會都獲得較高的民眾信任，這反映了最後由中國政府頒佈的《基本法》大體上是被港人接受的。第五，與那些可籠統地稱為"反對派"組織（壓力團體及民主運動領袖）相比，"建制"制度及團體得到的民眾信任較高。因此可以這樣

説，香港現行的管治架構仍未受到嚴重威脅。

表 1-1　對政治制度及團體的信任情況 （單位：%）

	信任	不信任	不知道	拒答
港督	72.8	11.8	13.8	1.5
公務員	51.8	24.9	20.3	3.1
立法局	58.4	15.4	23.1	3.1
立法局委任議員	45.4	22.8	28.7	3.1
立法局選舉團選出的議員	47.7	16.7	33.3	2.3
立法局功能團體選出的議員	48.5	14.9	34.4	2.3
區議員	53.0	21.5	22.6	2.8
政府委任的諮詢委員會	42.4	20.0	34.9	2.8
壓力團體	34.8	30.3	32.8	2.1
民主運動領袖	37.4	29.4	29.2	3.8
工商界領袖	33.8	32.3	31.3	2.6
工會領袖	37.2	27.4	32.8	2.6
學者	61.6	11.1	25.6	1.8
專業人士	62.3	12.9	22.8	2.1
基本法起草委員會	33.1	32.3	32.3	2.3
基本法諮詢委員會	33.5	30.2	33.7	2.6
香港新華	17.4	53.8	26.4	2.3
左派機構	12.6	53.3	32.1	2.1

　　至於民眾對政治領袖及團體的態度，總的來說，港人傾向於認為政客及政治團體的參政動機是"利他"的，即為他人服務，只有 16.9% 的受訪者覺得大多數參加政治活動的人士是出於私人利益，68% 的受訪者則認為他們是為了服務社會，或是私人利益與服務社會並重。這個頗為正面的評價在另外一項調查中也可以看出來：在受訪者心目中，雖然沒有值得信任的領袖，但依然有 22.8% 的人認為，香港在回歸之前會出現一些他們能夠信任的領袖，30.8% 的人表示不會，而答稱"不知道"的則有 43.1%。

　　受訪者是否贊同政治領袖的意見，表 1-2 列出了調查結果。我挑選出來作為調查對象的領袖具有不同的社會經濟背景，代表當前香港主要的政治取向。其中鄧蓮如女男爵、李鵬飛、譚惠珠（行政局及立法局委任議員）、羅康瑞（一位政治上活躍的工商界人士）、鍾士元爵士（前行政局及立法局委任議員）及鍾逸傑爵士（退休高級公務員並一度任代理港督）乃"建制派"人物。李柱銘和司徒華是典型的"反建制"民主積極分子，兩人都是不受港英政府及中國政府歡迎的人物。羅德丞以往曾經是堅定的"建制派"人物，由於他對英國政府處理香港前途的手法極為不滿，搖身一變而成為顯赫的擁護中央的政治領袖；相反，廖瑤珠則是反對殖民統治的擁護中央的愛國者。葉錫恩與其他人不同，她以小人物權益的保衛者自居，為民請命的形象鮮明。劉千石則標榜自己為富有戰鬥精神的工會運動領袖。最後，在調查期間，何世柱的形象屬於溫和的擁護中央的工商界人士。

表 1-2　對政治領袖意見的贊同情況

(單位：%)

	同意 (A)	不同意 (D)	不知道是誰	沒聽過其意見	拒答	A/D
鄧蓮如	63.1	4.6	5.4	15.4	11.5	13.7
李鵬飛	51.5	12.3	6.4	16.4	13.3	4.2
譚惠珠	45.9	23.3	5.6	14.4	10.8	2.0
羅康瑞	20.2	16.9	37.9	16.7	8.2	1.2
鍾士元	45.6	13.6	13.6	18.2	9.2	3.4
鍾逸傑	46.6	6.7	13.8	21.3	11.5	7.0
李柱銘	58.0	13.9	5.9	10.3	12.1	4.2
司徒華	46.2	25.2	7.2	11.3	10.3	1.8
羅德丞	12.8	15.4	45.4	18.2	8.2	0.8
廖瑤珠	18.0	31.1	29.0	14.9	7.2	0.6
葉錫恩	56.4	3.8	13.1	17.7	9.0	14.8
劉千石	34.3	15.4	16.4	20.3	13.6	2.2
何世柱	30.8	18.0	17.2	20.5	13.6	1.7

　　從表 1-2 可以看出，除了羅德丞及廖瑤珠之外，其他政治領袖的意見一般都獲得認同。羅、廖二人可能因為與中央關係緊密的形象太鮮明，致使他們不被贊同。當我們觀察同意與不同意兩者之間的比值時，"建制派"領袖明顯取得較高程度的認同，唯一例外是葉錫恩，這顯然由於她長期關注底層民眾的福祉，因而贏得很高的聲譽。

　　在調查中，我也挑選了一批有代表性的政治團體，詢問受訪者是否同意他們的意見，表 1-3 列出了調查結果。這類政治團體多數在"九七問題"出現後才成立，被視為是這一重大歷史事件的衍生品。由於香港的局部民主化提供了政治空間，不少團體借機崛起，一方面通過鼓動令民眾抗拒中國政府，另一方面借助港人對港英、英國政府處理香港前途手法的不滿，建立並鞏固自己的地位。很自然，這些團體大多帶有某種"反建制"色彩。不過就此而言，所謂"建制"其實代表了由中、英、港3 個政府聯合組成的奇特現象。在表 1-3 的政治團體中，"支聯會""民主政制促進聯委會""匯點""太平山學會""香港民主民生協進會""香港民主同盟"及"四五行動"都可以歸入"反建制"一類，其中"支聯會"及"四五行動"反對中國政府最為激烈。"香港革新會""公民協會""香港民主促進會""建港協會"及"香港基金"則可粗略地界定為帶有精英色彩卻又倡議溫和政制改革的公民團體。相對而言，"新香港聯盟""勵進會"及"香港自由民主聯會"的政治取向較為保守，它們對中國政府的態度也較為溫和。

表 1-3　對政治團體意見的贊同情況　　　　　　　　　　　（單位：%）

	同意 (A)	不同意 (D)	不知道是誰	沒聽過其意見	拒答	A/D
支聯會	43.1	19.4	11.3	12.6	13.6	2.2
民主政制促進聯委會	26.7	7.2	30.8	22.6	12.8	3.7
匯點	14.8	5.9	48.7	19.2	11.3	2.5
太平山學會	16.1	6.1	43.3	23.6	10.8	2.6

(續表)

	同意 (A)	不同意 (D)	不知道是誰	沒聽過其意見	拒答	A/D
香港民主民生協進會	27.7	5.1	31.3	23.1	12.8	5.4
香港民主同盟	23.6	5.4	35.1	24.1	11.8	4.4
四五行動	19.5	25.1	25.1	17.7	12.6	0.8
香港革新會	11.3	8.0	50.0	20.8	10.0	1.4
公民協會	15.1	3.1	51.0	20.3	10.5	4.9
香港民主促進會	30.6	5.4	32.6	19.0	12.6	5.7
建港協會	6.4	4.6	60.3	19.0	9.7	1.4
香港基金	12.3	4.6	50.0	21.8	11.3	2.7
新香港聯盟	14.1	5.6	48.7	21.0	10.5	2.5
勵進會	9.2	4.3	52.3	23.3	10.8	2.1
香港自由民主聯會	18.2	4.1	46.9	19.0	11.8	4.4

　　從表 1-3 的數據中，有幾點發現值得注意。第一，除了支聯會，所有政治團體都不大為民眾所認識。25.1% ～ 60.3% 的受訪者答稱不知道某團體是誰，而沒有聽聞過這些團體的意見的也佔相當比例。所以，對港人而言，政治團體有別於政治制度及政客，至今仍然是新興、陌生的事物。因此，政治團體在發動民眾支持及確立其政治領導地位等方面，能力還非常不足。第二，那些主張對中國政府採取對抗姿態，以及鼓吹民主改革的團體的意見雖然得到較大比例的認同，但較為保守的及溫和的團體的意見所得贊同的比例仍比不贊同的高。由此可見，雖然客觀上可以根據其對中國政府的態度，及對民主改革的立場，來區分這些團體，但對於港人而言，它們之間的差異似乎不重要。整體而言，港人近乎不加區別地接受這些團體。第三，在所有團體中，只有"四五行動"的不贊同者比例大於贊同者。這個團體反對中國政府的言論和行動比其他團體激烈，它不為港人所接受，恰恰反映出港人的務實和溫和的政治取向。

　　這些政治團體中有一部分自稱為政黨，或者表示有發展成為政黨的意圖，然而，為了謹慎行事，它們都沒有正式採用政黨的名號。對於組織政黨一事，港人基本上是頗為支持的。在我的調查中，52% 的受訪者贊成港人組織政黨。不過，鑒於政黨一詞在香港的政治文化中有不少負面意義，所以港人對成立政黨也有一定的保留。例如，43.6% 的受訪者認為，如果出現政黨的話，政黨會爭權奪利，使得社會不穩定（不同意這種看法的人佔 38%）。再者，港人雖然在口頭上頗為支持成立政黨，但是如果出現政黨，只有 20% 的受訪者答稱會參加或者支持其活動，39% 的人認為自己肯定不會，而答稱"視情況而定"的人則有28.5%。

　　一般來說，港人基本上支持現行的政治體制及管治架構，他們對政客與政治團體的印象大體上也不錯，例外的是那些被視為與中國政府關係過分密切，或者在政治上太激進或太危險的團體。與現行的政治體制及管治架構相比，民眾對政客及政治團體的支持仍然偏低，特別是後者。事實上，雖然港人對政客及政治團體頗有好感，但政客和政治團體取得的民眾信任卻依然不足。

政治領導的社會支持基礎

　　如前所述，港人對政治領導的各個組成部分傾向於不加區別地支持。與此相關聯的現象是香港的政治制度、領袖與團體大體上缺乏社會支持。我們甚至可以這樣說：他們都聲稱代表香港的整體利益，同時極力避免認同社會某部分的利益。此外，港人也不推舉那些只代表個別或狹隘利益的政治領袖。例如，在調查中，74.9% 的受訪者認為，如果出現政黨，它們應該代表全體香港市民的利益，而並非某些階層的利益。

　　對於香港政治領導的組成部分缺乏社會支持，我們可以從以下幾個方面進行考察。[7] 第一，大體上，受訪者對政治制度、領袖和團體的態度，與其性別並無顯著關係。[8] 第二，對幾個政治領導組成部分的態度,年齡較長者雖然比年齡較輕者稍佳,但基本上,年齡與有關態度的關係十分微弱。[9] 第三,受訪者對各政治領導組成部分的態度,與他們的收入(個人月收入)也沒有顯著的關係。第四,總的來説,受訪者對各政治領導組成部分的態度,與他們聲稱所屬的社會階層不存在顯著的關係。[10]

在所有的個人社會經濟背景因素中,學歷與有關態度存在較強的關係。例如,學歷較高者比較傾向於不認同現行的政治制度,以及比較不信任港英政府、港督、由選舉團選出的立法局議員、政府委任的諮詢委員會、基本法起草委員會、基本法諮詢委員會及香港新華;與此同時,卻比較信任壓力團體。就政治領袖而言,學歷較高者比較贊同鄧蓮如的意見,但不願意贊同羅德丞、廖瑤珠及劉千石的意見。最令人詫異的是,學歷較高的人對政治團體有較少好感,特別是那些鼓吹社會及民主改革的團體。例如,他們比較願意贊同下列團體的意見:"民主政制促進聯委會""香港民主民生協進會""香港基金""香港民主同盟""香港民主促進會"及"香港自由民主聯會"。然而,雖然學歷較高的人對政治團體的認同程度相對較低,卻不表示他們反對在香港成立政黨,事實上,他們是比較支持港人組織政黨的。他們也較傾向於參加或者支持政黨活動,並且不認為政黨會因為互相爭權奪利而導致社會不穩定。與以往的研究所得結論一樣,[11] 學歷較高的港人對民主改革的態度十分矛盾。他們對民主政制有所憧憬,但同時覺得如果現行體制繼續下去,會對自己的既得利益有利。因此,他們不可能全心全意支持社會及政治改革,因為兩者皆有可能觸發民眾登上政治舞台,從而威脅他們的利益。一般來説,學歷較高的人,政治態度比較矛盾。此外,對於政治領導組成部分的取向,學歷較高者與其他人的分別其實不大,基本上都是支持現狀。正因如此,學歷較高的人不可能成為某些政治領袖或團體的強大支持基礎。

　　總而言之，就所得的社會支持基礎而言，香港政治領導的各組成部分之間差異不大。其實，這與港人不能夠把這些組成部分清楚地區分對待，是同一個現象的正反兩面。

民眾對政治及社會爭議事項的態度

　　香港的政治制度、領袖及團體雖然不擁有特定的社會支持基礎，但這並不代表香港內部沒有政治與社會分歧。在 20 世紀 80 年代之前，困擾其他社會的常見矛盾，例如，民族、階級、語言、宗教、次文化及地域差異和對立等，在香港都沒有。香港具有蓬勃發展且開放的經濟體系，以及實行懷柔統治、儘可能避免介入華人社會事務的殖民政府。在這種情況下，戰後大部分時間，香港幾乎沒有出現過重大的社會衝突。自 20 世紀 80 年代以來，香港遇到接踵而來的問題，包括：經濟放緩、貧富差距日增、"九七回歸"、日益依賴政府解決社會問題及提供福利與公共服務、政府的威信日漸下降等，這些問題致使衝突不斷增加。這些矛盾很清晰地在我的調查研究中顯露出來，對於社會及政治爭議事項，港人的態度愈來愈有分歧，包括：

　　第一，對 3 個政府的信任程度。中英兩國政府日益參與香港事務，使得港英政府的自主性受到掣肘。民眾對港英政府的信任程度出現下降趨勢。民眾愈來愈覺得港英政府不能夠進行有效管治。港人對英國政府的信任程度很低，只有 18% 的受訪者對它表示信任。民眾對中國政府的不信任尤其嚴重，表示信任者僅佔 10%。

　　第二，中國內地與香港的矛盾。由於不信任中國政府，民眾很容易突出中國內地與香港之間的利益衝突，從而把共同利益拋諸腦後。在調查中，有 49.7% 的受訪者認為中國內地的利益與香港的利益有衝突，持相反意見的人只佔 29.7%。

第三，中國內地與香港的對抗。香港當前最具分化的政治爭議，無疑是如何處理中國內地與香港之間的關係。縱使對中國政府沒有好感，港人並不贊成採取對抗方式。因此，75.1% 的受訪者反對港人與中國政府進行對抗，贊成對抗的人只有 11.3%。

第四，對政治狀況的滿意程度。對於目前的政治狀況，港人的滿意程度分歧甚大，45.1% 的受訪者表示滿意香港的政治狀況，28.5% 的受訪者則表示不滿意。

第五，對現有政治體制的接受程度。雖然 59% 的受訪者願意接受現有體制，但仍有 25.9% 的人不予完全接受。

第六，政制改革。對此問題的態度，港人幾乎可以分成人數相等的兩派。43.1% 的受訪者希望保持現有政治體制，38.5% 的人則認為需要進行改革。就民主改革而言，佔絕大比例的受訪者（74.4%）認為民主化應該是循序漸進的過程，贊成民主化步伐應該很快或很慢的人只佔極少數，各為 6.2% 和 5.4%。不過無論如何，對於成功建立民主政治體制的前景，港人並不樂觀，只有 33.1% 的受訪者認為有成功機會。

第七，對港英政府工作表現的滿意程度。在這方面，民眾的評價愈來愈差。有稍多於一半的受訪者（52.6%）認為政府的工作表現一般，15.1% 的人則批評做得不好，認為做得好的只佔 22.8%。

第八，對《基本法》的滿意程度。港人對《基本法》的態度，與他們對中國政府的態度及對香港前途的信心，有着密切的關係。雖然民眾不能夠確定回歸後《基本法》是否會得到切實執行，但大體上對《基本法》作出的種種安排沒有太多異議。一般來說，港人對《基本法》的態度很矛盾。調查發現，54.9% 的受訪者表示不知道自己是否滿意《基本法》，或不願意提供意見；不滿意《基本法》的人有 24.9%，而表示滿意的有 17.5%。

第九，對經濟狀況的滿意程度。一般來說，雖然港人對當前的經濟狀況滿意，但仍然有少數人認為他們未能受惠於社會的經濟成就。
42.1% 的受訪者表示滿意香港的經濟狀況，18.5% 的人表示不滿意，認
為經濟狀況只是一般的有 26.9%。

　　第十，對社會福利的滿意程度。在滿足港人的社會需要上，有關社
會團體的能力日漸下降，而視社會福利為公民權利的觀念又不斷擴散，
因此港人愈來愈依賴政府提供的公共福利。整體而言，即使政府提供福
利的力度在過去 20 多年不斷加大，但仍未滿足社會所需。所以，只有
22.8% 的受訪者覺得社會福利狀況令人滿意，此現象可以說正常，不滿
意者則佔較大比例（28.4%），而認為情況一般的達 33.6%。

　　第十一，社會經濟改革。港人雖然對社會經濟狀況大體滿意，但對
於社會經濟狀況應該保持不變或需要進行改革，受訪者意見分歧較大，
有 47.7% 的人支持改革，反對者在比例上也與之接近，有 41.8%。

　　第十二，財富分配。香港近 10 年來經濟不平等的現象惡化，促使
民眾關注社會內部財富分配是否公平的問題。在調查中，大部分受訪者
（56.4%）譴責財富分配不公平的情況，覺得公平的只有 26.4%。

　　第十三，階級矛盾。由於愈來愈感受到財富分配不公平，某種階
級意識很自然地衍生出來。69.7% 的受訪者認為，香港不同階級人士的
利益互相衝突，其比例之高，前所未見。持相反意見的則甚少，只有
18.2%。

　　迄今為止，港人在上述有爭議事項上的態度分歧不至於很嚴重，因
此還沒有釀成嚴重的社會及政治衝突。雖然如此，民眾態度上的分歧仍
為政客及政治團體帶來動員民眾、爭取支持的機會。在這些有爭議事項
中，政客和政治團體選擇能夠取悅民眾的立場，借此獲得支持。不過，
由於以下兩個因素，因為民眾態度差異而導致的社會衝突可以得到紓
緩。第一個因素是，雖然民眾有態度分歧，但分歧顯得紛紜交疊，影響
因而減弱。換言之，有關分歧並不足以令港人分化成截然不同的陣營，

因為同一個人可以在某些事項上保守,而在其他事項上支持改革。這些分歧大多數是橫向的,而非重疊的,它們沒有造成社會的對立分化。港人在政治事項上的態度分歧,與其在社會經濟事項上的分歧缺乏系統性關聯。例如,滿意政治狀況與否,滿意港英政府工作表現與否,以及對中、英、港 3 個政府信任與否,均與他們是否認為香港財富分配公平,或香港存在階級利益衝突,沒有顯著的關係。但從另一方面來說,較不滿意港英政府工作表現的人,以及較不信任中、英、港 3 個政府的人,則較傾向於支持社會、經濟及政治改革。

港人在社會經濟事項上的態度分歧,其相互關係也很弱。例如,他們是否滿意香港的經濟狀況及社會福利,與他們對財富分配及階級利益衝突的看法,沒有顯著的關係;對財富分配及階級利益衝突的態度,也與是否支持社會、經濟及政治改革無關。

第二個令衝突得以緩和的因素是,一般來說,民眾的各種態度分歧,與個人的社會經濟背景因素無關。因此,雖然可以用性別、年齡、學歷、收入及社會階層認同等作為標準劃分社會群體,但態度上的分歧並沒有在不同群體之間衍生出衝突。

在不同的社會組別中,各種態度分歧並沒有一致性的分佈,不足以互相強化。因此,港人沒有基於態度分歧而分裂為幾個永久性的衝突群體,政客及政治團體也就不能借此爭取個別群體的堅定支持。

態度分歧及對政治制度、領袖和團體的取向

香港的政治制度、領袖及團體雖沒有取得個別社會群體的堅定支持,但他們仍可通過認同某些政策立場,來爭取個別"爭議事項"群體(issue groupings)的支持。所謂"爭議事項"群體,是指就某爭議事項,由具有共同看法或利益者組成的群體,其組合可以是鬆散的,也可以是

較嚴密的。目前，港人之間的態度分歧主要圍繞 3 個事項：其一是對中國政府採取對抗的還是妥協的態度，其二是支持快速的還是循序漸進的民主化進程，其三是香港的社會改革問題。第三個事項沒有前兩個那麼顯眼，但重要性會不斷上升，當中尤其重要的是，港英政府應加強還是減少提供福利的職能。然而，即使在這 3 個重要事項的態度分歧上，政治制度、領袖及團體之間的差別也是有限的。大體來說，大部分港人傾向於維持現狀，持極端保守或極端激進信念的人可謂絕無僅有，即使有，也不能夠在香港引起政治回應。

雖然如此，香港的政治領袖及團體都十分細緻地突顯了他們在取向上的差異，努力利用這些有限的差異，建立自己的獨特形象，並以之號召民眾。可是，由於港人對這些政治制度、領袖及團體並不熟悉，因此未必能夠體察他們之間的區別，或者認為這些差異是對他們進行區分的重要標準。如果情況真是這樣，則政治領導組成部分如果要依靠 "爭議事項" 羣體來作為自己的支持基礎，將會事倍功半。不過，要斷定這一論據是否可以成立，我們必須探討港人的態度分歧與他們對政治領導組成部分的取向之間，究竟存在着甚麼關係。我的分析如下。

第一，對 3 個政府的信任程度。對港英政府較信任的受訪者，同時較信任所有的政治制度，並較傾向於贊同政治領袖（羅德丞除外）和政治團體的意見（"四五行動" 除外）。

同樣地，較信任英國政府的受訪者，同時較信任大部分的政治制度，這些制度代表着不同的政治取向。他們也較傾向於贊同大多數政治領袖與團體的意見，而這些領袖和團體的政治取向其實並不相同。

港人是否信任中國政府，以及與他們對政治領導組成部分的態度的關係，與上述的情況稍有不同。首先，較信任中國政府的受訪者，只會同時信任那些 "建制" 的制度（港督、公務員、立法局委任議員及政府委任的諮詢委員會），以及屬於擁護中央陣營的制度（基本法起草委員會、基本法諮詢委員會、左派機構及香港新華）。簡言之，越信任中國政府，也會越信任"建制"的及擁護中央陣營的制度。然而，較不信任中國政府的，卻不一定會較信任其他（即非"建制"的和非擁護中央陣營的）制度，特別是那些對中國政府採取對抗姿態的制度。其次，較信任中國政府的人，也較傾向於贊同大部分"建制派"及擁護中央陣營的政治領袖的意見。我還發現，這些人不太認同司徒華的看法。最後，一般而言，是否信任中國政府與是否贊同政治團體的意見並無明顯關係，即使存在若干關係，也缺乏實質意義。

第二，中國內地與香港之間的矛盾。港人是否認為中國內地與香港之間存在利益衝突，與他們是否信任政治制度、是否贊同政治領袖及團體的意見，沒有顯著的關係。

第三，中國內地與香港之間對抗。整體而言，港人是否主張與中國政府對抗，與他們是否信任政治制度，沒有顯著及有意義的關係。反對與中國政府對抗的人，則較信任鄧蓮如及李鵬飛等"建制派"領袖，也較不信任司徒華及劉千石等"反建制"人士。令人費解的是，贊成與中國政府對抗的人，卻同時較贊同下列政治團體的意見："支聯會""民主民生協進會""香港民主同盟""四五行動""香港民主促進會"及"香港自由民主聯會"，而最後一個團體事實上對中國政府採取友善態度。

第四，對政治狀況的滿意程度。較滿意香港政治狀況的人，會較信任與"建制"及中國政府有關係的政治制度。但這個因素與民眾是否贊同政治領袖及團體的意見無關。

第五，對現有政治體制的接受程度。港人是否接受現有政治體制，與他們是否信任政治制度、是否贊同政治領袖及團體的意見，均沒有顯著的關係。

第六，政制改革。認為香港需要推行政制改革的人，較不信任委任立法局議員、區議員、政府委任的諮詢委員會、基本法起草委員會、基本法諮詢委員會及工商界領袖，這些都是與“建制”或擁護中央陣營有關的制度。支持政制改革的人，也較不信任鄧蓮如、羅德丞及廖瑤珠，同時較不信任“激進”工運領袖劉千石。最後，是否支持政制改革，與是否贊同政治團體的觀點，沒有顯著的關係。

第七，對港英政府工作表現的滿意程度。表示滿意的人，會較信任港督、公務員、立法局、經選舉團選出的立法局議員、政府委任的諮詢委員會、香港新華、工商界領袖、專業人士及（頗感意外的）工會領袖。同時，他們較傾向於贊同一些“建制派”領袖（鄧蓮如、李鵬飛、羅德丞、鍾士元及鍾逸傑）的意見。不過，這個因素卻不影響民眾是否贊同政治團體的意見。

第八，對《基本法》的滿意程度。是否滿意《基本法》，與是否信任政治制度之間，沒有顯著的關係。即使民眾滿意《基本法》，也不表示他們會贊同某一類政治領袖的立場。此外，這個因素也與民眾是否贊同政治團體的觀點無關。

第九，對經濟狀況的滿意程度。這個因素與港人是否信任政治制度，以及是否贊同政治領袖及團體的意見，沒有顯著的關係。

第十，對社會福利的滿意程度。對社會福利表示較為滿意的人，都較傾向於信任公務員、立法局、立法局委任議員、經功能團體選出的立法局議員、區議員、政府委任的諮詢委員會、基本法起草委員會及基本法諮詢委員會，這些都是屬於“建制”的或由中國政府催生的制度。但是，這個因素與民眾是否贊同政治領袖及團體的意見，沒有顯著的關係。

第十一，社會經濟改革。是否贊同社會經濟改革，與對政治制度、政治領袖及政治團體的態度，幾乎完全沒有關係。

第十二，財富分配。認為香港的財富分配是公平的人，較傾向於信任公務員、立法局、立法局委任議員、經功能團體選出的立法局議員、區議員、左派機構及香港新華，這些或是“建制”制度，或是與中國政府有關的制度。不過，認為財富分配公平與否，與是否贊同政治領袖及政治團體的意見無關。

第十三，階級矛盾。認為不同階級沒有利益衝突的人，較信任區議員、基本法起草委員會、基本法諮詢委員會、左派機構及香港新華，他們也較贊同羅德丞、羅康瑞、鍾士元及（出人意料的）劉千石的言論。但這個因素與民眾是否贊同政治團體的觀點，沒有顯著的關係。

從上文對港人的態度分歧，以及與港人對政治領導組成部分取向之間的關係的分析可以得出以下幾點結論。

首先，港人不能夠根據政治制度、領袖和團體在社會經濟事項上的立場，來對他們加以區別。換句話說，這些政治領導組成部分之間，即使真的在社會和經濟上有不同取向，其差異對民眾來說也沒有多大意義。所以，民眾對他們支持與否，並不取決於是否認同他們的社會經濟觀點。同樣地，這些制度、領袖與團體也不能夠借社會經濟爭議事項來發動民眾支持他們。

其次，民眾在衡量是否應支持不同的制度、領袖及團體時，所依據的較為重要的準則是他們對中、英、港 3 個政府的態度。從另外一個角度來說，香港政治衝突的各個層面，大多為港人所認識，因此民眾較能根據政治準則來區分不同的政治制度、領袖及團體。在這些準則中，較為重要的是民眾對港英政府的信任程度、對港英政府工作表現的滿意程度、對中國政府及其相關組織的態度。更明確地說，港人把政治制度、領袖與團體劃分成兩大類：較支持港英政府及中國政府的，較反對港英政府及中國政府的。

最後，調查發現一個頗為奇怪的現象。港人似乎並未感受到港英政府與中國政府之間的政治衝突，但這衝突客觀上是存在的。因此，那些支持香港管治建制的人，也傾向於支持中國政府及與其有密切關係的組織。

　　對於在香港建立政治領導體系而言，最緊要的現象是港人有如下的明顯傾向：把所有政治領導組成部分不加區分地歸併在一起。也就是說，他們或是整體地支持所有政治制度、領袖及團體，或是全部不予支持。民眾當然有可能將各制度、領袖和團體對中國政府所持的態度作為準則，考慮是否予以支持，不過港人似乎沒有清晰地和系統地採用這個準則進行區分。港人似乎把所有政治領導的組成部分都當成一個廣泛和擴大了的"政治權威"的構成部分。這個"政治權威"在他們之上行使權力，而他們自己則屬於沒有權力的被管治者。港人這種把社會人士分為有力者與無力者、"建制"與"非建制"、政府與被管治者、"他們"與"我們"的二分法，其實是把社會內部的主要分化視為政治分化，而分化的標準是政治權力之有無。這種二分法，是香港華人的文化中永恆的特徵（其實這也是中國人政治文化的基本內涵）。[12] 香港的殖民政治體系及社會主義中國的政治體制，都帶有政治權力集中、壟斷的性質，這便進一步強化了港人心目中政治二分法的傾向。在這種情況下，雖然香港的"反建制"政治領袖及團體花了很多工夫為自己營造一個代表港人對抗港英及中國政府的公眾形象，但他們仍然需要說服港人，他們並不屬於那個管治"建制"的部分。

政治派別、態度分歧及對領導組成部分的取向

　　香港未來的政治體制應該如何設計，各方面曾經有過激烈的爭議和角力，現在，"保守派""溫和派"及"民主派"等政治稱號仍然廣泛流傳。雖然這些名詞並無明確定義，而且帶有很強的道德判斷意味，但我們仍然可以據之粗略劃分各類人士，並探究他們對政制改革的立場，以及對公共福利的看法。在我的調查中，略多於一半的受訪者認為自己認同某個政治取向：2.8% 認為自己屬於保守派、17.4% 自認屬於溫和派，

而認為自己屬於民主派的則有 23.3%；不過，最大比例的人（38.5%）卻認為自己不屬於任何派別。當被問及他們會支持哪一派的參政人士時，1% 的受訪者答稱會支持保守派，22.3% 支持溫和派，34.1% 支持民主派，而 17.2% 的受訪者則回答全部不予支持。因此，無論是從自我認同政治派別的角度，還是從對各派別政客的支持而言，民主取向都得到較多的民眾支持。

有趣的是，民眾對政治派別的認同，與他們在政治、社會和經濟上的各種態度分歧沒有太大關係。[13] 不過，自稱屬於溫和派的受訪者，與自稱屬於民主派的受訪者相比，更傾向於贊成社會經濟改革，而較不支持政制改革與快速的民主化。

一般來說，即使知悉民眾的政治派別取向，我們也無法知道他們對政治制度的信任情況。雖然如此，相對於溫和派，自稱屬於民主派的受訪者仍然會更加信任民主運動領袖、壓力團體及工會領袖。自稱屬於溫和派的人士比自稱屬於民主派的人士更傾向於贊同廖瑤珠的意見；但自稱屬於民主派的人士，則比自稱屬於溫和派的人士更為贊同司徒華的意見。

就政治團體而言，我發現自稱屬於民主派的受訪者，比自稱屬於溫和派的人士更接受"香港民主同盟"及"四五行動"。然而，整體而言，港人並不覺得不同派別在政治立場上有太大的差別。

同樣地，民眾究竟支持哪個派別的政客，與他們在政治、社會及經濟事項上的各種態度分歧只有微弱的關係。不過，我仍然發現，表示支持溫和派政客的受訪者，比支持民主派政客的受訪者更為接受現行政治體制，而支持民主派政客的人，則較贊成快速的民主化進程。因此，如果要對不同支持者進行區分，則他們對政制改革的態度是個較有用的指標。

稍有不同的是，民眾究竟支持哪個派別的政客，與他們是否信任政治制度有一定的關係。表示支持溫和派政客的受訪者，比支持民主派政客的受訪者更傾向於信任港督、立法局、區議會及專業人士。反過來説，支持民主派政客的人，則比支持溫和派政客的人更信任民主運動領袖、壓力團體及學者。因此，這兩類受訪者所信任的政治制度有所不同。支持溫和派政客的人比較支持屬於"建制"的制度，而支持民主派政客的人則相反。

民眾究竟支持哪個派別的政客，與他們是否贊同政治領袖及團體的意見沒有顯著的關係。這一現象反映出一般人不太明白不同領袖及團體在政治取向方面的差異。不過也有一些例外，就政治領袖而言，我發現，表示支持民主派政客的人，比較傾向於贊同李柱銘及司徒華這兩位民主運動領袖的意見，他們也比較支持"支聯會"及"匯點"的意見。這再一次表明，不同派別政客的支持者之間差異有限，即使有差異，也主要源於政治態度上的分歧。

缺乏社會基礎的政治

穆迪（Moody）在綜觀了後儒家社會（post-confucian societies）的政治情況，特別是政治與社會分離的現象之後，作出了以下分析：

> 在當代體系，無論是執政政權，還是反對派，都沒有特定的社會基礎，那羣控制政權的人之所以走在一起，主要因為他們擁有權力……反對派人士當然對政策有自己的意見，他們也有自己的利益需要照顧，但執政者與反對者之間可能沒有系統性的政策分歧。兩個陣營內的分歧，與兩個陣營之間的分歧，其嚴重性其實不相伯仲。至少，在某些政策與綱領上，執政集團內某些人的立場，與反對陣營內某些人的立場，其實很接近。[14]

　　儘管穆迪並沒有把香港包括在他的研究範圍之內，而香港是否可以被當作後儒家社會也不置可否，但他的觀察大體上適用於香港。在我的調查中，通過分析港人的政治及社會態度已經清楚地顯示，香港的政治缺乏堅實的社會基礎。不能將民眾在政治及社會態度上的不同作為準則，以區分社會經濟背景相異的人，或促使這些人組成不同的政治羣體。為此，香港所有的政治制度、領袖及團體都一致地尋求全港市民的支持，而不具有特殊的社會支持基礎（即不被某些特定社會羣體支持）。因此，民眾對個別領袖及團體的支持，既不穩定，又不可靠。民眾很容易轉換擁戴的對象，而且轉換原因很多時候只是一些無關緊要的小事，或者投機。

　　對於後儒家社會的政治與社會分離，穆迪歸因於有着強大的國家組織，以及社會的同質性（homogeneity），後者指社會不存在嚴重的分化。但這個解釋對香港來說顯然不夠全面。要解釋為何香港的政治缺乏社會基礎，我們必須對其特殊的歷史和結構環境進行分析。與其他東亞社會相比，香港其實相當獨特。

　　第一，有強大但不介入社會事務的殖民政府，而長期執行的政策方針也建基於經濟放任及社會不干預主義。在香港，政治與社會的分離，令政治與社會經濟兩個領域得以分離，兩個領域有各自的運作規則。香港華人社會的強韌性體現在社會及經濟羣體有能力處理不少問題。假如這些問題不能由社會及經濟羣體妥善處理，政府與市民之間的衝突恐怕會大幅增加。正因為不少問題已由華人社會自行處理，所以社會經濟衝突演化為政治衝突的可能性頗低。

　　第二，由於香港是由非人格化（impersonal）的官僚組織管治，所以管治精英與普羅大眾之間沒有建立起人與人之間的、帶有感情與利益成分的政治聯繫。在其他社會，政治精英賴以發動民眾參政的一些機制很常見，例如，主從關係（patron-client relation）及個人支持網絡（personal support network），但在香港，這些機制鮮有出現。

第三，香港由於沒有民主選舉制度，因此政治衝突與社會衝突之間難以建立聯繫。管治的精英分子不認為需要爭取市民的支持。

第四，香港社會的同質性使它免受社會裂隙的困擾，但在其他一些社會，嚴重的階級對立往往令其陷於分裂。[15] 香港驕人的經濟成就，令其因經濟問題而引發衝突的可能性降低。殖民管治的懷柔性質，對華人與英國人之間的潛在矛盾也起着紓緩作用。

第五，殖民地的官僚組織不但壟斷了政治權力，也成功地籠絡了香港華人精英，並取得其協助。於是，管治精英的內部便不會出現分化，這些精英也沒有理由動員民眾互相攻擊。

第六，由於民眾對香港的社會及政治現狀一直比較認同和滿意，"反建制"的精英分子也就缺乏機會將不滿情緒轉化為市民對自己的支持。

雖然在態度上港人有分歧，但正如前所述，這些分歧是很零散的。特別值得留意的是，民眾對政治事項的態度分歧與其對社會經濟事項的態度分歧並無關係。雖然在一定程度上港人能夠察覺到制度、領袖及團體之間的政治衝突，但沒有能力把這些政治衝突與社會經濟領域的衝突聯繫在一起。港人很可能把制度、領袖及團體之間的政治衝突視為他們對政治權力的爭奪。對於這些制度、領袖及團體，民眾不會將其視為特殊社會經濟利益的代表，反而傾向於把他們當作廣義的"建制"的組成部分。所以，在港人眼中，制度、領袖及團體之間的政治衝突與社會脫離，因此也和社會不相干。在這種情況下，很自然地，政治衝突在社會內部只產生有限的政治化效果。因此，政治衝突引發的社會分化未見嚴重。

在一定意義上，香港是幸運的。雖然缺少被民眾信任的政治領袖及團體，但現行的政治制度仍然受到港人的廣泛擁護。[16] 不過，由於英國人行將撤離，而且他們是這些制度的締造者、操作者和守護者，這些制度將來能否延續便難以確定。如果要維繫民眾對香港前途的信心，就需要有備受信任的政治領袖及團體，使民眾相信這些制度會繼續有效運作。但與此同時，由於制度結構為民眾所擁戴，它反過來卻阻礙了強大政治領袖及團體的湧現。這些制度的存在，令政治領袖及團體變得多餘。由於既有制度被民眾接受，領袖及團體即使湧現，其類型也會有限。過分"反建制"或過分"反現狀"的領袖及團體很難討得民眾的歡心。所以，從客觀角度而言，幾乎所有冒起的政治領袖及團體都取向溫和：他們的政見差異很有限，對社會經濟事務的立場也趨同。[17]

由於政治制度深受民眾擁護，故被民眾信任的政治領袖及團體就不容易出現。雖然我不能夠對此提出充分證據，但據我的觀察，民眾對政治領袖及政治團體之所以持正面評價，是因為早已接受香港的政治制度且對現狀滿意。也就是說，民眾是否接受政治領袖及政治團體，取決於他們是否接受政治制度。所以在香港，並非由政治領袖及政治團體賦予政治制度認受性，而是由政治制度賦予政治領袖及政治團體認受性，這種情況與很多發展中國家截然不同。所以，在可預見的將來，新生的政治領袖及政治團體仍然會依靠民眾對政治制度的接受度來建立自己的地位，但這會帶來隱患。在殖民管治的最後歲月，社會問題及社會不滿一定會紛至沓來。現行的政治制度可能會被民眾視為效果不彰而受到責難，其認受性會被削弱。如果民眾對政治制度的接受程度下降，政治領袖及政治團體在爭取民眾信任方面便會遇到困難。

有兩個因素令政治領袖及團體之間的政治分歧不僅較具實質性，也較易被覺察到。第一，權力架構之外的精英分子採取積極行動，爭取進入管治建制。很自然地，權力架構內的精英分子對之會堅決抗拒。不過，權力架構之外的精英其實也無意令香港社會出現根本的改變，他們多是中產階級參政者，在現行社會經濟體制中享有不少既得利益，他們的主要政治目標其實是希望通過民主改革進入當權的統治者聯盟。第二，部分政治領袖及團體對中國政府採取強烈的對抗姿態。不過，這些領袖及團體對香港的社會經濟現狀也並非嚴重不滿。

雖然建制架構的威信正逐步下降，但其被民眾接受的程度仍然頗高。而且，港人對中國政府的基本態度不是排斥抗拒。因此，民眾並沒有太大興趣捲入政治精英之間的衝突，這使得政治衝突大體上只局限在精英之間，規模不會太大。在這種情況下，因為精英爭逐權力而造成的民眾動員及分化也不會嚴重。不過，由於民眾參與政治的程度不高，政治領袖及團體爭取民眾支持的機會也相應減少。

一般來說，港人對政治的態度是務實及功利的，如何衡量政治及政治參與的價值，主要取決於能夠為自己帶來多少實際利益。如果港人認為政治領袖及團體之間的政治衝突不會為自己帶來社會經濟利益，便不會給予這些領袖及團體高度的信任。不過，從調查結果也可以看到，雖然港人對社會現狀仍然頗為滿意，但在若干問題上，態度已經出現分歧。可以預見，愈來愈多的社會經濟爭議事項會被政治領袖及團體轉化為政治用途。但是，在民眾眼中，現今的政治領袖及團體在政治競爭的過程中，往往未能正視那些日趨嚴重的社會經濟問題。正因如此，民眾便沒有足夠理由去信任這些領袖及團體。

由於民眾認為政治領袖及團體只專注於政治權力的爭奪，忽視了處理與民生有直接關係的社會經濟問題，因此對香港政治領導的產生帶來不良影響。因為精英之間的衝突基本上是政治衝突，沒有甚麼社會和經濟意義。這些政治衝突也大多表現為精英之間的個人衝突及言論對抗，這使更加令人覺得政治是政治野心分了爭權奪利的遊戲，政治領袖及政治團體的形象也就進一步受損。因此，港人學會了用一種"超然"的態度來看待政治，但這對於提高民眾對政治領袖及團體的信任來說顯然沒有太大的幫助。

結論

展望未來，我預期現今的情況會有所改變，香港的政治會變得比較具有社會基礎。從 1991 年 9 月起，隨着由普選產生的政治領袖進入立法局，政治與社會之間的聯繫會加強。不同社會經濟背景和政治取向的人會進入精英隊伍，管治精英的同質性於是有所下降。由於普選已經成為政治晉升的途徑之一，部分政治精英會致力於與民眾建立聯繫。港人對社會經濟事務在態度上的分歧也會深化，尤其是與階級矛盾有關的分歧，這會產生政治上的後果。此外，香港的政治領袖及普羅大眾對中國政府會採取愈來愈妥協的姿態，《基本法》在 1990 年頒佈，這又使得政制改革問題暫時不會成為重要的公共議題，政治領袖及團體自會轉向利用社會經濟矛盾來尋求支持。因此，政治與社會的聯繫會得到加強。

政治衝突與社會經濟衝突趨於重疊，是否會導致出現民眾信任的領袖？這在目前仍是未知數。有了普選之後，政客肯定會努力成為民眾利益的代表。然而，由於將來的大部分權力仍舊掌握在不由普選產生的政府手中，而《基本法》又主要對已處於支配地位的社會經濟利益有利，於是，普選產生的領袖很難通過政治行動來滿足民眾的需要。部分普選產生的"反建制"政治領袖有可能脫離"反對派"隊伍，轉投執政的建制陣營，並從中獲得政治或經濟利益。在任何一種情況之下，民眾都會覺得普選產生的政治領袖無能、無權，甚至是機會主義者，對政治領袖的敬意及信任也會減少，要產生被民眾信任的領袖及團體困難重重。

註釋

1. Lau Siu-kai and Kuan Hsin-chi, "The Changing Political Culture of the Hong Kong Chinese," in Joseph Y. S. Cheng (ed.), *Hong Kong in Transition* (Hong Kong: Oxford University Press, 1986), pp. 26-51; Lau Siu-kai and Kuan Hsin-chi, *The Ethos of the Hong Kong Chinese* (Hong Kong: Chinese University Press, 1988); Lau Siu-kai, "Hong Kong's 'Ungovernability' in the Twilight of Colonial Rule," in Zhiling Lin and Thomas W. Robinson (eds.), *The Chinese and Their Future: Beijing, Taipei, and Hong Kong* (Washington, DC: The AEI Press, 1994), pp. 287-314.

2. Lau Siu-kai, "Institutions Without Leaders: The Hong Kong Chinese View of Political Leadership," *Pacific Affairs*, Vol. 63, No. 2 (1990), pp. 191-209; Lau Siu-kai, *Decolonization Without Independence and the Poverty of Political Leaders in Hong* Kong (Hong Kong: Hong Kong Institute of Asia-Pacific Studies, The Chinese University of Hong Kong, 1990).

3. 調查的總體是年滿 18 歲的香港華裔居民，樣本為概率樣本。首先由港英政府統計處協助，在全港以分區等距方式抽取居住單位地址；其次是抽選住戶，如果已選取的居住單位有超過一家住戶或為一羣體住戶（如宿舍），訪問員將根據隨機抽選表，抽選其中一家住戶或一位符合資格人士接受訪問；最後是抽選受訪者，如果已選取的住戶有超過一位符合資格人士，訪問員將利用基什方格（Kish Grid）抽選其中一位接受訪問。這個樣本原有 800 個住址，扣除無效和沒有使用的住址後，實際數目減少至 559 個。

4. Lau, "Institutions Without Leaders," pp. 196.

5. 一項由香港民意調查及市場研究公司進行的電話調查也得到類似結果。該調查在 1991 年 1～5 月進行，發現不同政治取向的政治領袖所得到的民眾支持度相差不遠。*South China Morning Post*, July 11, 1991, pp. 8。

6. Lau, "Institutions Without Leaders," pp. 196-197.

7. 本文利用卡方檢定（chi-square test）來判斷變項之間的關係，顯著水平低於 0.05 者，被視為存在顯著的差異。

8. 女性受訪者相對於男性受訪者更能接受現行政治體制，而男性比女性更為信任左派機構。

9. 與年齡較小的受訪者相比，年齡較長者較為信任港英政府、公務員及香港新華，但較不信任工會領袖。他們也較為不贊同鄧蓮如、李柱銘及民主政制促進聯委會的意見，但較贊同李鵬飛及廖瑤珠的看法。

10. 自認為屬於較高社會階層的人，比其他人更為不信任香港新華，這些人較贊同葉錫恩的意見，較不贊同廖瑤珠和"四五行動"的意見。

11. Lau and Kuan, *The Ethos of the Hong Kong Chinese*, pp. 162.

12. Lau Siu-kai, *Society and Politics in Hong Kong* (Hong Kong: Chinese University Press, 1982), pp. 96-99.

13. 因為只有很少受訪者自認為屬於保守派或支持保守派，所以我在統計分析時沒有將之包括在內。

14. Peter R. Moody, Jr., *Political Opposition in Post-Confucian Society* (New York: Praeger, 1988), pp.3. 也可以參考：Gerald L. Curtis, *The Japanese Way of Politics* (New York: Columbia University Press, 1988); Gregory Henderson, Korea: *The Politics of the Vortex* (Cambridge, MA: Harvard University Press, 1968).

15. 香港華人社會的高度同質性在我的調查中得到清楚顯示：69% 的受訪者認為自己屬於社會中層，只有 24.6% 的人把自己劃分為下層人士，而自認為屬於上層的人幾乎沒有。

16. Lau, "Institutions Without Leaders."

17. 香港報章對 1991 年立法局選舉的委託調查也發現，各候選人對社會及經濟政策的立場差別不大。《信報》，1991 年 8 月 15 日，23 頁。*South China Morning Post*, August 21, 1991, pp. 5.

第 2 章　誰可擔當香港的政治領袖 *

1974 年以來，已經有 30 個南歐、拉丁美洲、東亞及東歐國家從威權（authoritarian）政體轉變為民主政體。這與以往"第一波"（1828 ～ 1926 年）及"第二波"（1943 ～ 1962 年）全球性民主改革不同，在這"第三波"民主改革中，民眾動員及暴力現象並不顯著。而大多數的新興民主政體也是通過談判、妥協及協議產生。按照亨廷頓（Huntington）的説法，妥協、選舉及非暴力是第三波民主化過程的組成部分，它們在不同程度上是這一浪潮中出現的政權改革、替換及轉化的主要特徵。[1]

在啟動這些國家的民主化過程，以及鞏固其新興民主政體上，政治精英扮演了關鍵角色。不同精英之間的利益、政治信仰及政治支持基礎常有很大差別。民主化的成功，通常取決於政治精英間的談判、妥協、和解及協議。在這些國家的民主化過程中，精英由分裂轉化為達成共識不但至關重要，而且是新興民主政體的主要標誌。這個轉化過程主要以兩種形式表現出來：和解（settlement）與趨同（convergence）。"精英和解"意指正在互相鬥爭的精英派系突然刻意進行談判，並就彼此的基本分歧作出妥協，以重整相互關係。"精英趨同"則是指分裂精英之間的敵對派系，在保留分歧之餘，仍然願意合作及締結聯盟，以建立一個有民眾號召力及基礎廣闊的管治同盟。[2]

無論達成和解還是趨同，都對精英有一系列的要求，包括具有妥

＊ 本文原以英文發表，刊於 Lau Siu-kai, "Public Attitudes toward Political Leadership in Hong Kong: The Formation of Political Leaders," *Asian Survey*, Vol. 34, No. 3 (1994), pp. 243-257. 中文版曾以"誰可領導香港？香港人對政治領導的態度及香港政治領袖的形成"為題，刊於《廣角鏡》，第 248 期（1993），50-61 頁；現在的譯本再經修訂。

的誠意、能夠容忍及尊重對手、認同解決分歧的民主程序、有決心使民主政治有發展的機會、具備遠見以使自己和追隨者的當前利益從屬於民主政體的長遠需要，以及避免通過激烈號召來進行對抗性的民眾動員。唯其如此，不少新興的民主政體均是由精英刻意通過巧妙及細緻的政治工藝所締造。[3]

　　從表面看，有很多因素可以促使香港藉着某種形式的精英共識發展民主。例如，香港和其他地方不一樣，不存在嚴重的民族、文化、宗教、地域、階級或意識形態矛盾，港人沒有受到政治動員，分化亦不嚴重，故而缺乏政治力量禁止政治精英進行談判並達成共識。與很多新興民主國家相比，香港的政治精英在政治、社會及經濟事項上的立場差別較小；政治精英之間也沒有激烈鬥爭的歷史，令他們不能相互合作；再者，大部分精英都對中國從 1997 年起在香港恢復行使主權心懷恐懼與抗拒，因此應有足夠理由團結起來，與未來的主權國周旋。

　　然而事實卻大相徑庭。誠然，香港在民主化進程中已取得一些成果，這要歸功於殖民統治者在撤離時採取了一些主動部署，但直到現在，香港的政治精英仍未能在本地的民主程序問題上取得共識。當港督彭定康在 1992 年年末提出政改方案以加速民主改革時，本地政治精英的分化達到前所未有的程度。正是由於他們不能化解彼此間的分歧，民主化過程也只能緩慢地進行，要鞏固過去的民主化成果實為艱難。

　　除了互相不和，政治精英力量薄弱且組織分化。這從很多方面可以看出來，包括缺乏強大政黨、政治團體林立、內部派系主義猖獗及分裂不斷、過分依賴個人因素作為內部團結的基礎，以及精英在重大問題上立場搖擺不定、對所屬政治團體的忠誠度不足及多變、互相之間的聯盟不穩定、個人恩怨此起彼伏等。毋庸贅言，力量薄弱及組織分化嚴重阻礙了政治精英在香港民主化問題上達成共識。要在政見分歧較大的精英間找尋共通點，肯定是件異常艱難的工作。

　　我曾在其他文章裏闡述導致政治精英弱化及分化的結構性及歷史性因素。[4] 這些因素包括：中英兩國政府在香港的政治支配地位、中英矛盾對香港精英所造成的嚴重分化、殖民管治對本地政治領袖形成所產生的分裂作用、精英與民眾之間的隔閡、政治精英沒有堅實的社會支持基礎、缺乏有威望的本地領袖、大量有志從政的精英在政壇上突然湧現（由於殖民統治者逐步撤退，留下了局部的"權力真空"，政制改革也為政治精英提供了發展機會），以及同時存在多條讓精英爭奪政治權力的途徑。除了這些客觀因素，我會在以下的討論中着重論述港人對政治領導的態度，及其對精英弱化和分化的影響。換言之，精英弱化及分化部分反映了港人如何看待政治領導的職能、角色及要求。事實上，這些態度性因素構成了政治精英在活動過程中的重要主觀環境。

　　港人對政治領導的態度，在幾個重要層面促成了政治領袖的弱化及分化。民眾對政治精英的低度信任與支持，使他們失去了組成精英聯盟以加強對民眾號召力的誘因。民眾對香港現行制度的信任度較高，對政治領袖的信任度則較低，這妨礙了強有力政治領袖的出現。政治精英與民眾的聯繫薄弱，使得來自民眾的壓力不能發揮作用，無法促成精英合作。民眾對政黨的冷漠態度阻礙了強大政黨的發展，從而令香港不能借強大政黨把精英組織起來，促進精英團結，並把精英納入緊密及有力的組織。由於民眾對政治精英未能有效辨別區分，精英便不能從特定的社會羣體中得到穩定及可靠的政治支持。港人一般接受了現有的非民主政治體制，對民主的訴求也只屬溫和，因而對政治領袖普遍採取的態度缺乏一致性。結果是，民眾同時認可經由民主程序及非民主程序產生的政治領袖。由於港人同時接受不同的領袖產生途徑，這便鼓勵領袖從事派系間的爭鬥。港人不但認可政治精英行使政治權力，也允許社會經濟精英行使政治權力，這不僅降低了政治事業對職業政客的吸引力，也令政客不得不與為數甚多的"半政治精英"競爭，以尋求民眾的支持。

在闡述以上論點時，我會借助與其他人在過去幾年進行問卷調查所獲得的發現，尤其是我在 1991 年進行的全港性隨機抽樣調查。[5] 除特別注明外，以下討論所列舉的數字皆來自 1991 年的調查。

對政治領袖的不信任

1991 年的調查顯示，在政治不明朗的情況下，港人對政治領袖有着急切的渴求。大部分受訪者（62.3%）認為，香港迫切需要有本地的政治領袖帶領港人面對未來，持相反意見的人只有 13%。

雖然港人如此重視政治領袖，卻無法找到這些領袖。當被問及他們心目中有沒有值得信任的政治領袖時，在 1988 年、1990 年及 1991 年的調查中，各有 69.9%、69% 及 71.6% 的受訪者答稱“沒有”；認為“有”的則分別只有 16.2%、9.5% 及 12.7%。

就地方領袖而言，情況也是一樣。當被問及在他們居住的地區中有沒有值得信任的地方領袖時，答稱“沒有”及“有”的受訪者，在 1988 年為 67.7% 及 10.6%，在 1990 年為 60% 及 7.9%，而在 1991 年則為 68.1% 及 11.7%。

在 1990 年及 1991 年的調查中，我也詢問了受訪者心目中有沒有值得信任的政治團體。一如所料，調查結果與全港性領袖及地方領袖基本相同：62.1% 及 62.6% 的受訪者答稱“沒有”，只有 7.2% 及 12.5% 的人認為“有”。

除了不信任政治領袖之外，港人對政治領袖能力的評價也偏低。在 1991 年的調查中，31.9% 的受訪者認為領袖的能力屬於“低”，36.7% 的人認為“一般”，覺得“高”的人極少，只有 10.5%。然而，對於政治領袖的動機，港人的評價尚算不錯。15.7% 的受訪者認為其動機主要是為了自己的利益，24.4% 的人認為是為了大眾的利益，而較多的人

（38.4%）則認為是綜合了自利的及利他的因素。有趣的是，有約 1/5 的受訪者（18.5%）回答"不清楚領袖的動機為何"。

鑒於港人對政治權威採取功利態度，[6] 我們有理由相信，民眾對政治領袖的不信任源於他們對領袖能力的評價偏低，特別是領袖在與中英兩國政府周旋時的能力。也許還可以這樣說，港人把自己的政治無能感及政治憤世心態都投射到了政治領袖身上。[7]

港人一般也認為政治領袖間有太多政治齟齬，並且過分重視政治問題，忽略了社會及經濟事務。然而，大部分港人認為，政治以外的問題才更重要。由於政治爭議與社會及經濟問題沒有太大關係，民眾因此難以對政治領袖產生信任，而領袖之間在政治問題上的衝突，對一般人也沒有太大意義。[8] 因為民眾與領袖疏離，領袖也就不能夠強大起來。

總的來說，香港的新生政治領袖迄今還未能取得民眾的信任。得不到民眾高度尊重及信任的領袖，力量肯定薄弱。在強大的英國及中國政府面前，得不到民眾鼎力支持的領袖，在由兩大政府主導的政治遊戲中自然大為吃虧。

對政黨的低度支持

強大的政治領袖通常是組織起來的領袖。在"第三波"民主化過程中，在催化精英共識、推動民眾接受，以及保證該共識能夠成功執行等事項上，政黨扮演了不可或缺的角色。事實上，政黨在民主化過程中是一個不可分割的部分。

香港的政黨現在仍處於發展初期，而且前景並不明朗。大量客觀因素阻礙着強大的、有民眾基礎的政黨出現。[9] 儘管香港存在着為數眾多的政治團體及政治組合，但其中仍未有以"政黨"自稱者（直到最近，才有一個名為"自由黨"的政治團體成立）。本質上，這些團體及組合都是小規模的"幹部式團體"，它們或以個別人士為核心，或是一種主從關係的網絡。這些團體長期受到"黨"紀鬆弛問題的困擾，這些新生事物因而不能夠有效運作。

港人對政黨的態度，形成了政黨發展的障礙。縱然港人對"政黨"概念的支持日增，他們對政黨的態度仍三心二意。民眾對政黨的實際支持依然十分有限，政黨也未能吸引民眾參與其活動及工作。民眾雖然愈來愈意識到政黨的存在及其綱領，但政黨作為民眾動員的機制，重要性仍不高。[10]

就政黨對社會的影響而言，港人的態度是矛盾的。一方面，他們懷有相當"不切實際"的期望。在 1985 年的調查中，有 34.8% 的受訪者同意以下說法："政黨的出現會使香港的政治體制更好。"[11] 在 1991 年的調查中，我們詢問受訪者如果香港出現政黨，發生以下一系列情況的可能性有多大。結果有 67.1% 的人認為港英政府會更重視他們的意見；61.8% 的人認為中國政府會更重視他們的意見；57.2% 的人預期香港會管治得更好；56.3% 的人預期香港的政局會更加穩定；60.3% 的人預期香港會因此出現受市民擁戴的領袖；63.1% 的人認為港人會更加團結；而 59.1% 的人則覺得"港人治港"更有可能實現。值得注意的是，相當大比例的受訪者（30.2% ～ 40.4%）對這些假設性問題表示"不知道"。這顯示，不少人對於政黨對香港的影響不甚明瞭。不過，港人至少對政黨有着正面的看法。

另一方面，港人也充分了解政黨之爭對香港的負面後果。在 1990 年的調查中，多達 43.6% 的受訪者同意，如果香港社會出現政黨，這些政黨會爭權奪利，導致社會不穩定。較小比例（38.8%）反對這個說法。而那些不贊成港人組織政黨的人，自然也較可能同意政黨會導致社會不穩定的觀點。

與政黨發展尤其有關的是，港人即使不反對政黨的出現，也不大願

意支持政黨。在 1990 年的調查中，52% 的受訪者贊成港人組織政黨，
只有 25.3% 的人表示反對。不過，仍有 19% 的受訪者對此不置可否。
1988 年的調查則發現，有 25% 的受訪者贊同港人組織政黨，而反對者
則達 55.5%。把 1990 年的發現與 1988 年的比較，組織政黨的概念顯然
已在社會中廣為傳播。然而，即使民眾支持政黨的出現，但對政黨的矛
盾態度揮之不去。39% 的人在 1990 年的調查中聲稱不會參加或者支持
政黨活動，只有 20% 的人表示會那樣做，28.5% 的人則聲稱要視情況
而定。[12]

　　總的來說，港人明白對政黨的需要，卻不願意參與政黨活動。因
此，儘管政黨對產生強大及團結的政治領袖非常重要，但民眾對政黨的
矛盾態度令香港的政黨力量薄弱且組織分化。

對多種領袖選拔途徑的支持

　　在其他新興民主社會中，普選被民眾認可為獲得政治權力的最重要
（即使並非唯一）方法。普選作為挑選政治精英的渠道，除了有其重要
性外，還有一個作為政治領袖之間仲裁者的重要職能。政治權力是根據
選舉結果分配給各個政治領袖的。其他選拔政治領袖的途徑，在權力分
配上只有次要的或政治上認受性較低的角色。借由非選舉方式取得政治
影響力的精英，不可能成為政壇中的主要權力執掌者。

　　根據不同國家所採用的特定選舉安排，及其社會政治力量的構成
狀態，普選作為主要的政治領袖選拔方式，可以產生團結的政治領袖，
也可以產生分裂的政治領袖。總體而言，即使普選對政治領袖有分化作
用，在一個以普選為主要或唯一領袖選拔方法的社會，這些作用還是比
較有限的。但在一個缺乏一種最具權威性權力分配方式的地方（例如，
香港），這些分化作用較為明顯。如果多種領袖選拔方法並存，而其中

又沒有一種方法佔主導地位，則領袖可以通過不同方法取得政治權力。在這種情況下，出現力量薄弱且組織分化的政治領袖的機會便會大為增加。

香港的政治體制並非以短期內完成全面民主化的方式從專權殖民政體中脫離出來；相反，過去 10 年左右的政制改革，其實是各種力量的角力過程，它們試圖根據自己的政治利益及對香港的需要的理解來塑造改革的內容。在這個曲折坎坷的民主化過程中，中英兩國政府雖是主要的政治力量，但香港新生的政治團體也能扮演一個小角色。截至目前所推行的政制改革，代表了各方力量一系列的妥協。就政治領袖的形成而言，這些改革所衍生的一個重要結果是同時建立了選舉的及非選舉的領袖選拔方式，但都不是主導的權力分配方式。而且，選舉方式又再分為直接（普及）選舉及間接選舉兩種，更降低了普選作為政治勢力之間權力分配最後仲裁者的重要性。

儘管多種選拔途徑並存，如果民眾一面倒地只認可普選，並視之為最具權威的權力分配方法，多途徑的選拔方式對領袖形成所造成的分化效果仍會受到限制。在這種情況下，或是大多數有政治野心的政客紛紛參與普選，或是循其他途徑選拔的政治領袖主動對普選產生的領袖歸順。無論如何，一羣強大而團結的領袖便會形成。

然而，這兩種情況在香港都沒有發生。反之，港人雖對普選作為領袖選拔的方式賦予較高認受性，但同時接受多種途徑選拔領袖的安排。之所以這樣，是因為民眾仍普遍接受殖民政治體制，這個體制過去在促進穩定與繁榮方面表現良好。一般人雖對民主有所訴求，但對根本性地改變現有管治方式缺乏迫切感。香港一直沿用由總督委任各界人士承擔政治職務的做法，現在雖因殖民地權威日漸萎縮而不復昔日光彩，但仍頗受民眾尊重。[13] 所以，選舉性及非選舉性選拔領袖的方式能夠並存，實與港人同時接受過去的政治體制及民主改革若合符節。

幾個調查相繼發現，香港民眾支持現行政治體制。在 1985 年及 1988 年的調查中，各有 74.3% 及 70.5% 的受訪者同意以下說法："雖然香港的政治制度並非完美，但在香港的現實環境下，這已經是最好的了。"1990 年及 1991 年的相關數字則為 59% 及 72%。[14] 需要注意的是，由於政制改革的關係，4 次調查中所謂的"香港政治體制"也不盡相同，但我們有理由相信，殖民政治體制的基本特徵在港人心目中仍有相當的認受性。

儘管港人接受現行的政治體制，但他們仍表達了對民主改革的溫和訴求。這訴求在很大程度上源於將在 1997 年出現的主權移交，使得民眾憂慮香港的政治前途，並促使他們渴望獲得政治權力，以確保香港未來的政治自主性。因此，民眾受到爭取民主人士的號召影響，並從功利角度對民主有所寄望。[15] 在 1991 年的調查中，我發現有 57.9% 的受訪者認為，如果香港有選舉，港英政府會較聽取港人的意見。約有一半的受訪者（50.6%）認為，如果港英政府由他們選舉產生，會做得比現在出色。但值得注意的是，有 32.4% 的人表示"不知道"，這表明，在港人的心目中，選舉的成效並非那麼清晰。

與此同時，港人因認為香港的民主化前景不樂觀，削弱了對民主的支持。在 1991 年的調查中，43.1% 的受訪者認為，香港成功推行民主政制的機會不大，28.2% 的人認為機會大，而 26.2% 的人則表示"不知道"。再者，港人對民主的理解，也因為他們接受了現行政治體制而受到"污染"。對港人來說，民主政體只不過是現行政治體制的改良模式。在 1988 年的調查中，較多受訪者（44.2%）把民主政府定義為"一個肯諮詢民意的政府"。同樣的現象也出現在 1990 年及 1991 年的調查中，相關數字為 39.5% 及 35.9%。[16] 把民主政府定義為"一個由人民選舉出來的政府"的受訪者比例，在 1988 年、1990 年及 1991 年各為 14.9%、27.9% 及 21.9%。正是由於這種"特殊"的民主觀，港人不堅

持把普選作為主要或唯一的政治領袖選拔方式便不足為怪，而事實也正
是如此。在 1991 年的調查中，我們向受訪者提出以下問題：香港現在
已經有了幾種形式的選舉（例如，區議會選舉、立法局選舉），你認為
我們的選舉是 "太多" "太少" 還是 "不多不少" 呢？結果很能發人深省。
較多的人（44.6%）認為 "不多不少"，只有 11% 及 14.7% 的人分別認為
"太少" 和 "太多"。因此可以這樣說，港人對以普選為核心的民主政體
的訴求頗為溫和。

　　在港人政治保守心態的背後，是他們的社會保守心態，而兩者又是
互為表裏的。港人對民主化雖然有溫和的訴求，但他們對於改革現行的
社會及政治權力結構顯得漠不關心。在 1991 年的調查中，當被問及他
們覺得各類機構或人士現在的力量是 "太大" "太小" 還是 "剛好" 時，
受訪者所提供的答案（見表 2-1）很能説明港人的社會及政治保守心態。
所以，一般人並不需要通過民主改革來激烈地改變社會，尤其是這些改
革需要以民主政體徹底取代現有的專權殖民政體。

表 2-1　對各類機構及人士的力量的看法　　　　　　　　　　（單位：%）

	太小	剛好	太大	不知道	拒答
區議會	31.2	34.9	4.2	26.7	3.0
工會	23.4	30.7	4.2	38.2	3.5
大學	20.4	43.1	2.0	32.2	2.2
壓力團體	19.0	22.7	4.0	50.4	4.0
市政局／區域市政局	17.5	46.6	4.2	28.4	3.2
政治團體	17.2	27.4	5.7	44.6	5.0
專業團體	16.2	34.4	3.2	40.9	5.2
工商團體	15.0	31.9	7.5	40.9	4.7
港英政府	11.5	41.9	22.7	21.2	2.7
公務員	11.0	46.9	8.2	30.4	3.5
醫生	11.0	53.6	8.7	24.2	2.5
立法局	10.2	48.9	7.5	31.4	2.0
律師	7.7	53.1	7.5	29.2	2.5
左派機構	7.5	21.2	16.0	51.1	4.2
法庭	5.5	58.4	9.0	24.4	2.7
新華通訊社香港分社	4.7	21.7	30.7	39.2	3.7

　　除了沒有把民主選舉視為最主要的領袖選拔方式，港人也未把政治視為一種事業或專業。這也許是民眾接受殖民政體的一種反映，因為在該政體內，社會經濟精英通過總督委任執掌各類諮詢性職位而得以行使某些政治影響力，當然這些影響力只局限於個別政策範疇。換言之，雖然民眾在一定程度上能夠區分作為社會賢達和政治領袖所需具備的條件，而且不願意接受工商界人士作為政治領袖，[17] 但他們並不反對社會經濟精英出任政治領袖。事實上，正如表 2-2 所示，在選擇政治領袖時，民眾較屬意那些沒有政治背景及政治野心的人，而不是那些"專業"政治人物，例如，政黨領袖、壓力團體領袖及政客等。這種屬意社會經濟精英出任政治領袖的意向表明，民眾對政治及政客有某種程度的厭惡，對在專業上有成就的人頗為欣賞。民眾之所以屬意社會經濟精英作為政治領袖，與傳統中國政治文化的反政治意識、中國歷史中長時期的官僚統治，及華人在殖民政權下難以在政治上建功立業等因素不無關係。但這也可能反映了港人嚮往非政治化的、實事求是的、樸實作風的管治方式。港人的這種"反政客"取向，肯定不利於政治領袖的形成，因為它使得政治事業對那些原來有意從政的人失去社會吸引力。同時，它導致民眾對政客缺乏好感，而社會經濟精英能夠有力量與政客爭奪民眾的政治支持，從而使得有政治野心的人不參與民主選舉可以通過社會及經濟途徑躋身政治領袖之列。港人同時接受政治性的及非政治性的領袖選拔途徑，阻礙了有組織的專業政治領袖以及強大政黨的產生，並造成了政治領袖的分裂。

表 2-2　港人屬意的治港領袖

(單位：%)

	適合	普通	不適合	不知道	拒答
法律界人士	49.6	21.2	7.0	20.0	2.2
民主派人士	43.6	18.0	11.2	24.4	2.7
專業人士	42.9	23.7	8.7	22.2	2.5

（續表）

	適合	普通	不適合	不知道	拒答
大學教授	40.4	25.9	10.5	20.4	2.7
溫和派人士	36.9	19.5	11.5	28.9	3.2
工商界人士	29.9	23.9	18.2	25.4	2.5
政黨領袖	23.2	21.4	16.7	34.4	4.2
公務員	22.4	25.2	24.2	25.9	2.2
政客	20.7	18.2	19.7	37.4	4.0
壓力團體領袖	18.0	21.7	19.5	37.7	3.2
保守派人士	12.5	20.9	31.9	31.2	3.5

另外，從表 2-3 港人對不同機構及人士的信任程度可以看出，港人並沒有把普選視為產生政治領袖的最主要途徑，他們同時接受政治及社會經濟精英。

表 2-3　港人對各類機構及人士的信任　　　　　　　　　　　（單位：%）

	信任	不信任	不知道	拒答
港英政府及相關機構 / 人士				
廉政公署	82.8	2.2	13.7	0.7
港督	67.6	13.2	17.5	1.5
法官	61.4	8.5	26.9	3.0
立法局	58.1	14.4	25.9	0.7
區議員	56.6	16.7	24.7	1.5
公務員	55.1	19.2	22.2	2.7
立法局選舉團選出的議員	51.8	13.7	32.2	1.5
立法局委任議員	48.8	20.9	27.9	1.5
立法局功能團體選出的議員	46.9	11.9	37.9	2.5
獨立的管理局	45.1	18.2	32.9	3.5
政府委任的諮詢委員會	38.7	19.4	38.9	2.2
新華通訊社香港分社	16.4	46.6	34.2	2.2
政治及社會團體 / 人士				
醫生	72.8	9.7	15.5	1.7
新聞工作者	63.4	9.9	23.7	2.0
大學教授	59.4	5.4	31.7	2.7

(續表)

	信任	不信任	不知道	拒答
律師	52.8	18.0	25.4	3.2
民主運動領袖	34.4	27.2	35.2	2.7
香港市民支援愛國民主運動聯合會	36.6	22.2	38.7	2.2
工會領袖	32.9	20.2	43.4	3.2
宗教領袖	31.4	20.0	43.4	4.5
工商界領袖	29.1	27.9	37.7	4.5
壓力團體	25.9	23.2	47.1	3.2
左派機構	9.0	45.3	41.9	3.2

註：本表剔除了小部分回答 "普通" 的受訪者，因此，有些行的百分比總和不足 100。

　　表 2-3 與以往調查所得到的發現大致相同。[18] 在詮釋表 2-3 時，有一點需要留意。因為由直選產生的議員是在調查結束後才進入立法局工作的，所以他們並未被包括在該調查之內。不過，零散及觀感性的證據顯示，循直選途徑晉身立法局的議員，比從其他途徑產生的議員受港人歡迎。[19] 這並不表示那些由非直選產生的議員在民眾心目中缺乏認受性。實際上，直選議員及其他議員在民眾擁護及信任程度上的分別不大，有限的分別並不表示非直選產生的議員不孚眾望。更值得注意的是，表 2-3 清楚地顯示了民眾對社會經濟精英的信任，遠勝於對政治精英的信任。

　　香港回歸後會成為中國主權下的特別行政區，因此在任何情況下，香港都不會成為一個獨立的政治實體。回歸前英國及中國政府在香港皆能行使很大的權力。所以，來自主權國政府的政治恩蔭，自然成為另一條招募政治領袖的途徑，甚至有可能比其他途徑更具效用。來自英國的政治恩蔭，是以往香港華人賴以取得政治影響力的唯一途徑。回歸前，民眾認同殖民管治，所以藉着政治提拔而獲得領袖地位的人，也享有不錯的政治認受性。

　　理論上，港人不信任中國政府，因此不認同因中國政府政治恩蔭而得到政治地位的人。這一推測從 1991 年立法局選舉中可見一斑,與中國政府關係密切的領袖連一個直選議席也沒有獲得。[20] 不過,港人在政治上是相當聰明的,他們清楚地知道,如果沒有中國政府的認可與支持,任何政治領袖均難有作為。在 1990 年的調查中,當被問及假如未來的政治領袖要有所作為,誰的支持最重要時,17.7% 的受訪者認為是"中國政府",5.6% 認為是"港英政府",35.6% 回答是"香港市民",而覺得"三方面同樣重要"的則為 29.7%。至於那些不受中國政府歡迎的人,竟有約 1/3 的受訪者 (33.1%) 表示不會支持他們成為香港未來的政治領袖,30.8% 則表示會這樣做。就這一點而言,港人內心的矛盾可以從 28.2% 的受訪者表示"不知道"中反映出來。

在 1991 年的調查中,我們詢問了同樣的問題,答案顯示,被中國政府提拔的政治領袖受港人接受的程度也稍有提高。22.7% 的受訪者認為,"中國政府"的支持是成為有作為領袖的最重要因素;認為"港英政府"及"香港市民"是最重要因素的受訪者分別只佔 4.2% 及 26.9%;不過,仍然有 29.9% 的人覺得"三方面"的支持最為重要;表示不知道答案的則下降至 15%。我們同時發現,與 1990 年的調查相比,在 1991 年的調查中,表示會支持不受中國政府歡迎的人成為香港未來政治領袖的受訪者比例稍有下降 (27.2%);然而,表示不會支持的比例亦下降至 29.4%;答稱"不知道"的則大幅上升至 36.9%。

民眾對來自上層的政治恩蔭作為選拔領袖途徑的接受程度,可以從受訪者在 1991 年調查的一項答案中窺見。約六成的受訪者 (59.6%) 表示會接受中國政府與港英政府合作在香港培養的政治領袖來治理香港;只有 9% 表示拒絕接受;然而,仍有不少人 (27.4%) 對此不能拿定主意。

對於產生政治領袖的不同方式,港人的接受程度雖然不一樣,但大體而言,他們允許政治性的及非政治性的、普選的及間接選舉的、政治恩蔭等方式並存。由於多種選拔途徑並存,彼此之間的重疊性又有限

（即不同途徑吸引不同的領袖參與），要形成強大及團結的政治領導，便不是一件容易的事情。

對領袖素質的態度

民眾對領袖素質的態度，在兩方面與弱化及分化的領袖有關係。一方面，港人雖然對缺乏值得信任的政治領袖深以為憂，但依然對領袖的素質提出相當高的要求。而在香港現時的環境下，政治領袖是難以滿足這些要求的。由於民眾覺得政治領袖不能滿足要求，自然也不會給予他們強有力的支持。另一方面，一般人較重視領袖的個人素質，不太重視領袖的"政治技巧"，包括妥協的能力，以及建立領袖聯盟的才能。港人的這種取向，實際上產生了鼓勵領袖趨向"個人主義化"的效應。

在政治前景極度不明朗的情況下，民眾自然渴望值得信任的領袖，並希望這些領袖給予他們安全感及方向感。傳統中國的政治文化尤其突出政治領袖的道德素養，並需兼具道德的示範者及政務的決策者雙重角色。因此，要取得民眾的信任，香港的政治領袖需能突顯剛正不阿的性格，及對人民福祉的深切關懷。要成為民眾信任的領袖，他們需要讓民眾相信自己有誠意分擔同一政治命運。遺憾的是，"九七問題"引發的巨大心理震盪，不僅使民眾惶恐不安，同時使政治精英深受困擾。不少精英選擇移民，作為保證個人及家人前途的最佳辦法。對政治領袖而言，移民並不困難（雖然有些人要為此付出巨大代價），因此，一個容易被民眾用以考核政治領袖是否對香港有誠意及擔當的準則，便是他們是否擁有外國國籍或居留權。正因為香港大部分精英都已取得外國國籍或居留權作為自己及家人的"政治保險"（雖然他們也許無意永久離開香港），如果港人願意用諒解的眼光來對待精英移民，並且願意接受擁有"政治保險"的人作為政治領袖，那麼香港的領袖問題也許會得以紓緩，民眾對政治領袖的支持度也會提高。

顯然，情況並非如此。縱使香港缺乏政治領袖，港人也渴望出現有所作為的領袖，但他們依然要求領袖不要持有外國護照或擁有外國居留權，以證明他們對香港及港人有奉獻精神。這種要求無疑是合理的，但在當前的環境下，似乎不切實際，因為這種要求會令不少有資格的領袖不敢挺身而出，而且會使不少現有的領袖在民眾的心目中變成有道德問題的人。根據一系列的調查發現，港人很執着於以領袖是否擁有外國國籍或居留權為標準，審視個別領袖是否值得信任。在 1988 年的調查中，大部分受訪者對港人因"九七問題"而移民持不置可否的態度。21.2%的人認為這樣做是不對的，但也有 24.2% 的人認為對，然而比較多的受訪者（45.2%）不認為這是一個道德判斷的問題。雖然如此，大部分受訪者（68.2%）仍然表示，不會信任已擁有外國國籍或居留權的人來當香港的政治領袖，只有 17.7% 的人表示可以信任。

從 1990 年的調查可以看到，民眾愈來愈以道德觀點看待移民問題。當被問及是否認同那些因"九七問題"而移民的人已放棄了對香港的責任時，受訪者的答案頗有分歧。43.6% 的人同意這個指控，但也有 45.6% 的人表示不贊同，只有 10.8% 的人不能給出答案，這表明絕大多數的人關注這個問題，並且對此有自己的看法。一如所料，大部分受訪者（60.5%）拒絕信任擁有外國國籍或居留權的人當香港的政治領袖，只有 17.7% 的人表示信任。

1991 年的調查結果也是一樣。有 56.4% 的受訪者表示不信任有外國國籍或居留權的人當政治領袖，只有 19.2% 的人持相反意見。港人質疑領袖的誠意，對領袖的產生尤為不利。在調查中，當被問及如果有香港領袖人物表示一定會在回歸後留在香港為大眾服務，受訪者是否會相信他時，只有 20% 的人表示相信，27.7% 的人拒絕相信，而 29.9% 的人表示要看該領袖是哪一方再決定，有頗大比例的人（22.4%）甚至無法給出答案。

就公務員而言，結果也是一樣。一般來説，民眾對公務員的評價不錯，尤其是華人公務員。稍低於一半的受訪者（47.6%）認為香港的公務員盡忠職守、為港人服務，只有 18.5% 的人表示不同意，多達 33.9% 的人則表示不知道或不回答該問題。此外，當被要求比較華人公務員與外籍公務員誰更有能力管理好香港時，32.9% 的受訪者覺得華人公務員能力較強，35.7% 的人則認為兩者差別不大，只有極少的人（10%）認為外籍公務員比較能幹。不過，民眾又因懷疑華人公務員對香港的忠誠而令華人公務員所獲正面評價受損。只有 13% 的受訪者認為大量華人高級公務員會在回歸後留港服務，而 37.7% 的人相信只有很少華人高級公務員會這樣做，24.7% 的受訪者覺得留下來的華人公務員人數一般，而多達 21.4% 的人則答稱"不知道"。這些發現説明，大多數港人對華人公務員在主權移交後繼續留港服務並不樂觀。縱然民眾擔憂回歸後華人公務員難求，但依然不願意信任那些已取得外國國籍或居留權的華人公務員在回歸後管治香港。在 1991 年的調查中，有稍多於一半的受訪者（56.4%）表示不信任這類公務員，願意信任的只有 16.7%，21.4% 的人則表示不知道。

假如把民眾對政治領袖及公務員的看法一併考慮，有一點非常清楚：儘管香港正在鬧政治領袖荒，且香港精英在海外購買"政治保險"已相當普遍，但港人依然對政治領袖的道德素質提出嚴格要求。如果民眾在領袖身上找不到那些素質，便直截了當地不給予支持，惡性循環亦由此形成：因為來自民眾的支持不足，強大領袖難以出現；同時，由於民眾對領袖的道德要求較高，不少具有領導才能的人可能因缺乏滿足民眾期望的自信，不敢貿然到政壇發展。結果，強大領袖的形成受到限制。

如前所述，與職業政客相比，港人較屬意社會經濟精英擔當政治領袖。與此有密切關聯的是，民眾傾向於視"政治"為公共服務，而非權

力的爭奪。政治領袖被視為應為民眾無私且竭誠地服務、應為了崇高的
目標而參與政治，而非以政治為謀生之計，需比一般人遵守更嚴格的道
德準則，而經濟報酬應該是象徵性的，其回報應以民眾對他們的尊重及
崇高的社會地位為主。港人對政治的厭惡感，在其他文獻中曾被詳細描
述，[21] 民眾對政治領袖素質的態度，則必須做進一步的探討。簡言之，
當想到理想的領袖素質時，港人特別重視領袖的品格及個性，而職業政
客必須具備的政治技巧，卻只被民眾視為次要。這種對政治領袖的態
度，使港人傾向於把領袖作為一個個單獨的人來處理，並且以他們為個
體加以衡量。

　　表 2-4 羅列了受訪者在 1991 年的調查中對不同領袖素質所賦予的
相對重要性。從表中可以看出，民眾一般突出領袖的道德素質，對他們
的政治技巧則重視不足。

表 2-4　對政治領袖素質的態度

(單位：%)

	重要	不重要	不知道	拒答
為民眾服務的熱誠	91.3	0.7	7.0	1.0
誠實可靠	90.8	0.5	7.5	1.2
有處理公共事務的能力	90.3	0.7	8.0	1.0
得到民眾的支持	89.2	1.5	8.2	1.0
大公無私	86.3	3.7	9.0	1.0
對香港有歸屬感	85.5	3.7	10.0	0.7
能夠積極接觸民眾	85.5	4.0	9.0	1.5
與各方面人士關係良好	83.1	6.7	9.0	1.2
學歷	82.0	9.5	7.7	0.7
願意為香港犧牲自己的利益	81.1	6.2	11.0	1.7
敢於與港英政府對抗	67.3	15.4	14.7	2.5
能夠堅持己見 *	66.6	17.2	14.0	2.0
處事手段圓滑	62.9	22.6	12.0	2.5
敢於與中國政府對抗	61.8	15.0	20.0	3.2
講話動聽	43.8	44.9	9.2	2.0
高尚職業	41.4	46.6	10.7	1.2
儀表出眾	24.9	63.1	10.2	1.7

* 0.2% 的受訪者答稱 "普通" 重要。

　　有八成及以上受訪者認為"重要"的領袖素質基本上是個人素質，例如，為民眾服務的熱誠、誠實可靠、有處理公共事務的能力、大公無私、對香港有歸屬感、學歷，以及自我犧牲的精神等。同等重要的是，領袖得到民眾的支持，並與各方面人士關係良好。然而，對這些具有社會性的領袖素質的重視，反而暴露了受訪者對社會及政治和諧的執着。港人對於作為政治基本元素的衝突現象，以及政客作為處理衝突的能手，似乎並不特別欣賞。[22]

　　相對不那麼重要的領袖素質包括儀表出眾、擁有高尚職業、講話動聽、敢於與中國政府對抗、處事手段圓滑，以及能夠堅持己見。這些素質可劃分為兩類。一類是不能夠直接反映個人道德品格的素質，另一類則涉及政治技巧。這些調查發現為我們的論斷提供了進一步的佐證。

　　港人在考慮理想的領袖素質時，儘管認為個人素質比政治技巧重要，但假如他們認為某類領袖擁有大部分理想素質，則那類領袖依然可以贏得民眾的好感，而香港仍舊有機會產生強大的政治領導。然而，情況並非如此。在1991年的調查中，我們也探討了受訪者認為的理想領袖素質，以及這些素質與他們認為適合治港的領袖的關係。大致上，有幾類領袖被視為擁有一些民眾認為的理想領袖素質。[23] 例如，認為公務員是治港合適人選的人，同時較傾向於認為大公無私、能夠堅持己見、擁有高尚職業，以及儀表出眾是理想的領袖素質。認為大學教授為治港合適人選的人，同時較傾向於認為得到民眾的支持、對香港有歸屬感、與各方面人士關係良好、敢於與港英政府對抗、講話動聽，以及擁有高尚職業是理想的領袖素質。認為法律界人士為治港合適人選的受訪者，同時較傾向於認為誠實可靠、對香港有歸屬感、能夠積極接觸民眾、與各方面人士關係良好、學歷，以及擁有高尚職業是理想的領袖素質。認為民主派人士為治港合適人選的人，同時較傾向於認為誠實可靠、得到民眾的支持、對香港有歸屬感、敢於與港英政府和中國政府對抗、能夠堅持己見，以及學歷是理想的領袖素質。認為政客為治港合適人選的人，同時較傾向於認為對香港有歸屬感、敢於與港英政府和中國政府對抗、講話動聽，以及擁有高尚職業是理想的領袖素質。

　　總的來說，民眾心目中的理想領袖素質，並不是由某一類領袖所"壟斷"。更重要的是，港人覺得那些素質頗為平均地分佈於政客及社會經濟精英之中。因此，民眾對領袖素質的看法強化了政治領袖多種選拔途徑並存對領袖形成的分化效果。

結論

　　與那些成功的"第三波"民主社會不同，在一個政治領袖力量薄弱且組織分化的局面下，香港通過達成某種形式的本地政治精英共識來締造且鞏固民主政體，即使不是不可能，也必定十分困難。那些力量薄弱且組織分化的領袖不能紓緩中國政府對香港民主化的疑慮，容易引發政治上極端的言論與行動，使民眾對領袖產生疏離，且不能在他們之間協議出一套民主程序，令權力爭逐制度化。由於香港不是一個獨立的政治實體，它的民主化計劃如果得不到中英兩國政府的認可，是不可能成功推行的。然而，無論是英國政府還是中國政府，都不熱衷於推動香港民主發展。在這種情況下，一個不團結的本地政治領導層不可避免。

　　港人對政治領導的態度，無疑在形成力量薄弱且組織分化的政治領袖過程中扮演了一個重要的角色。這些態度包括：對領袖的低度信任、對政黨的矛盾觀點、對政治領袖多種選拔途徑的接受，以及對領袖道德素質的重視，均強化了歷史性及結構性因素對領袖形成的負面效應。顯然，港人把自己的政治無能感投射到領袖的身上，民眾對政治領袖的態度，其實也部分是那些客觀因素的結果。

　　即使存在着各種不利於領袖形成的客觀因素及民眾態度因素，如果

50

香港的政治領袖氣量宏大、以大局為重、具備包容情操、目光遠大，並
奉民主為崇高政治理想，則香港的精英就民主化的形式及進度達成共識
的機會仍然存在。不幸的是，這些對於抗衡甚至改變港人對政治領袖的
不利態度而言十分必要的素質，在香港卻非常短缺。

註釋

1. Samuel P. Huntington, *The Third Wave: Democratization in the Late Twentieth Century* (Norman: University of Oklahoma Press, 1991), pp. 165.

2. John Higley and Richard Gunther, "Introduction," in John Higley and Richard Gunther (eds.), *Elites and Democratic Consolidation in Latin America and Southern Europe* (Cambridge: Cambridge University Press, 1992), pp. 1-37.

3. Guillermo O'Donnell and Philippe C. Schmitter, "Tentative Conclusions about Uncertain Democracies," in Guillermo O'Donnell et al. (eds.), *Transitions from Authoritarian Rule: Prospects for Democracy* (Baltimore: Johns Hopkins University Press, 1986), Part IV, pp. 37-47; Giuseppe Di Palma, *To Craft Democracies: An Essay on Democratic Transitions* (Berkeley: University of California Press, 1990); Juan Linz and Alfred Stepan, "Political Crafting of Democratic Consolidation or Destruction: European and South American Comparisons," in Robert A. Paster (ed.), *Democracy in the Americas: Stopping the Pendulum* (New York: Holmes and Meier, 1989), pp. 41-61; Nancy Bermeo (ed.), *Liberalization and Democratization: Change in the Soviet Union and Eastern Europe* (Baltimore: Johns Hopkins University Press, 1992); Gilbert Rozman (ed.), *Dismantling Communism: Common Causes and Regional Variations* (Baltimore: Johns Hopkins University Press, 1992).

4. Lau Siu-kai, "Institutions Without Leaders: The Hong Kong Chinese View of Political Leadership," *Pacific Affairs*, Vol. 63, No. 2 (1990), pp. 191-209; Lau Siu-kai, "Colonial Rule, Transfer of Sovereignty and the Problem of Political Leaders in Hong Kong," *Journal of Commonwealth and Comparative Politics*, Vol. 30, No. 2 (1992), pp. 223-242; Lau Siu-kai, "Social Irrelevance of Politics: Hong Kong Chinese Attitudes toward Political Leadership," *Pacific Affairs*, Vol. 65, No. 2 (1992), pp. 225-246.

5. 除了 1985 年的調查，其他都是全港性調查。所有調查採用相同的抽樣程序。調查的總體是年滿 18 歲的香港華裔居民，樣本為概率樣本。首先由港英政府統計處協助，在全港以分區等距方式抽取居住單位地址；其次是抽選住戶，如果已選取的居住單位有超過一家住戶或為一羣體住戶（如宿舍），訪問員將根據隨機抽選表，抽選其中一家住戶或一位符合資格人士接受訪問；最後是抽選受訪者，如已選取的住戶有超過一位符合資格人士，訪問員將利用基什方格（Kish Grid）抽選其中一位接受訪問。回應率根據扣除無效和沒有使用的住址後計算：（1）1985 年調查在觀塘區（一個多元化的、工業區與住宅區混合的小區）進行，完成 767 個訪問，回應率為 46.9%。（2）1988 年調查完成 396 個訪問，回應率為 61%。（3）1990 年調查完成 390 個訪問，回應率為 69.8%。（4）1991 年調查完成 401 個訪問，回應率為 55.8%。

6. Lau Siu-kai and Kuan Hsin-chi, *The Ethos of the Hong Kong Chinese* (Hong Kong: Chinese University Press, 1988), pp. 72.

7. 政治無能感及政治憤世感在香港華人中甚為普遍。在 1991 年的調查中，各有 72.3%、79.5% 及

79.6% 的受訪者表示他們沒有或有很少力量去改變港英政府、英國政府及中國政府的政策。再者，只有約 1/10 的受訪者（12%）不贊同以下說法："政治和政府是很複雜的，我們一般市民是無法明白的。" Lau Siu-kai "Decline of Governmental Authority, Political Cynicism and Political Inefficacy in Hong Kong," *Journal of Northeast Asian Studies*, Vol. 11, No. 2 (1992), pp. 3-20。

8. Lau, "Social Irrelevance of Politics," pp. 244-245.
9. Lau Siu-kai, *Public Attitude toward Political Parties in Hong Kong* (Hong Kong: Hong Kong Institute of Asia-Pacific Studies, The Chinese University of Hong Kong, 1992), pp. 2-5.
10. Louie Kin-sheun, "The 'Party-Identification' Factor in the 1991 Legislative Council Election," in Lau Siu-kai and Louie Kin-sheun (eds.), *Hong Kong Tried Democracy: The 1991 Elections in Hong Kong* (Hong Kong: Hong Kong Institute of Asia-Pacific Studies, The Chinese University of Hong Kong, 1993); Jermain T. M. Lam and Jane C. Y. Lee, *Research Report on the Political Culture of the Voters in Hong Kong, Part II: A Study of the Geographical Constituencies of the Legislative Council in Hong Kong* (Hong Kong: Department of Public and Social Administration, City Polytechnic of Hong Kong, 1992), pp. 56.
11. Lau, *Public Attitude toward Political Parties in Hong Kong*, pp. 6.
12. Lau and Kuan, *The Ethos of the Hong Kong Chinese*, pp. 74.
13. Lee Ming-kwan, "Politicians," in Richard Y. C. Wong and Joseph Y. S. Cheng (eds.), *The Other Hong Kong Report 1990* (Hong Kong: Chinese University Press, 1990), pp. 113-130.
14. Lau and Kuan, *The Ethos of the Hong Kong Chinese*, pp. 74; Lau, "Institutions Without Leaders," pp. 197; Lau Siu-kai, "Political Attitudes," in Lau Siu-kai et al. (eds.), *Indicators of Social Development: Hong Kong* 1990 (Hong Kong: Hong Kong Institute of Asia-Pacific Studies, The Chinese University of Hong Kong, 1992), pp. 132.
15. Lau, "Institutions Without Leaders," pp. 203-206; Lau, "Political Attitudes," pp. 133.
16. Lau Siu-kai et al., "Political Attitudes," in Lau Siu-kai et al. (eds.), *Indicators of Social Development: Hong Kong* 1988 (Hong Kong: Hong Kong Institute of Asia-Pacific Studies, The Chinese University of Hong Kong, 1991), pp. 184; Lau, "Political Attitudes," pp. 135.
17. Lau and Kuan, *The Ethos of the Hong Kong Chinese*, pp. 107.
18. Lau, "Institutions Without Leaders," pp. 198; Lau, "Social Irrelevance of Politics," pp. 231.
19. 部分電話民意調查結果可參見：《香港經濟日報》，1992 年 5 月 7 日，11 頁；《當代》，1992 年 5 月 15 日，48-62 頁。
20. Leung Sai-wing, "The 'China Factor' in the 1991 Legislative Council Election," in Lau and Louie (eds.), *Hong Kong Tried Democracy*, pp. 187-235.
21. Lau and Kuan, *The Ethos of the Hong Kong Chinese*, pp. 70-72.
22. 與這方面相關的有趣發現可以在一項由報章委託的電話調查中看到。在該調查中，受訪者認為，他們不滿意立法局的最重要原因是議員有太多爭執而缺乏共識。《香港經濟日報》，1993 年 2 月 11 日，8 頁。
23. 本文利用卡方檢定（chi-square test）來判斷變項之間的關係，顯著水平低於 0.05 者，被視為存在顯著的差異。

第二部分
社會與經濟態度

第 3 章　對自由放任主義的態度 [*]

　　基於對自由放任主義的推崇，港英政府的經濟職能非常有限，基本採取不干預政策，行政機關的設置也因此缺乏經濟干預能力。經過政府與商界的積極宣傳，在港人心目中，自由放任與經濟奇跡似乎密切相關。至少從表面上看，自由放任的政府經濟信條廣為港人接受。然而，本章將表明，對於政府在經濟領域扮演的角色，官方和民間的認知存在顯著差異。當我們進一步觀察民眾對政府具體職能的看法時，分歧就越發明顯。例如，即使會導致經濟增長放緩，民眾也期望政府更多地介入社會福利領域。民眾對於政府經濟角色的期待，與中國人對國家、社會和個人的理解密切相關。儘管在理解上存在差異，但由於各種因素消解了這些差異可能引起的矛盾，因而令民眾對政府改變經濟角色的要求變得不是那麼強烈。不過，香港近期的變化，將置港英政府於進行更多經濟干預的政治要求之下。自由放任信條在港英政府經濟職能上的認受性及其對自身的辯解，將變得愈來愈不合時宜。

香港自由放任主義的構想

　　相比其他社會，港英政府的經濟干預性極低，市場和個人的主動性一直在香港經濟中扮演着最重要的角色。在其他地方非常流行的術語，例如，計劃經濟、工業政策、行政指導、凱恩斯主義及貨幣主義這些代

＊　本文與關信基合著，原以英文發表，刊於 Lau Siu-kai and Kuan Hsin-chi, "Public Attitude toward Laissez Faire in Hong Kong," *Asian Survey*, Vol. 30, No. 8 (1990), pp. 766-781.

表國家行動主義（state activism）的各式名詞，在香港幾乎從未被政府使用和干預提起。

政府就是用自由放任的信條將其有限功能合理化。然而，政府從未以一種前後一致、系統且詳細的方式來闡述有關信條。我們從一些官員偶爾的言論中東拼西湊出自由放任思想的內容，不過作為準則，政府的處理方式向來模糊和隱晦。儘管如此，這一準則的概要卻明確無誤，即政府認為，一個不受限制的自由市場最終會使財富總量最大化。由於個人和分散的決策最有效，因此政府不應干預市場，僅需提供必要及並非為滿足某些私人利益的服務，使市場正常運行即可，並確保消除妨礙市場競爭的障礙。從家長制的動機出發，政府還要逐步減輕市場競爭中受害者的痛苦，以確保社會和政治的穩定。從理論上講，港英政府至少提供了市場運作所需要的各種服務。同時，總的來說，港英政府也遵循自由放任原則來限制自身的作用。

然而，即使是信條，自由放任也不是在任何情況下都一以貫之。“二戰”以前，港英政府似乎並不特別強調該原則。為了讓香港實現自給自足，政府不得不主動推動經濟發展。戰後，自由放任主義在 50 年代和 60 年代迎來其全盛期。之後，政府用“積極不干預”政策來描述自由放任原則，從而為以後要承擔的更積極的經濟職能做辯解。

事實上，我們看到政府在很多方面都背離了自由放任原則。經濟干預以商業法規的形式出現，比如一些公營的公共設施工程、大量的公屋項目、界定比較清楚的基礎設施投入、一些政府資助的宣傳機構、一個非常精細的私營商業諮詢網絡、一些與私營企業合作的項目，以及政府資助和管理的各種社會服務等。然而，即使實施干預措施，也是以一種順應市場的方式實現。而且，大家普遍認為，政府這只有形的手只是輕輕地觸碰市場，並沒有窒息市場競爭和私營企業的主動性，沒有掌控經濟的堅定想法。毫不奇怪，在民眾眼裏，自由放任主義是與戰後香港的經濟奇跡緊密聯繫在一起的，甚至可能認為兩者之間存在因果關係。任何違背自由放任原則的嘗試，通常都會受到政府和輿論的明確抵制。當民眾要求政府採取行動時，自由放任原則經常為政府的不作為提供一個信手拈來的藉口。

　　自由放任表面上雖是香港佔統治地位的經濟意識形態，且獲得政府和商界不遺餘力的宣講，然而香港民眾對此如何理解，我們卻知之甚少。很明顯，在傳統和當代的中國觀念體系中，自由放任是陌生的概念，政治體系和經濟體系沒有清晰的分界線，而且後者顯然處於從屬地位。作為自由放任信條中不可或缺的一部分，人權的概念完全沒有得到發展。在中國政府主導的社會秩序中，國家擁有干預經濟的特權，甚至可以廢除私有權，以維護社會和諧和公共利益為依據進行市場調整。在自由放任信條中隱含的公私分離觀念，並不存在於中國思維內。[1] 就像我們在下面會看到的，香港華人創造了一種政府經濟角色的觀點，它產生於中國傳統文化，是一個不同於西方和官方的概念。

　　本研究的數據主要來自一項全港性隨機抽樣的問卷調查。[2] 調查在 1988 年進行，成功訪問了 396 人，回應率為 61%。從統計的角度看，該樣本的性別、年齡、學歷和職業等因素的分佈情況與香港總體人口相似。

自由放任和政府經濟職能

　　總的來說，港人相當支持自由放任原則。在受訪者中，同意或很同意港英政府的不干預經濟政策的各佔 54% 和 3.5%，不同意或很不同意的只有 22% 和 1.8%。略出人意料的是，人們的態度並未因性別、年齡、學歷和職業而呈現統計上的顯著差異。[3] 然而，當受訪者被問到關於政府的具體經濟職能時，他們的態度立刻出現 180 度的大轉彎。這些經濟職能包括各種經濟干預措施，它們或未被政府採用，或曾偶爾、稍稍被採用（見表 3-1）。

表 3-1　對政府經濟職能的支持 (單位：%)

	很同意	同意	不同意	很不同意	不知道	拒答
制定工人最低工資	3.3	54.3	33.3	0.8	7.6	0.8
控制生活必需品的價格	8.6	59.8	26.0	0.5	4.0	1.0
積極管制工商業活動以防止欺詐	10.1	77.3	7.6	0.0	4.0	1.0
由政府經營公共事業	2.8	35.6	45.7	0.8	13.4	1.8
積極扶持部分工商業發展	4.5	80.6	3.8	0.0	9.8	1.3
加強管制投機性活動	6.1	60.1	22.2	1.5	8.6	1.5
制定長遠經濟發展策略	5.8	80.1	3.3	0.0	9.6	1.3
建立政府管理的中央公積金	8.8	71.5	7.6	0.0	10.9	1.3
鼓勵和協助工人組織工會	3.3	65.4	15.9	0.5	13.1	1.8
限制大機構壟斷市場	6.1	60.9	20.5	0.5	11.1	1.0
徵富人重稅以減少貧富差距	16.9	57.8	15.9	0.3	8.1	1.0
提供失業津貼	9.6	64.6	18.2	0.5	5.3	1.8
保護本地工業免受外來競爭	4.8	70.7	13.9	0.5	8.8	1.3

　　除政府經營公共事業以外，香港民眾非常希望政府能履行表 3-1 列出的所有經濟職能，而履行這些職能就意味着一個高度干預的政府和一個高度受管制的市場。雖然對政府從私人手中收回公共事業並自行經營的反對意見並非壓倒性的（僅有略少於一半的受訪者表示不同意），卻反映出香港民眾相當尊重私有財產。多數受訪者同意政府積極扶持部分工商業的發展，也同意政府制定長遠經濟發展策略的構想，這使得自由放任的哲學受到明顯破壞。同時，對一些政策的支持，比如限制市場壟斷、規範投機行為、保護本地工業不受外來競爭等，也在一定程度上起到了同樣的作用。

　　受訪者很明顯希望有一個溫和寬厚的政府：它致力於人民的福祉，制定法律保障最低工資，控制生活必需品的價格，建立政府管理的中央公積金，提供失業津貼。當他們要求政府積極管制工商業活動以防止欺詐，並向富人徵收重稅時，顯然還沒有準備完全接受市場的分配結果。為取得更平等的結果，他們甚至強烈主張政府鼓勵和協助工人組織工會，去抗衡資本家的主導地位。

　　由此可見，自由放任雖是一個普遍受歡迎的原則，卻也沒有阻礙香港民眾期望政府行使干預的職能。當然，大原則與具體態度之間存在差距的現象並非香港獨有，[4] 但香港表現出的差距無疑非常顯著。這就讓我們對民眾抱持自由放任信念的誠意和強度產生懷疑，同時懷疑當市場運作失敗或經濟增長速度放緩時，人們是否還會堅持這一信念。

　　那麼關鍵問題就是：自由放任信條是否會降低民眾對政府干預的支持？表 3-2 中的結果顯示，答案應是否定的，支持自由放任原則確實會強化對政府經營公共事業的反對，但也會降低對以下措施的支持：積極管制工商業活動以防止欺詐、限制市場壟斷、徵富人重稅以減少貧富差距、保護本地工業免受外來競爭。但總的來說，絕大多數不支持自由放任原則的受訪者支持政府的其他經濟職能。令人驚訝的事實是，那些贊同自由放任原則的人比反對者更支持政府在以下領域進行干預：制定工人最低工資、控制生活必需品的價格、建立政府管理的中央公積金、鼓勵和協助工人組織工會，以及提供失業津貼。在這些與政府福利功能相關的領域，自由放任信念並沒有提供矯正干預主義傾向的方法。

表 3-2　支持自由放任原則和支持政府經濟職能

（單位：%）

支持	支持自由放任原則	不支持自由放任原則
制定工人最低工資	62.6	58.2
控制生活必需品的價格	71.1	65.6
積極管制工商業活動以防止欺詐	90.5	94.7
由政府經營公共事業	40.4	48.2
積極扶持部分工商業發展	95.8	92.5

（續表）

支持	支持自由放任原則	不支持自由放任原則
加強管制投機性活動	72.6	75.9
制定長遠經濟發展策略	97.2	96.7
建立政府管理的中央公積金	91.0	89.5
鼓勵和協助工人組織工會	79.0	78.7
限制大機構壟斷市場	76.4	79.3
徵富人重稅以減少貧富差距	78.4	88.6
提供失業津貼	78.8	75.3
保護本地工業免受外來競爭	81.3	86.2

註：支持自由放任原則即贊成政府的不干預經濟政策，不支持自由放任原則即不贊成政府的不干預經濟政策，支持政府經濟職能即贊成政府肩負有關職能。

私有化和政府的經濟職能

　　私有化的概念最近在全球政界和行政管理界愈來愈流行。殖民地時期，即使私有化程度非常低，殖民政府仍反覆引用這個概念。就意識形態而言，私有化和自由放任聯繫緊密，因為前者預示政府下放經濟職能。與我們所期望的相反，香港民眾基本上反對私有化。受訪者對"港英政府盡量將政府所做的工作或提供的服務交由私人機構去做"這一陳述的反應令人困惑──52.8% 的人不贊成這個說法，4.3% 的人很不贊成，只有 25.8% 的人贊成，而很贊成的僅有可忽略不計的 0.5%。而與此同時，正如我們所預期的，私有化和自由放任態度之間呈顯著的正相關。對私有化的態度不因性別、年齡、學歷和職業而顯著不同。

　　正如對自由放任原則的支持一樣，對私有化表示認同的民眾並不保證他們不贊同政府干預。表 3-3 中的數據就證明了這一點：一方面，支持私有化的人更傾向於反對政府經營公共事業和制定長遠經濟發展策略；另一方面，支持私有化的人卻更傾向於政府干預，認為政府應該干預的項目與支持自由放任原則所列出的差不多。對一個總體經濟原則的認可，出乎意料地強化了民眾心中某些干預主義傾向。與自由放任的情況相比，在對私有化的態度上，民眾更加前後一致。

表 3-3　支持私有化和支持政府經濟職能 (單位：%)

支持	支持私有化	不支持私有化
制定工人最低工資	82.0	80.0
控制生活必需品的價格	71.2	71.1
積極管制工商業活動以防止欺詐	93.2	91.9
由政府經營公共事業	38.5	49.3
積極扶持部分工商業發展	95.7	90.8
加強管制投機性活動	77.3	73.0
制定長遠經濟發展策略	95.9	96.7
建立政府管理的中央公積金	93.1	90.1
鼓勵和協助工人組織工會	82.0	80.0
限制大機構壟斷市場	77.1	75.1
提供失業津貼	81.6	77.2

註：支持私有化即贊成政府的工作或服務轉交給私人機構，不支持私有化即不贊成政府的工作或服務轉交給私人機構，支持政府經濟職能即贊成政府肩負有關職能。

商人、政府和自由放任

在香港，政府是自由放任原則的主要倡導者，而商人則毫無疑問的是主要受益者。我們有理由相信，人們對政府和商人的態度決定了他們是否把自由放任作為思想信條。人們對商界領袖越有好感，就越會認同自由放任，而對於政府的認同則比較複雜。在西方社會，自由放任的主張是基於對政府的不信任。就此而言，對政府的喜好應減少對自由放任的認同；同時，對政府的喜好也應使民眾容易接受政府提倡的思想原則，而自由放任正是政府提倡的思想原則。如此看來，對政府的信任和對自由放任的認同二者之間的關係應是這兩方面共同作用的結果。

香港民眾對商人的態度總體來說僅能算是正面。35.7% 的受訪者信任工商界領袖，29.1% 的人不信任，有趣的是，35.3% 的人無法給出明確回答。人們的態度不因性別、年齡和職業而明顯不同。但不同學歷者的態度則有顯著的差異：學歷越高，越不信任工商界領袖。高比例的"不知道"和拒答顯示出民眾對財富和商人的矛盾態度。在 1985 年對香港觀塘區的調查中我們發現，41.1% 的受訪者相信許多有錢人通過不正當方式賺錢，而 35.8% 的人持相反看法。[5]

可以預見，對工商界領袖的信任和對自由放任原則的認同是呈正相關的。確實，在信任工商界領袖的受訪者中，有 75.6% 的人支持自由放任原則；而在不信任者中，只有 67% 的人支持。除管制投機性活動外，對工商界領袖的信任和對政府具體經濟職能的認可表現為輕度正相關（在不信任工商界領袖的受訪者中，75.5% 贊同管制投機性活動；在信任者中，69.2% 贊同管制投機性活動），例如，信任工商界領袖的人更加希望積極管制工商業活動以防止欺詐（93.5%：89.5%）、由政府鼓勵和協助工人組織工會（81.9%：74.1%）、徵富人重稅以減少貧富差距（81.3%：79.6%），以及保護本地工業免受外來競爭（81.2%：79.3%）。

與對待工商界領袖的態度相比，民眾對待政府的態度就正面得多，這在過去 10 年裏被廣泛地證實。我們的調查也證明了這一點，52.2% 的受訪者信任港英政府，只有 15.7% 不信任，還有 27.8% 表示中立。同樣地，他們就政府表現給予了正面評價，即 42% 的受訪者認為政府表現良好，僅有 6.6% 持不同看法，還有 46.5% 表示中立。對政府的正面評價也延伸到相關領域：70.5% 的受訪者同意香港政治制度雖不完美，但在香港的現實環境下已算是最好，只有 21.7% 不同意；66.2% 的受訪者信任公務員，只有 16.7% 不信任。

信任政府和認可自由放任原則兩者之間是正相關的：信任政府的受訪者中有 73.9% 支持自由放任原則；不信任政府的人中只有 63% 支持這個原則。信任政府和認可私有化兩者之間也存在同樣的關係：信任政府的受訪者中有 31.5% 支持私有化；不信任政府的人中只有 14% 支持私有化。

　　對政府的信任和對政府經濟職能的理解兩者之間存在非常複雜的關係。信任政府和認可自由放任原則是相關的，我們可能因此認為，信任政府的人會反對政府承擔干預經濟的職能，這與它擁護的自由放任原則相一致。另一方面，對政府的信任，加上對工商業負面的態度，可能會使民眾贊同增加政府的經濟職能。結果是，兩個相反的作用力同時影響對政府的信任與對政府經濟職能的理解這二者之間的關係。總的來說，我們的調查情況就是這樣。在贊同大多數列舉出來的政府經濟職能和信任政府之間，我們沒有發現統計上的顯著關係。[6] 只有 4 項有顯著相關，其中 3 項顯示信任政府引發對政府增加經濟職能的支持。在信任政府的受訪者中，87.9% 的人同意保護本地工業免受外來競爭，77.7%支持限制市場壟斷，66.7% 同意制定工人最低工資；不信任政府者中的相關比例則是 71%、73.7% 和 50%。只有對政府經營公共事業這一項，不信任政府的人比信任的人支持稍多一點（51.9%：48%）。

　　從政治心理學的角度看，白魯恂（Pye）和所羅門（Solomon）主張，華人容易產生一種對強有力政治權威的依賴，而對政治權威的正面評價很可能會強化這種傾向。[7] 所以，有一半以上的受訪者同意以下陳述：若要保持香港的政治穩定，需要有一個擁有很大權力的政府來統治香港。只有 29.3% 的受訪者表示不同意。人們的態度並沒有因性別、年齡、學歷和職業而顯著不同。如此一來，對強勢政府的需求和對自由放任的認同應該是逆向的關係。在民眾心中，一個強勢政府應意味着干預性，但是在理論上，這一關係並不明顯。在贊同自由放任原則的受訪者中，同意和不同意香港需要強勢政府的比例差別不大（70%：71.2%）。然而，在引入政府的具體經濟職能後，關係就變得更加清晰。除最低工資、長遠經濟策略、中央公積金、限制市場壟斷和徵富人重稅外，我們的發現表明，在其他所有領域中，支持強勢政府的人更傾向於贊成政府干預，包括控制生活必需品價格、管制工商業活動以防止欺詐、政府經營公共事業、扶持部分工商業發展、管制投機性活動、鼓勵和協助工人組織工會、提供失業津貼和保護本地工業。總的來說，民眾對工商界領袖和政府的正面態度確實在理論上產生了對自由放任的認可，但沒能抑制香港民眾在具體領域要求更多的政府干預。事實上，對政府的正面態度，加上對強勢政府的高度需要，增強了民眾對一個更加干預主義政府的認同。[8]

福利和自由放任的含義

儘管香港民眾接受自由放任原則，但同時相當強烈和廣泛地要求社會福利，這種要求包括政府需解決個人和家庭問題，甚至給每個人提供工作和住所等。政府應負責提供福利這一觀點，建立在福利是應得權益這個廣被認同的主張基礎上。在我們的受訪者中，47.7% 的人認為福利意味着救濟有困難的人，而另外 47.7% 的人則持相反觀點，即認為福利是每一個香港公民都擁有的權利。而且，香港民眾不相信福利會對職業倫理產生任何腐蝕性影響。例如，在我們 1986 年的觀塘區調查中，[9] 只有 29.7% 的受訪者擔心太多和完善的社會福利會令不少有自立能力的人變懶，靠申請福利生活。

鑒於對政府角色的這種看法，香港民眾覺得公共福利不足是理所當然的。在我們 1986 年的調查中，52.3% 的受訪者認為現時的社會福利太少，令很多生活困難的人或家庭難以改善其生活條件。[10] 在 1988 年的調查中，71.5% 的受訪者認同政府應提供更多的社會福利，即使因此會減緩經濟增長速度，僅 19.7% 的人持相反觀點。這個發現表明，民眾把福利放在優先地位。重要的是，民眾對此的態度不因性別、年齡、學歷和職業而不同。對自由放任的認同還是稍稍影響了對公共福利的支持：在那些不認同自由放任原則的受訪者中，78.3% 贊同提供更多福利，即使因此會影響經濟增長速度；而在那些支持自由放任原則的受訪者中，持同樣態度的人沒這麼多（74.3%）。同樣地，與反對私有化的人相比，支持者比較不主張犧牲經濟以提供更多福利（79.3%：76.3%）。

　　就民眾心目中自由放任的含義，這些發現提出了一個非常有意思的問題。雖然香港民眾衷心認同自由放任作為指導原則，並由此定義政府在經濟中的作用，儘管這會適當地降低人們對公共福利的要求，但認同自由放任原則和支持政府在經濟領域實施一系列的干預措施是共存的。事實上，它甚至加強了對這種干預的支持。同時，對自由放任原則的贊同並沒有直接轉化為對私有化的認可。即使總體傾向和具體態度之間的差距不可避免，甚至是自然的，但如此顯而易見的差距清楚表明，香港民眾所接受的自由放任主義缺少實質內容。我們嘗試在下面解釋港人在這個認知上的差距。

　　美國自由放任的信條，本質上是個人主義和反國家主義的化身。與此不同，香港華人的自由放任原則顯示出對政府的信任和對個人主義的克制。該原則之所以被接受，主要是因為其功利價值。即使民眾並不理解自由放任原則是如何促進經濟增長的，它還是被視為香港經濟繁榮發展不可或缺的手段。相應地，香港的自由放任主義只是建立在脆弱的意識形態爭論的基礎上。

　　華人傳統的國家觀念和美國的自由放任主義在某些關鍵方面相互矛盾。第一，華人不太接受將個人主義作為一種典範，思維中也不存在個人權利的概念。在傳統和現代中國，個人權利一直被認為是國家賦予公民的，從而促使其為國家的需要貢獻力量。第二，國家干預經濟並不受任何意識形態的限制，而且國家為了社會和諧而介入經濟是合理合法的。第三，統治者有義務為被統治者的福祉服務。當人民陷入苦難時，國家有義務給他們提供福利。但這些福利並不是人們可以向國家索取的權利，而是國家基於道德和謹慎而應肩負的責任。[11] 自力更生的觀念沒有得到很好發展。因為這些差異，香港民眾心中自由放任的概念為政府在經濟和福利領域的運作保留了廣闊空間。事實上，在民眾心目中，政府在市場出現，可能是自由放任必然的組成部分，因為人們期望政府保障市場公平，防止市場權力濫用，改變市場競爭引起的困境。從這個意義上說，公共領域和私人領域之間的界限模糊，這裏的公共領域擴展得比美國相應的概念大得多。

政治影響

雖然港英政府在許多方面偏離自由放任原則，但它在經濟中的作用顯然遠沒有香港華人所想像的那麼多。所以在香港，官方和民眾對自由放任的認識存在顯著差異，民眾要求一個高度干預的政府。不過到現在為止，對政府經濟職能的不同界定，還未產生政府和民眾之間嚴重的政治衝突。因此，明顯的問題是，統治香港多年的現實方式，怎樣才能和民眾對該政府的看法分割開來？為理解這個問題，可以考慮以下幾個因素。

第一，香港經濟發展奇跡使人們的生活水平持續提高，當經濟處於上升期時，政府的經濟政策不太會被挑戰。第二，港人共同的願望就是自由自在，不問政治，為家人和自己埋頭工作，而這正是自由放任主義所提供的。第三，在香港的殖民體系中，政府壟斷了政治權力，政界領袖力量薄弱、分化，得不到民眾支持。即使民眾想要改變政府的經濟政策，也缺乏政治力量去強行推動更為干預主義的政策。第四，從 20世紀 60 年代中期開始，政府提供的福利和服務已明顯擴展，大大提高了香港基層社會的生活水平。那些在市場經濟中處於弱勢的羣體，仍可期待政府某種形式的幫助，對市場競爭的不滿也從而減少。第五，香港的華人社會既是那些不幸成員的安全保障，也是社會控制的一種工具。例如，香港華人的宗親關係為有需要人士提供協助，在非人格的市場和個人之間形成緩衝。[12] 同時，家族企業也扮演着勞工調配中心的角色，政治上也減少了動員勞工的可能。[13] 通過這些功能，華人社會減少了華人的政治化，也就是減少了反政府經濟政策的集體政治行動發生的可能性。

但是，近期的發展有可能使政府和民眾關於界定政府經濟角色產生了政治化差異。隨着政制改革討論的開始、近期政府政務的逐漸開放，以及民眾和他們的領袖擁有愈來愈多向政府施壓的手段，而對施壓手段的理解又不一致，注定會不斷產生衝突。香港權力分散的經濟結構和工會的弱勢，意味着即使產業工人要求改善經濟狀況，也只能通過市場機制有限地達成目標。因此，他們必須利用政制改革所提供的新途徑向政府施壓，通過立法或行政手段改善處境。由於 20 世紀 80 年代收入不均不斷擴大，未來幾年可能會出現更多的勞工激進主義。

香港經濟環境的變化會最終影響政府的經濟角色。不斷興起的國際保護主義，內地與香港之間持續緊密的經濟聯繫，從勞動密集型生產向資產、技術密集型及高附加值生產的轉變在香港也勢在必行，還有勞動力短缺，香港發展成為國際金融中心，以及與其他發展中國家日益激烈的競爭，這些新形勢都要求政府承擔更積極的經濟角色。最主要的是，香港的經濟增速預期將放緩，政府將面對一個更加不利的經濟環境。此外，香港的社會變革將弱化家庭和親緣關係，加重社會問題，從而增加民眾對社會福利的要求。在這方面，民眾尤其會要求政府採取措施，解決老齡化問題，提供退休福利。

"九七回歸"使政府面臨更嚴峻的考驗，它已造成資本和人才外流，進而帶來更多的經濟和社會問題。同時，政府的權威被削弱。為重新提高民眾信心，政府計劃實施數項大規模的公共基礎設施工程（其中最重

68

要的一項就是新機場的建設），這實際上意味着政府要通過明確的財政手段刺激經濟。此外，還有一些計劃正在醞釀，這些計劃旨在創造必要條件，吸引外國投資和人才來填補缺口，迎合發展的需要。

註釋

1. Benjamin I. Schwartz, "The Primacy of the Political Order in East Asian Societies: Some Preliminary Generalizations," in Stuart Schram (ed.), *Foundations and Limits of State Power in China* (Hong Kong: Chinese University Press, 1987), pp. 1-10; Lau Siu-kai and Kuan Hsin-chi, *The Ethos of the Hong Kong Chinese* (Hong Kong: Chinese University Press, 1988), pp. 4-18.

2. 調查的總體是年滿 18 歲的香港華裔居民，樣本為概率樣本。首先由港英政府統計處協助，在全港以分區等距方式抽取居住單位地址；其次是抽選住戶，如果已選取的居住單位有超過一家住戶或為一羣體住戶（如宿舍），訪問員將根據隨機抽選表，抽選其中一家住戶或一位符合資格人士接受訪問；最後是抽選受訪者，如果已選取的住戶有超過一位符合資格人士，訪問員將利用基什方格（Kish Grid）抽選其中一位接受訪問。這個樣本原有 723 個住址，扣除無效和沒有使用的住址後，實際數目減少至 649 個。

3. 本文利用卡方檢定（chi-square test）來判斷變項之間的關係，顯著水平低於 0.05 者，被視為存在顯著的差異。為簡化數據，文中表格省去未達到統計顯著水平的數據。

4. Herbert McClosky and John Zaller, *The American Ethos: Public Attitudes toward Capitalism and Democracy* (Cambridge, MA: Harvard University Press, 1984); Herbert McClosky and Alida Brill, *Dimensions of Tolerance: What Americans Believe About Civil Liberties* (New York: Russell Sage Foundation, 1983).

5. Lau and Kuan, *The Ethos of the Hong Kong Chinese*, pp. 65.

6. 實際上，在本研究中，對港英政府的信任與對工商界領袖的信任兩者之間的相關性是很低的（r = 0.15）。

7. Lucian W. Pye, *The Spirit of Chinese Politics* (Cambridge, MA: MIT Press, 1968); Richard H. Solomon, *Mao's Revolution and the Chinese Political Culture* (Berkeley: University of California Press, 1971).

8. 在本研究中，"信任港英政府" 和 "需要強勢政府" 二者之間具有一定的關係，但未達到統計顯著水平：信任港英政府的受訪者中，74.7% 認為一個強勢政府很重要，而那些採取中立態度和不信任港英政府的相關比例分別是 58.4% 和 52.6%。

9. 1986 年的觀塘區隨機抽樣入戶調查，完成 539 個訪問，回應率為 67.4%。

10. Lau and Kuan, *The Ethos of the Hong Kong Chinese*, pp. 92-93.

11. Andrew J. Nathan, *Chinese Democracy* (Berkeley: University of California Press, 1985), pp. 127.

12. Lau Siu-kai, *Society and Politics in Hong Kong* (Hong Kong: Chinese University Press, 1982), pp. 67-120.

13. Frederic C. Deyo, *Beneath the Miracle: Labor Subordination in the New Asian Industrialism* (Berkeley: University of California Press, 1989), pp. 131-133.

第 4 章　社會經濟結構的瓦解 [*]

　　中國在 1997 年 7 月 1 日恢復對香港行使主權的同時，《基本法》將正式生效。[1] 這個規定香港政治結構和重大公共政策的"小憲法"的主要目的是在香港落實"一國兩制"原則，關鍵內容是保持香港的經濟和社會現狀 50 年不變。《基本法》第五條明確規定："香港特別行政區不實行社會主義制度和政策，保持原有的資本主義制度和生活方式，五十年不變。"中國和英國於 1984 年簽署了《中英聯合聲明》，[2] 明確了香港政治的未來，把經過深入討論的香港社會經濟制度都詳細地寫進了《基本法》。《基本法》被當作中央政府和港人之間的政治契約，最主要目的是緩解港人的焦慮和恐懼，其中最突出的就是港人擔心現狀會急劇改變，損害自己的利益。

　　基本法起草委員會認為，香港社會經濟制度的本質包括自由資本主義制度和公平社會，其核心是：有限政府、自由放任的經濟政策和不干預的社會政策。截至 20 世紀 80 年代初，香港社會對這種制度的基本要素總的來説仍有共識，雖然社會發展已帶出一些改變，進一步的變革也開始出現。[3] 然而，自中英簽署《中英聯合聲明》後，香港經歷了前所未有的變化，深刻影響着民眾對社會政策和經濟制度的看法。下文將會論述，有愈來愈多的香港民眾轉變態度，開始懷疑香港社會經濟制度的基本要素，以及隨之而來的人際信任和社會凝聚力的銷蝕。香港社會經濟結構的瓦解讓本已困難重重的政制轉型更加舉步維艱。更重要的是，

* 本文原以英文發表，刊於 Lau Siu-kai, "The Fraying of the Socio-economic Fabric of Hong Kong," *Pacific Review*, Vol. 10, No. 3 (1997), pp. 426-441.

社會經濟結構瓦解的長期影響不僅深遠，而且令人擔憂，因為必須面對另一個問題，即《基本法》作為法律架構，能否促進社會整合和香港未來發展，進而影響這部"小憲法"在香港的認受性。

本文旨在記錄港人對經濟制度和社會政策看法的轉變，所使用數據來自我和其他研究人員在過去 10 年（特別是 1994 年）所進行的隨機抽樣問卷調查。[4]

20 世紀 80 年代初開始的社會變遷

香港民眾對社會政策和經濟制度看法的轉變非常重要，為顯示這個議題的重要性，需先簡單描述自 20 世紀 80 年代初以來席捲香港的社會變遷。[5] 這些變遷在一定程度上轉變了香港的經濟制度和港人際遇，也改變了香港社會的人際關係和組織模式，最終削弱了香港民眾對戰後主流價值的認同。

經濟增長減速是最重要的社會變遷，具有廣泛而深遠的影響。出口導向的工業化使香港在"二戰"後締造了經濟增長奇跡。然而，自 20 世紀 80 年代初以來，增長開始下滑。近年來中國內地經濟騰飛雖提振了港人的信心，但香港的經濟表現卻進一步搖擺不定。若干年前，香港實際本地生產總值（GDP）的增長一直比較可觀，例如，1961 ～ 1973 年，GDP 年均增長 9.5%；1974 ～ 1983 年，微降到 8.9%；1984 ～ 1988 年，再降至 8.1%。自此，經濟增長開始直線下滑，1989 年 GDP 同比增長 2.6%，1990 ～ 1994 年的年增長率依次為 3.4%、5.1%、6%、5.9% 和 5.5%。[6]

不幸的是，通貨膨脹同時出現。通貨膨脹的主要原因有 3 個，即港元和美元匯率掛鈎帶來的輸入性通脹、人才外流以及勞動力短缺。自 20 世紀 80 年代初以來，香港通脹率一直高企（與過去相比），綜合消費物價指數較上年同期增長率在 1982 年、1987 年、1988 年、1989 年、1990 年、1991 年、1992 年、1993 年和 1994 年依次是 10.9%、5.7%、7.8%、10.3%、10.2%、11.6%、9.6%、8.8% 和 8.8%。[7] 住房費用暴漲是其中最明顯也是最具殺傷力的因素。房屋價格過高令大量香港市民難以置業，對年輕一代的傷害尤甚。通脹也助長了各式投機行為，而這些財富再分配的形式背離了民眾一直以來推崇的道德價值，例如誠實、勤勞、謙遜、審慎、節儉等。每個人都盡力賺快錢，不惜代價"跑贏"通脹，給香港社會帶來緊張氣氛和諸多壓力。

自 20 世紀 80 年代初以來，香港還經歷了去工業化，本土工業轉移到中國內地，利用當地廉價勞動力的趨勢不可逆轉。1984 ~ 1994 年，工業北移致使香港的製造業勞動力下降了 50%。[8] 去工業化導致製造業工人的失業率和就業不足率持續飆升，因為他們掌握的技能無法適用於正在擴張的服務業。令人詫異的是，服務業也出現勞動力短缺，部分行業甚至要通過輸入外地勞工來解決問題。一個主要由年長者和低學歷人士組成的社會底層開始出現，並趨於固化。大多數服務業的薪酬較低，僅有小部分專業人士、管理人員和企業家能夠從金融、投資和商業領域正在擴展的機遇裏獲得不成比例的收益。

香港的經濟變遷令貧富分化嚴重加劇。戰後初年，工業化發展帶來了經濟相對平等。然而，戰後頭 30 年收入不平等現象不斷減少的情況於 20 世紀 70 年代中期戛然而止，從那時起，貧富差距開始擴大。堅尼系數由 1960 年的 0.49 降至 1971 年的 0.43，並維持在此水平至 1976 年，其後重回上升軌道，1981 年堅尼系數是 0.45，1991 年已達 0.48，似乎還會升高。該數據僅計算人口普查收集來的收入數據，不包括嚴重的財富分配不均，因此很可能低估了香港經濟不平等的實際狀況。隨着經濟不平等的加劇，香港年輕人的教育水平雖不斷提升，流動機會卻在縮減。服務業的擴大雖令香港中產階級增長，高薪職位也曾因回歸引起人口外移而一度增加，但是高階和高薪職位的增加趕不上高學歷人口增長的速度。縱使香港已成為"文憑"社會，但教育的功利價值也在下降。

在高學歷人士的社會上向流動機會不能與預期相匹配，中產階級因此產生困擾的同時，香港由超級富豪組成的社會上層階級卻進一步鞏固了自身地位，愈來愈傾向於阻礙有能力向上流動的人享有機遇。他們窮奢極侈的炫富，偶爾還有醜聞，被傳媒廣泛報道。上層階級的極端物質主義與缺乏文化品位相生相隨，令其喪失社會的尊重。他們的自命不凡、勢利和冷漠無情也使自己與民眾疏離，普羅大眾看待富人時五味雜陳，既有幾分欣賞、幾分嫉妒，又有幾分看不起。

一個固化了的社會底層、一個愈來愈抱團的社會上層、一個"危機處處"的中產階級，這三者同時出現引發了社會不和諧、不同社會經濟羣體之間的摩擦，甚至還有明顯的階級敵視。[9]

回歸問題應是瓦解香港社會經濟結構的最有力因素。政治前景不確定引起的焦慮導致大量港人移民，當中以受過良好教育、掌握專業和管理技能的人最多。[10] 雖然回流的移民在一定程度上填補了人才空缺，但他們對香港的承擔是脆弱的。港人有一種集體無力感，想用盡一切手段，包括不合法、不正當和不能見光的，以保護自己和家庭的未來。自求多福戰勝了世俗的道德關懷，自私自利讓人變得冷漠無情。不過，在香港這個移民城市，利他主義情操從來不盛行，因為移民也只是在 20 世紀 60 年代才真正安定下來，而這種感覺也幾乎消磨殆盡。一方面是人際和社會衝突增加，另一方面是人們不再對權威心存畏懼，因為民眾看到，在這個世事難料的環境下，他們沒有能力保護香港的利益，不僅如此，他們還可以輕易放棄香港，以規避社會責任。這些都共同營造了一種社會環境，裏面充滿了貪婪、抱怨、迷失、悶悶不樂、憤世嫉俗、意識狹隘、偏執和醜行，顯示了港人當時的世紀末心態，抨擊富人、當權者和名人成了大眾娛樂，這些情感逐漸被唯利是圖的傳媒利用，反而加劇了社會分化。

　　簡言之，20 世紀 80 年代初以來的社會經濟變遷已經削弱了香港的權威、體制和社羣凝聚力，對民眾如何看待經濟制度和社會政策的影響也顯而易見。

人際互信

　　20 世紀 80 年代初開始的社會變遷所產生的最明顯後果是，港人之間失去信任，但必須承認，港人的互信向來不多。在 1985 年的調查中，當被問及是否同意"大部分人不可信任"時，只有 42% 的受訪者回答不同意，高達 59.7% 的人表示同意。

　　隨後情況變得更糟。在 1991 年的調查中，一方面，有 59.4% 的受訪者自認信任港人，同時有 54.6% 的人表示喜歡港人。但另一方面，有多達 57.1% 的受訪者覺得愈來愈多的港人利用不正當手段謀取私利，僅有 9.7% 不同意。並且，有 45.1% 的受訪者同意港人像一盤散沙，只有 40.6% 不同意；在認同這種說法的受訪者中，僅 19.3% 對港人能在幾年內團結一致表示樂觀，53% 表示悲觀。

　　在過去幾年，人際互信明顯降低。1994 年的調查顯示，30.1% 的受訪者認為大多數港人可以信任，33.5% 不同意，餘下的 31% 保持中立。值得注意的是，年長者較傾向於相信別人，這意味着年輕人的社會疏離感更嚴重。另外，港人對自己的社會成員也不抱厚望。根據 1994 年調查，只有 14.9% 的受訪者認為港人有強烈的社會責任感，35.2% 認為港人的社會責任感較脆弱，而 40.8% 則認為一般。儘管如此，在人際關係層面，情況要好一些。當被問及是否同意港人樂於助人時，51.6% 贊同，僅 12.3% 反對，而 34% 認為一般。

社會公平

　　"二戰"後，經濟增長、階級結構變動、政府低度干預以及教育普及為港人提供了大量的社會流動機會。在香港華人（他們很看重自由社會中的個人競爭力，並認為那是成敗的關鍵）的心態中，這些客觀因素可以找到相應的態度和取向。一個公平的社會通常指機會均等。在香港，民眾對機會均等的要求極為強烈。根據 1992 年調查，96.9% 的受訪者認為每個市民不論其收入或財富，都應該享有平等的受教育機會；82% 認為平等意味着所有人有平等的機會創業。

　　結果的平等並沒有被當成公平的標準。例如，在 1992 年調查中，73.8% 的受訪者不同意平等意味着所有人的收入都一樣。同樣地，在 1994 年調查中，81.4% 的受訪者不同意公平社會意味着每個人收入相等。即使如此，港人也不一定反對結果平等的社會。在 1985 年調查中，55.3% 的受訪者同意一個良好的社會是一個大家收入都差不多的社會，只有 39.9% 的人不同意。

　　由於民眾是這樣理解公平的，因此只要港人看到有大量機會存在，就傾向於認為公平，否則就會感到社會不公。

　　一般來講，香港仍被民眾視為一個公平或平等的社會。在 1985 年調查中，49.8% 的受訪者認為香港社會公平，僅有 38.2% 不認同。在 1991 年調查中，51.9% 的受訪者認為香港是公平社會，而 32.7% 不認同。根據 1992 年調查，61.6% 的受訪者同意香港是個平等社會。此外，認為香港是個機會之都的觀點仍然流行。1985 年，87.6% 的受訪者同意香港是一個充滿發展機會的地方。1986 年，84.2% 的受訪者同意在香港，一個人只要有本事，用心工作，便會有機會改善自己的社會經濟地位。1994 年，多達 82.5% 的受訪者仍將香港視為充滿機會的社會。尤其重要的是，民眾傾向於相信窮其一生一定能向上流動。1986 年，

85.4% 的受訪者相信他們有機會改善自己的社會地位。同樣地，1994
年的調查結果顯示，65.6% 的受訪者認為比父輩有更多機會出人頭地。

　　民眾普遍相信，在資本主義體制下，個人努力會有回報，其結果是
富人就此獲得社會的認可與接受。1986 年，48.1% 的受訪者同意大多
數富人靠個人條件（例如，自己的努力、成功的投資、家庭的幫忙）致
富，僅 27.5% 認為富人致富是靠剝削勞苦大眾或不正當途徑。1985 年
的調查亦顯示，55.4% 的受訪者並不同意富人的錢是靠剝削勞苦大眾得
來的。同樣地，貧窮被解釋為源於個人原因。1986 年，59.7% 的受訪
者認為一個人窮，是他自己的原因，而 40.3% 的人歸咎於社會。1993
年，52.5% 的受訪者將窮困歸咎於個人，只有 28.8% 認為是源於社會的
不公平。

　　始於 20 世紀 80 年代初的貧富差距擴大只輕微地削弱了富人的認
受性。如表 4-1 所示，1994 年，港人仍將富人的成功歸因於個人的積
極努力。

表 4-1　對致富因素的評價，1994 年

（單位：%）

	重要	普通	不重要
有才幹	75.2	16.6	4.4
努力工作	74.9	15.9	6.0
有衝勁、肯冒風險	74.7	11.6	6.4
家庭背景好	62.7	17.8	3.8
受過高等教育	52.8	23.9	18.4
有人幫助	49.9	21.0	18.0
好運氣	45.3	25.4	20.0
剝削他人	28.1	28.2	29.8
運用不正當手段	23.3	29.9	28.6

　　儘管如此，一些不祥徵兆開始浮現。民眾的不安心態始終徘徊不
散，甚至滋長，這種不安主要針對香港日漸增長的經濟不平等和富人正
在惡化的公眾形象。1986 年，67% 的受訪者認為貧富差距嚴重，只有

16% 認為一般，17% 認為不嚴重。1990 年，56.4% 的受訪者認為香港財富分配不公平，僅 26.4% 認為公平；69.7% 的受訪者肯定社會階層之間存在矛盾，僅 18.2% 否認。在 1992a 年調查中，半數受訪者（50.6%）同意香港的失敗之處在於讓富人越富、窮人越窮，42.4% 不同意。1994 年，57.3% 的受訪者認為香港的財富分配不公平，僅 12.7% 認為公平。

1992 年調查也探測到民眾對哪些特定社會羣體的收入表示不滿。30.1% 的受訪者認為大多數商人所得的收入比他們應得的要多；專業人士的相關數字是 22.4%；最重要的是，多達 33.5% 的受訪者認為香港的工人沒有獲得應得報酬。

而且，民眾對富人的社會責任感不滿。1994 年，58.6% 的受訪者認為香港富人所盡的社會責任並不足夠，僅 4.9% 認為足夠。因此，只有 13.9% 的受訪者認為富人應該得到港人的尊重就不足為奇。同時，51.8% 的受訪者認為香港有社會地位的人所盡社會責任並不足夠，認為足夠的亦僅有 7.4%。更能說明問題的是，只有 20.7% 的受訪者敬重有社會地位的人士，而商人最不可能被選為政治領袖。

對資本主義制度的接受

在港人心目中，資本主義制度與經濟繁榮等同於社會穩定。港人對中國內地實行社會主義制度的抗拒，進一步增強了資本主義制度在香港的認受性。與其他資本主義社會相比，香港的特點在於無限制的市場化和自由放任的經濟政策。香港採用自由放任的經濟政策是歷史和政治因素的綜合結果，[11] 其驕人成就卻使之成為香港的主流經濟意識形態。[12]

在香港，資本主義制度得到港人巨大的支持。在 1992 年調查中，65.2% 的受訪者同意私營企業制度總體上是公平和有效的。但也有證據顯示，港人對資本主義制度的支持在緩慢下滑。1991 年，58.4% 的受訪者同意資本主義制度是好的制度，持相反意見者僅佔 5.2%。到了 1994 年，對此觀點持正面看法的受訪者降到 57%，但持負面看法者升至 10.2%。

同樣地，即使民眾仍然支持政府的不干預經濟政策，但熱情度已明顯降低。1988 年，57.5% 的受訪者表示支持有關政策，只有 23.8% 反對。到了 1994 年，支持者降到 42.5%，反對者升至 27.7%，而 16.2% 的人持中立態度。

值得注意的是，民眾對資本主義制度和自由放任經濟政策的支持，並不意味着政府在特定領域的干預會引發厭惡和反感。實際上，傳統的取向仍深植於港人的經濟觀，他們鼓勵，甚至要求政府推動經濟繁榮、矯治社會問題以及糾正過分的不平等。[13] 儘管他們原則上接受自由放任經濟政策，但同時要求公共福利相對豐厚和全面覆蓋。港人認為政府有責任提供福利，源於一種相當普遍的社會福利權利觀。[14] 事實上，港人要求政府介入經濟領域的呼聲，自 20 世紀 80 年代中期起日益高昂，反映了香港社會經濟變遷帶出的種種問題。如表 4-2 所示，港人愈來愈強烈地要求政府採取措施，尤其提供失業津貼，這在目前是不存在的。

表 4-2　對政府經濟職能的支持，1988 年和 1994 年

（單位：%）

	1988 年	1994 年
制定最低工資	57.6	60.7
提供失業津貼	74.2	78.5
加強管制投機性活動	66.2	66.4
建立中央公積金	80.3	80.2
向富人徵收重稅	74.7	76.7

註：1988 年的調查問卷採用四分尺度，1994 調查則採用五分尺度。所以，如果 1994 年調查採用四分尺度，其相關數字應該較大。表中數字為回答 "贊成" 和 "很贊成" 者。

社會經濟不滿情緒和社會整合

在港人心目中，香港不再是公平社會，資本主義制度也不再神聖不可侵犯，這不但影響了香港的社會經濟結構，使其變得更鬆散，也使得港人的社會經濟不滿情緒不斷高漲，例如，在 1988 年、1990 年、1991 年、1992 年、1992b 年和 1994 年調查中，滿意香港經濟現狀的受訪者比例依次是 57%、42.1%、31.6%、32.2%、35.3% 和 39.3%。滿意香港社會現狀者在 1988 年、1991 年、1992 年和 1994 年的比例依次是 40.9%、17.5%、22.1% 和 26.7%。香港社會經濟結構的瓦解也破壞了社會信任，民眾對社會、政治和經濟權威愈來愈不信任，犬儒心態日益彌漫。[15]

大多數人擔憂香港會出現更多的社會衝突。1994 年，65.6% 的受訪者認為目前香港社會中的各種衝突太多，僅 11% 持相反觀點。由此可以看出，民眾重視社會秩序，認為法律是維持社會秩序的關鍵。1985 年的調查顯示，41% 的受訪者認為法律制度是維持社會安定的最重要機制，在 1990 年，這一比例增加到 54.4%。1994 年，當被問及維持香港未來繁榮和穩定的最關鍵要素是甚麼時，21.1% 的受訪者認為是政治制度，7.1% 認為是政治領袖，而 58.7% 選擇法律制度。[16]

作為維持社會秩序的基石，法律的重要性在表 4-3 的數據中獲得進一步支持。表 4-3 列出了在 1994 年調查中，受訪者就維持香港社會秩序各種因素的重要程度所做的評價。

表 4-3　對維持社會秩序各因素的評價，1994 年

(單位：%)

	重要	普通	不重要
公民教育	92.0	4.0	1.1
法律制度	91.4	3.8	0.4
提高市民生活水平	90.0	7.1	0.5

（續表）

	重要	普通	不重要
道德教化	88.1	8.0	0.6
經濟增長	86.9	8.8	0.8
政府	85.8	7.3	2.3
嚴刑峻法	69.9	17.1	8.0
民主政治制度	62.1	22.9	5.1
政治領袖	53.9	21.5	10.7

　　港人明顯將重心放在道德和法律上。事實上，在華人文化中，教育和法律是一枚硬幣的兩面。雖然在 1994 年的調查中，絕大多數受訪者（90.6%）認為香港應該繼續遵守中國傳統的道德價值，如忠、孝、仁、義，但同時對香港的道德失範感到絕望，51% 認為港人的道德愈來愈敗壞，只有 27.1% 不同意。與此同時，由於經濟低迷，民眾對政府和政治領袖的不信任增加，法律作為維持社會秩序的基石變得更加不可或缺。因此，維護香港法治最為重要，可以抵消社會經濟結構瓦解的負面影響。雖然目前香港法律還可以得到有力維護，但過去幾年，港人對法律的信任度逐漸下降。1985 年，有 75.4% 的受訪者認為香港法律公平，相關比例在 1988 年、1990 年、1991 年和 1994 年依次是 69.2%、53%、51.4% 和 48.3%。[17] 另外，民眾也認為法律制度更加維護上層階級的特權。因此，在 1985 年的調查中，有 73.4% 的受訪者同意香港法庭在審判時，富人比窮人有利，相關比例在 1988 年和 1994 年分別是69.2% 和 74.9%。民眾對律師和法官的信任度也在下降。對於律師，在 1988 年、1990 年、1991 年和 1994 年，各有 63.4%、60.8%、52.8% 和 33.9% 的受訪者表示信任；對於法官，在 1988 年、1991 年和 1994 年，各有 64%、61.4% 和 50% 的受訪者表示信任。

　　港人也愈來愈擔憂對法律的敬意降低。1994 年，雖然 56.7% 的受訪者認為港人是奉公守法的（僅 14.5% 表示不同意），但仍有多達 30%

的受訪者認為與 3 年前相比，香港奉公守法的人減少了（只有 15.7% 認為多了，42.3% 認為沒有差別）。

另外，民眾對法律的不滿是因為他們認為法律對罪犯過於寬待。1994 年，68.1% 的受訪者贊同這個說法，只有 10.2% 持相反觀點。

更糟糕的是，民眾對回歸後的法律制度沒有信心。1994 年，僅 8.2% 的受訪者表示對回歸後的法律制度有信心，而 43.8% 直言沒有信心。

因此，儘管港人愈來愈重視法律在維持社會秩序方面的作用，並仍信任法律，但法律所能起到的社會整合作用已經下降。

雖然香港社會經濟結構在鬆動瓦解，但港人的社會認同感並未受到打擊。與過去相比，今天的香港民眾更傾向於把自己看成 "香港人" 而非 "中國人"。在 1985 年的調查中，59.5% 的受訪者認為自己是香港人，36.2% 認為自己是中國人；相關的數據在 1990 年分別為 57.2% 和 26.4%，1991 年分別為 56.6% 和 25.4%，1993 年分別為 53.3% 和 32.7%，1994 年為 56.5% 和 24.3%。由於認同 "香港人" 身份者多是學歷較高的羣體，因此全民得到更好的受教育機會，似乎並沒顯著提升社會認同感。香港的經濟成就仍令港人感到驕傲自豪。在 1994 年的調查中，近半數的受訪者（46.5%）以身為香港人而感到自豪，僅 18.8% 不感自豪。

同樣地，社會經濟結構瓦解看似也沒有影響民眾的社會歸屬感，調查數據雖然有短暫起伏，但基本保持一致。在 1988 年、1990 年、1991 年、1992b 年和 1994 年的調查中，表示對香港有歸屬感的受訪者比例分別是 67.1%、63.3%、55.1%、66% 和 77%。而自視為 "香港人" 的人，自然更傾向於承認對香港有歸屬感。同樣值得注意的是，在 1994 年，67% 的受訪者認為有責任為香港服務，即使現實中很少參加社會服務和慈善事業。在同一調查中，62.2% 的受訪者表示沒有或很少參加社會服務、社會公益或慈善活動。

社會經濟結構瓦解和穩定的社會認同感並存，也可以從社會信任和社會認同的指標之間缺乏顯著統計相關得到佐證。可能的解釋是，社會變遷總是不利於社會凝聚力，因而沒有變遷時，社會認同感應有所提升。或者換個角度看，自 20 世紀 80 年代初開始的社會變遷可能阻礙了香港集體認同感的增加。

雖然在調查數據中看不出集體認同感的來源，但認同感能保持穩定是有助於緩解社會經濟結構瓦解給香港帶來的不利影響的。

結論

基本法起草委員會已成立 10 年，《基本法》頒佈至今也已有 5 年，在港人心目中，被寫進“小憲法”的社會經濟制度已喪失了些許榮光。過去 10 年收集的調查數據顯示，香港的社會經濟制度在一定程度上已受到民眾質疑，根據這樣的民意趨勢來展望未來兩年，當特別行政區於 1997 年 7 月 1 日成立時，民眾對這套制度的熱情可能比今天更低，對特別行政區、《基本法》的認受性，以及後殖民時期的香港政府來說，這顯然都不是好消息。

因為中央向港人作出承諾，“一國兩制”政策會長期不變，所以修改《基本法》將極為複雜和困難。與其他國家的憲法不同，《基本法》詳細規定了特區政府社會經濟制度的諸多細節，並限制了未來的特區政府不能改動這些制度，但自 20 世紀 80 年代中期起香港經歷的重大社會經濟變遷已深深影響了有關制度。《基本法》難免會對特區政府因時制宜的靈活運作形成掣肘。如果港人不提升對中央政府的信任，特區政府所獲支持很可能比殖民時代更低，《基本法》還限制了通過改變社會經濟政策動員民眾支持的做法，特區政府的認受性將進一步受累。

82

註釋

1. 《中華人民共和國香港特別行政區基本法》(http://www.basiclaw.gov.hk/tc/basiclawtext/images/basiclaw_full_text_tc.pdf)。
2. 《中華人民共和國政府和大不列顛及北愛爾蘭聯合王國政府關於香港問題的聯合聲明》(http://www.fmcoprc.gov.hk/chn/yglz/jbzc/t50598.htm)。
3. Lau Siu-kai, "Social Change, Bureaucratic Rule, and Emergent Political Issues in Hong Kong," *World Politics*, Vol. 35, No. 4 (1983), pp. 544-562.
4. 除了 1985 年和 1986 年的調查，其他都是全港性調查。所有調查採用相同的抽樣程序。調查的總體是年滿 18 歲的香港華裔居民，樣本為概率樣本。首先由港英政府統計處協助，在全港以分區等距方式抽取居住單位地址；其次是抽選住戶，如果已選取的居住單位有超過一家住戶或為一羣體住戶（如宿舍），訪問員將根據隨機抽選表，抽選其中一家住戶或一位符合資格人士接受訪問；最後是抽選受訪者，如果已選取的住戶有超過一位符合資格人士，訪問員將利用基什方格（Kish Grid）抽選其中一位接受訪問。回應率是扣除無效和沒有使用的住址後計算：（1）1985 年調查在觀塘區（一個多元化的、工業區與住宅區混合的小區）進行，完成 767 個訪問，回應率為 46.9%。（2）1986 年調查也在觀塘區進行，完成 539 個訪問，回應率為 67.4%。（3）1988 年調查完成 396 個訪問，回應率為 61%。（4）1990 年調查完成 390 個訪問，回應率為 69.8%。（5）1991 年調查完成 401 個訪問，回應率為 55.8%。（6）1992 年調查在 5 ～ 11 月進行，完成 868 個訪問，回應率為 55.4%。（7）1992a 年調查在 1992 年 10 月～ 1993 年 2 月進行，完成 615 個訪問，回應率為 54.7%。（8）1992b 年調查在 1992 年 12 月～ 1993 年 2 月進行，完成 1 993 個訪問，回應率為 54.9%。（9）1993 年調查完成 892 個訪問，回應率為 54.6%。（10）1994 年調查完成 997 個訪問，回應率為 57%；受訪者的社會經濟背景與 1991 年香港人口普查所得相似。
5. Lau Siu-kai, "Hong Kong's 'Ungovernability' in the Twilight of Colonial Rule," in Zhiling Lin and Thomas W. Robinson (eds.), *The Chinese and Their Future: Beijing, Taipei, and Hong Kong* (Washington, DC: The AEI Press, 1994), pp. 287-314.
6. Census and Statistics Department, *Annual Digest of Statistics*, 1994 Edition (Hong Kong: Census and Statistics Department, 1994), pp. 111; Government Information Services, *Hong Kong* 1995 (Hong Kong: Government Information Services, 1995), pp. 63.
7. Census and Statistics Department, *Hong Kong Social and Economic Trends* 1982-1992 (Hong Kong: Census and Statistics Department, 1993), pp. 65; Government Information Services, *Hong Kong* 1995, pp. 498.
8. Tsang Shu-ki, "The Economy," in Donald H. McMillen and Man Si-wai (eds.), *The Other Hong Kong Report* 1994 (Hong Kong: Chinese University Press, 1994), pp. 132.
9. Tsang Wing-kwong, *Educational and Early Socioeconomic Status Attainment in Hong Kong* (Hong Kong: Hong Kong Institute of Asia-Pacific Studies, The Chinese University of Hong Kong,1993); Tsang Wing-kwong, "Consolidation of a Class Structure: Changes in the Class Structure of Hong Kong," in Lau Siu-kai et al. (eds.), *Inequalities and Development: Social Stratification in Chinese Societies* (Hong Kong: Hong Kong Institute of Asia-Pacific Studies, The Chinese University of Hong Kong, 1994), pp. 73-121; Benjamin K. P. Leung, "'Class' and 'Class Formation' in Hong Kong Studies," in Lau et al. (eds.), *Inequalities and Development*, pp. 47-71; Thomas W. P. Wong and Lui Tai-lok, *Reinstating Class: A Structural and Developmental Study of Hong Kong Society* (Hong Kong: Department of Sociology, The University of Hong Kong, 1992); Thomas W. P. Wong and Lui Tai-lok, *Morality, Class and the Hong Kong Way of Life* (Hong Kong: Hong Kong Institute of Asia-Pacific Studies, The Chinese University of Hong Kong, 1993).
10. Ronald Skeldon, "Immigration and Emigration:Current Trends,Dilemmas and Policies," in McMillen and Man (eds.), *The Other Hong Kong Report* 1994, pp. 165-186.
11. Stephen Chiu, *The Politics of Laissez-faire:Hong Kong's Strategy of Industrialization in Historical*

Perspective (Hong Kong: Hong Kong Institute of Asia-Pacific Studies, The Chinese University of Hong Kong, 1994).

12. Lau Siu-kai and Kuan Hsin-chi, "Public Attitude toward Laissez Faire in Hong Kong," *Asian Survey*, Vol. 30, No. 8 (1990), pp. 766-781.

13. Lau Siu-kai and Kuan Hsin-chi, *The Ethos of the Hong Kong Chinese* (Hong Kong: Chinese University Press, 1988), pp. 56-65; Lau Siu-kai and Kuan Hsin-chi, "Public Attitudes toward Political Authorities and Colonial Legitimacy in Hong Kong," *Journal of Commonwealth and Comparative Politics*,Vol. 33, No. 1 (1995), pp. 79-102.

14. Lau and Kuan, "Public Attitude toward Laissez Faire in Hong Kong"; Wong Chack-kie, "Welfare Attitudes: One Way of Explaining the Laggard Welfare State Phenomenon," in Lau et al. (eds.), *Indicators of Social Development: Hong Kong* 1993, pp. 205-222.

15. Lau Siu-kai, "Democratization and Decline of Trust in Public Institutions in Hong Kong," *Democratization*, Vol. 3, No. 2 (1996), pp. 158-180;Lau Siu-kai, "Decline of Governmental Authority, Political Cynicism and Political Inefficacy in Hong Kong," *Journal of Northeast Asian Studies*, Vol. 11, No. 2 (1992), pp. 3-20.

16. Berry Hsu, *The Common Law in Chinese* Context (Hong Kong: Hong Kong University Press, 1992).

17. 1988 年的調查問卷採用四分尺度，其他調查則採用五分尺度。

第 5 章　香港人的身份認同
（1985 ～ 1995 年）*

　　中國對香港恢復行使主權、香港特別行政區成立、"一國兩制""港人治港""保持香港的資本主義制度及生活方式不變"及"高度自治"等方針政策的實施均表示，從 1997 年開始，在中國社會主義體系中，將存在一小片擁有高度自治權的資本主義飛地。由於香港被英國殖民統治達一個半世紀，其制度與文化又與內地迥異，因此要把香港重新納入中國母體，難度之高不言而喻。

　　其中一個困難是香港華人的身份認同問題。當香港特別行政區成立時，英國在中國香港與內地之間所起的屏障作用便消失，身份認同問題將嚴重影響兩地關係。作為概念，"身份認同"是模糊和多層面的。本文主旨在於，一方面探討未來香港與內地的關係，另一方面分析香港內部政治，所以文中"身份認同"一詞，主要指港人對自身及兩地關係的理解與界定。很久以前，港人普遍使用"香港人"及"中國人"兩個詞自稱，我們因此可以斷定："香港人"及"中國人"是港人感到最有意義的兩種身份（為了敍述方便，我把認同自己為香港人的人簡稱為"香港人"，而認同自己為中國人的人簡稱為"中國人"）。在本研究中，我以這兩種身份認同作為起點，解答以下一系列問題：一，在邁向"九七回歸"的過程中，港人是否面臨"身份認同危機"？二，這兩種身份的認

＊　本文原以英文發表，刊於 Lau Siu-kai, *Hongkongese or Chinese: The Problem of Identity on the Eve of Resumption of Chinese Sovereignty over Hong Kong* (Hong Kong: Hong Kong Institute of Asia-Pacific Studies, The Chinese University of Hong Kong, 1997). 中文版曾以 " '香港人' 或 '中國人'：香港華人的身份認同（1985 ～ 1995 年）" 為題，刊於《二十一世紀》，第 41 期（1997），43-58 頁；現在的譯本再經修訂。

同是否分別與一些態度及行為特徵相關聯？三，身份認同問題如何在回歸後影響內地與香港之間的關係？它對"一國兩制"政策的落實有何影響？四，它將如何影響回歸後香港的社會與政治？"香港人"與"中國人"身份的分野是否會造成政治態度分歧？五，這兩種身份認同將來是否會愈來愈模糊，或者消融在一起，從而在政治上變得沒有意義？

　　自 1985 年以來，我和其他學者進行了一系列隨機抽樣問卷調查，[1] 其中部分涉及港人的身份認同問題。下面的論述基於我對調查數據的統計分析。[2]

"香港人" 與 "中國人"

　　由於絕大部分香港居民在血統上為華人，因此香港可稱為華人社會。香港雖然在一個半世紀以來是英屬殖民地，但在其大部分歷史中，香港的華人並非在此定居，或以此為家。相反，隨着中國國內外情況的轉變，香港經歷了多次華人湧入及湧出的潮流。[3] 直至 20 世紀 60 年代，當中國內地的移民放棄返回內地，他們的後代又難以在香港以外找到歸屬之後，香港才開始建立一個穩定的華人社會。顯然，港人的身份認同始於 20 世紀 60 年代，並逐步凝結起來。[4] 在過去 10 年的問卷調查中，認為自己對香港有歸屬感的受訪者所佔比例維持在頗高水平，在 1985 年、[5] 1988 年、1990 年、1991 年、1992a 年、1994 年及 1995 年的調查中，這一比例依次為 79.5%、67.1%、63.3%、55.1%、66%、77% 及 60.6%。

　　對於回歸前港人身份認同的形成，有幾個因素特別重要。第一，也是最重要的因素，自 1949 年以來，中國的社會主義政權在香港與內地之間設置了障礙，使得兩地人民不能自由進出。因此，港人被隔離在中國之外，不受內地翻天覆地的社會與文化變遷的衝擊。第二，在整個香

港歷史中，其發展道路與中國內地的差異極大：香港實行自由資本主義
制度，中國內地則大體上走社會主義道路。1949 年以後，兩地在發展
經驗方面的巨大差異，對港人身份認同的形成有關鍵意義。第三，中國
內地在 1949 年以後是內向且對外封閉的社會，香港卻迅速發展為世界
經濟體系中的活躍分子，並經歷了相當程度的西化。第四，殖民政權所
實行的有限職能政府（limited government）及對法治與人權的注重，在
中國歷史上均屬罕見。相反，在傳統中國，社會由國家支配，個人則受
制於羣體。第五，不少人移居香港的目的在於逃避政治動亂，或是尋找
經濟上的發展機會。因此，香港內部有着一股強烈反對中國內地社會主
義政權的情緒，並成為港人身份認同的核心部分。第六，香港與內地在
發展程度和生活水平上的巨大差距，使港人產生了優越感；不少港人明
顯以鄙視的態度對待內地同胞。第七，港人普遍使用廣東方言，並逐漸
以此為基礎，建立獨特的普及文化，這在塑造港人的身份認同過程中發
揮了重要作用。

　　雖然香港與內地分隔了一段相當長的時間，但因港人乃華人，並
且在內地有家庭、親戚、朋友及生意上的聯繫，因此不可能與中國內地
的發展完全隔絕。儘管港人與內地人在 1997 年之前沒有共同的政治命
運，但仍然有着濃厚的手足之情。對不少港人來說，殖民管治雖是可接
受的德政，但其內心始終感到羞恥，有時甚至怒火中燒。在香港，種族
歧視雖然愈來愈以含蓄或隱蔽的方式出現，但畢竟仍是殖民管治的內在
特徵，不可避免地使港人不時感到自己也是華人。毫無疑問，港人對社
會主義不理解，但中國共產黨畢竟使中國走上獨立自主的道路，並且把
中國建設成為世界強國，這些事實在他們心中留下了深刻而矛盾的印
象。不過，由於香港始終是不少人的庇護所，所以在塑造身份認同的過
程中，無論是中國民族主義還是反殖民主義，都沒有成為強大的力量。
雖然有小部分港人擁護內地的社會主義政權，但大部分人對政治敬而遠

之。兩地政治的隔絕，才是形成港人身份認同的最重要因素。

　　在自 1985 年以來進行的一系列問卷調查中，我們詢問受訪者：在考慮到自己的身份時，自認是"香港人""中國人""兩者都是"，還是"兩者都不是"。調查結果如表 5-1 所示。

表 5-1　身份認同

（單位：%）

	"香港人"	"中國人"	兩者都是	兩者都不是	不知道 / 拒答
1985 年	59.5	36.2	—	—	4.3
1988 年	63.6	28.8	—	2.0	5.6
1990 年	57.2	26.4	12.1	1.0	3.4
1991 年	56.6	25.4	14.2	1.2	2.4
1992 年	49.3	27.0	21.1	0.7	1.9
1993 年	53.3	32.7	10.1	1.6	2.4
1994 年	56.5	24.2	16.0	0.5	2.8
1995 年	50.2	30.9	15.4	1.2	2.2

註：1985 年調查沒有提供 "兩者都是" 及 "兩者都不是" 的答案；1988 年調查沒有提供 "兩者都是" 的答案。

　　從表 5-1 可以看出，在港人心目中，主要且最具意義的身份顯然是"香港人"和"中國人"。絕大部分受訪者毫不猶豫地選擇了"香港人"或"中國人"為主要身份。明顯地，較多受訪者選擇"香港人"為主要身份。就這兩種身份認同的相對重要性而言，過去 10 年的情況是：選擇"香港人"及"中國人"為主要身份的相對比例並不穩定。這表明：港人的身份選擇受到了在香港與中國內地發生事情的影響。此外，對於回歸後哪種身份會更為港人所認同，過去 10 年的數字無法提供明顯趨勢。另一個值得玩味的發現是：數字似乎蘊藏着一個長期但緩慢的趨勢，即同時認同兩種身份的人所佔的比例在上升。我們有理由相信，在香港回歸後，這一趨勢會進一步強化。

　　通過調查可以看出，在社會經濟特徵上，認同自己為"香港人"的人與認同自己為"中國人"的人有明顯差異。第一，女性比男性更多地自認為"香港人"。在1985年、1988年、1992年、1993年及1995年的調查中，自認為"香港人"的女性與男性的受訪者比例各為67.3%與58.8%、73.5%與61.4%、55.9%與43.8%、53.9%與46.1%，以及58.8%與44.4%。女性較傾向於認同"香港人"身份的主要原因，顯然是較少受殖民統治困擾、對中國持較多負面態度以及較少欣賞中國所取得的成就。第二，學歷較高的人較傾向於選擇"香港人"身份。這一現象在1985年、1990年及1992年的調查中都有所體現。由於學歷與收入有密切關係，因此在1985年、1990年及1995年的調查中，收入較高者也較傾向於認同"香港人"身份。第三，香港出生的人比內地出生的人較傾向於認同"香港人"身份，這一現象可以在1988年、1990年、1992年、1993年、1994年及1995年的調查中看到。第四，年齡較大的人大多在香港以外出生，並曾接受中國式的教育或社會教化，自然會比年輕者傾向於認同"中國人"身份，這一點可以在1985年、1988年、1990年及1991年的調查中看到。

如果從"香港人"及"中國人"的個人社會經濟特徵差異作出判斷，我們可以設想：如果香港繼續由英國管治，那麼在過去10年中認同"香港人"身份的港人比例應穩步上升，因為教育普及化及在香港出生的人所佔比例增加。但如前所述，這個現象並沒有出現。這顯然與香港即將回歸中國，以及香港與內地的接觸往來急劇增加有關。

與"中國人"相比，"香港人"對香港應有較強的認同感，並有較濃烈的社會歸屬感。但調查數據不能明確支持這個看法。

與"中國人"相比，"香港人"不單不具有較強的歸屬感，而且其離開香港的意向更明顯。在1985年的調查中，與"中國人"相比（40.9%），更多"香港人"（52%）表示有意移民。所以，"香港人"身份認同並不表示對香港有強烈歸屬感，而且也不是壓制移民意願的有利因素。這個令人困惑的現象在之後的調查中也有所體現。在 1988 年、1990 年及 1995 年的調查中，分別有 23.3%、25.1% 及 10.9% 的 "香港人" 表示已有移民計劃，"中國人" 的相關比例則為 14.5%、13.3% 及 6.6%。同樣地，在 1992 年的調查中，當被問及移民計劃時，38.5% 的 "香港人" 表示一定會留在香港，14% 表示可以留下來便留，留不下來時才會離開，14.6% 表示能夠離開的話便離開，1.7% 表示一定會離開，10.6% 則表示尚未決定；"中國人" 的相關數字則為 48.1%、11.1%、8.6%、0% 及 3.7%。

此外，較多的 "香港人"（1988 年 11.8%，1990 年 14.8%，1992 年 3.7%，1995 年 3%）表示會在 1997 年之前移民，"中國人" 的相關數字則為 9.4%、9.2%、1.8% 及 1%。在 1992 年的調查中，我也發現有較多的 "香港人"（20.7%）表示有信心能夠移民，有信心能夠移民的 "中國人" 佔 16.6%。而在表示有能力移民的受訪者中，有 21.7% 的 "香港人" 已取得外國護照或居留權，"中國人" 則略低（19.2%）。再者，在自認沒有能力移民的受訪者中，有計劃去獲得外國護照或居留權的 "香港人"（9.5%）仍然多於有此計劃的 "中國人"（2.6%）。

事實上，與 "中國人" 相比，"香港人" 大多已取得外國護照或居留權。在 1988 年、1990 年、1991 年及 1993 年的調查中，分別有 3.2%、4.1%、3.6% 及 19.7% 的 "香港人" 承認已取得外國護照或居留權，"中國人" 的相關數字則為 2.7%、2%、1% 及 11.3%。1993 年的數字突然上升，是過去幾年大量香港移民回流所致，他們顯然是在購買 "政治保險" 之後，銳意回港尋找發展機會。

為何 "香港人" 的社會認同意識沒有 "中國人" 強烈？原因十分複雜。一個不爭的事實是："香港人" 比 "中國人" 更信任香港居民。在 1991 年的調查中，69.4% 的 "香港人" 表示信任香港居民，持此態度的 "中國人" 則為 64.2%。與此同時，與 "中國人"（62.2%）相比，更多的

"香港人"（72.8%）相信，香港居民愈來愈多地使用不正當手段爭取利益。因此，"香港人"對香港居民的信任會因為懷疑其道德操守而淡化。

根據過往研究，在港人身份認同中明顯缺乏的，是對香港社會的濃烈感情依託。研究發現，港人對社會持實用主義態度，視社會為謀生手段或發達致富之地。[6] 換言之，人們對香港的歸屬感並不代表社羣的團結性，或是對某地域的集體忠誠。港人可能只是依戀一些流動且無形的東西：一種生活方式或一種超越地域疆界的價值觀。[7] 既然如此，我們便無須過分重視 1994 年調查中的一項發現：有多達 72.7% 的"香港人"及 69.1% 的"中國人"覺得有責任為香港做些事，因為大體而言，這種感覺並沒有轉化為實際行為。

更進一步地說，"香港人"其實比"中國人"更受香港問題困擾。在 1993 年的調查中，憂慮"九七問題"的"香港人"（17.7%）比"中國人"（11.7%）多。在 1988 年及 1991 年的調查中，憂慮香港在回歸前出現政治動盪的"香港人"（58.2% 及 47.2%）比"中國人"（35.8% 及 29.4%）多。1994 年的調查發現，較多的"香港人"（50.5%）憂慮在未來幾年出現政治動盪（"中國人"為 40%）。在 1991 年的調查中，"香港人"（68.9%）則比"中國人"（48.1%）更擔憂回歸前香港會出現社會不穩定。

儘管"香港人"及"中國人"都預期香港的生活質量會下降，但前者比後者更難適應變化。因此，正如 1991 年的調查顯示，雖然有 58% 的"香港人"表示能夠容忍回歸後個人自由稍微下降，但能夠容忍這一變化的"中國人"卻多達 76.9%。另外，雖然只有 17.9% 的"香港人"表示能夠容忍回歸後個人自由大為減少，但仍有較多的"中國人"（34.5%）聲稱能夠容忍這一變化。同樣地，只有 15.2% 的"香港人"能夠接受回歸後個人收入大降，卻有較多的"中國人"（29.5%）表示可以接受。

正因為"香港人"有着各種憂慮，對回歸後可能變遷的容忍能力較弱，再加上擁有較多有助於移民的資源，所以他們有較明顯傾向在外地重建家園。

身份認同與華人特性

　　儘管身份認同有異，但由於"香港人"及"中國人"都是華人，所以許多根本的華人特性（Chineseness）元素都可以在兩者中找到。從民族與文化的意義上説，港人對中華民族有強烈認同感。[8] 即使那些認同"香港人"身份的人也以中華民族及文化為榮。在 1985 年的調查中，60.5%的受訪者同意中國文化是世界上最優秀的文化，78.6% 的人以能夠做中國人為榮。[9]

　　事實上，"香港人"及"中國人"共同擁有很多典型的華人價值觀。例如，1994 年的調查發現，絕大部分"香港人"（92.9%）和"中國人"（94.1%）都同意，在今天的香港，中國傳統的道德觀念（例如，忠、孝、仁、義）仍應受到尊重。同樣地，絕大多數"香港人"（96.3%）及"中國人"（95%）表示，香港市民應尊重孝順父母的人。此外，與傳統中國人一樣，38.2% 的"香港人"及 37.7% 的"中國人"對有錢人不表示尊敬。然而，86.1% 的"香港人"及 89.5% 的"中國人"誠摯尊重勤勞工作的人，那些一世好命的人卻只得 13.2% 的"香港人"及 18.9% 的"中國人"的尊敬。與傳統文化對賣藝人的歧視一樣，只有 11.8% 的"香港人"及19% 的"中國人"對歌星及影視明星表示尊敬。

　　在中國傳統觀念中，相對於個人，國家及羣體被賦予更為崇高的地位與重要性。1993 年的調查發現，香港雖然經歷了長期的西化及有限的職能政治管理，但對於個人與國家在抽象層面上應建立的關係，港人顯然沒有發生深刻變化，這一現象可以在表 5-2 中窺見。

　　在表 5-2 所列的一半説法中，"香港人"和"中國人"的觀點在統計上沒有顯著差異。他們都同意把個人置於國家之下，並且都撻伐地方主義。不過，由於他們同時認為個人才是國家的根本，所以在個人與國家的關係方面，"香港人"與"中國人"的觀念不一致。針對那些"香港人"與"中國人"之間存在着統計顯著差異的說法，實際情況依然是：他們都是傳統價值觀的堅定捍衛者，這些觀念宣揚對國家效忠，並把個人及少數社羣置於次要地位。事實上，在"香港人"和"中國人"的身份認同中，蘊含着初生的民族意識。[10]

表 5-2　對國家的態度與身份認同，1993 年　　　　　　　　　　（單位：%）

	"香港人"	"中國人"	卡方檢定
先有個人才有國家，個人才是國家的根本	72.8	66.4	不顯著
不要問國家為自己做了甚麼，要問自己為國家做了甚麼	68.6	79.5	p<0.05
為了謀求個人的福利才需要組成國家，如果不講個人，國家就沒有存在的必要	33.8	37.7	不顯著
如果地方政府每件事情都強調有權自主、自治，國家的事情就沒有辦法辦得好	51.7	56.3	不顯著
收回中國歷史上失去了的領土，是所有中國人的神聖使命	68.0	82.2	p<0.001
社會是一個大家庭，即使是少數民族，亦不可以要求脫離	76.8	82.3	p<0.05

註：表內數字為同意有關說法的受訪者佔比。
資料來源：1993 年調查

因此，無論就民族意義還是就歷史文化意義而言，在"香港人"和"中國人"的身份認同中，"華人特性"都是不可分割的組成部分，也是他們用以界定自己為華人或中國人的根本。[11] 由於這些共通部分，"香港人"與"中國人"的身份認同差距便大為縮小。事實上，這兩種身份認同非但不是完全分割或相互排斥的東西，反而有相當程度的重疊。它們的相互滲透性在調查中也可以看出。在 1992 年的調查中我發現，人們選擇何種身份認同與他們是否以"香港人"或"中國人"為榮有統計上的顯著關係。不過，更重要的是，"香港人"及"中國人"都以自己同

時身為"香港人"及"中國人"為榮。在"香港人"當中，各有 83.2% 及
63.8% 的人以身為"香港人"及"中國人"為榮；持此態度的"中國人"
則為 66% 及 79.7%。

　　同樣地，雖然"香港人"及"中國人"在身份認同上存在差異，但
他們對與香港及整個中國有關的同一事物感到驕傲：主要是關於經濟發
展及與之相關的東西。這一情況可以在表 5-3 中得到反映。不過值得注
意的是，對於社會主義中國在政治上的成就，"香港人"及"中國人"的
光榮感卻大為遜色。這些現象表明，如果是涉及社會主義性質的中央政
府，港人的感情是複雜的，甚至是負面的。

表 5-3　對香港及整個中國引以為榮的事物與身份認同，1992 年　(單位：%)

	"香港人"	"中國人"	卡方檢定
香港			
香港人夠機靈，反應快，適應能力強	90.7	81.3	不顯著
香港甚麼都吃得到，甚麼都玩得到，生活方便	87.1	84.5	不顯著
香港是最自由的中國人社會	91.5	88.5	不顯著
香港經濟發展驚人，是亞洲四小龍之一	93.6	89.3	不顯著
整個中國			
中國人十分勤奮，又刻苦，又有能力	88.3	84.3	p<0.001
中國山河壯麗，名勝古跡極多	85.3	87.3	不顯著
今天的中國已經是超級大國，中國人可以吐氣揚眉	55.3	59.8	不顯著
中國現代化之後，經濟發展迅速，特別是珠江三角洲，極有可能成為亞洲第五條小龍	72.8	82.7	不顯著

註：表內數字為同意有關說法的受訪者佔比。
資料來源：1992a 年調查

對社會主義中國及中國政府的態度

在民族及文化意義上，"香港人"與"中國人"的差別雖然有限，但在對待現實的社會主義中國、內地同胞及中國政府的態度上，兩者有顯著的分歧。話雖如此，"香港人"與"中國人"在態度上仍基本相同。所以，他們之間只有程度上而非本質上的差異。

在 1992a 年的調查中，我們向受訪者提出 12 個問題，目的在於了解他們對香港及整個中國的感情。調查結果如表 5-4 所示。

表 5-4　對香港及整個中國的態度與身份認同，1992 年　　　　　　　（單位：%）

	"香港人"	"中國人"	卡方檢定
香港			
身為香港人，當香港代表隊對中國國家隊的時候，應該支持香港隊	75.7	62.0	p<0.05
香港的電影有時會諷刺內地，即使這樣，中國都不可以用任何理由不讓它們在香港上映	79.8	68.7	不顯著
港英政府如果要向外借錢改善香港的基本設施，中國應該大力支持	79.2	73.9	不顯著
為了香港的進一步發展，中國應該把深圳劃歸香港	29.4	30.2	不顯著
香港既然那麼成功，整個中國都應該香港化	56.0	44.9	不顯著
整個中國			
為了國家富強，個人利益有時不應過分計較	48.0	65.7	不顯著
香港人應該以整個中國的利益為重，不應該只講求香港利益	18.8	33.1	p<0.001
身為中國人，一定贊成香港的學生在上早自習之前要唱國歌	15.1	27.6	p<0.001
香港應該用普通話作為第一官方語言	33.5	52.4	p<0.001
香港如果有財政盈餘，應該撥一部分給中國用於發展	38.4	56.5	p<0.001
如果有利於中國的行政管治，香港可以放棄它的特別行政區地位	16.3	23.8	p<0.01
只要中國有需要，香港甚麼都可以犧牲	6.2	20.8	p<0.001

註：表內數字為同意有關說法的受訪者佔比。
資料來源：1992a 年調查

　　就對香港的感情而言，重要的發現是："香港人"與"中國人"只有很小的分別。如果香港和中國內地之間有衝突，他們都會堅定地站在香港一邊。他們都以香港所取得的成就為榮，並且都對中國內地流露出優越感。地方主義情緒也明顯可見，在涉及香港與內地關係的事情上，他們傾向於以照顧香港利益為首要任務。

　　"香港人"與"中國人"的顯著區別在於對整個中國國家實體的態度。不過，最值得重視的是，他們基本上都對社會主義中國缺乏認同，這種負面印象可謂由來已久。在 1985 年的調查中我們發現：縱使港人在民族與文化層面上認同中國，他們對社會主義中國內地同胞的認同感卻甚為薄弱，只有 42.5% 的受訪者對社會主義中國在過去數十年所取得的成就感到驕傲，此外，只有 52.7% 的人表示對內地同胞有親切感。[12]

　　從表 5-4 的數字可以看出，"香港人"比"中國人"更偏重香港本身的利益，尤其是涉及香港的重大利益，雖然後者的地方主義取向也頗為明顯。不過，如果香港有較多財政盈餘，"中國人"有溫和的意願為中國提供協助。"中國人"比"香港人"更願意以普通話作為香港的官方語言。另外，雖然他們對社會主義中國缺乏好感，但"香港人"及"中國人"（特別是後者）仍然表示"為了國家富強，個人利益有時不應過分計較"。當然，這種態度究竟在行為上有何意義，現在無法衡量。

　　就對中國政府的信任程度而言，"香港人"與"中國人"有着統計上的顯著差異，但基本上都不太信任。在 1988 年、1990 年、1991 年、1992 年、1993 年、[13]1994 年及 1995 年的調查中，表示信任的"香港人"分別為 17.8%、5.6%、7.4%、11.1%、20.8%、8.8% 及 10.2%，"中國人"的相關數字則分別為 36.1%、18.7%、28.7%、40.9%、50.2%、21.9% 及 20.6%。由此可見，從政治角度來說，"香港人"與"中國人"在信任中國政府的問題上沒有實質差異。

　　與"香港人"較傾向於不信任中國政府相一致的，是他們對香港

的前景也較缺乏信心。在 1988 年的調查中，"香港人"有信心的比例
（63.4%）比"中國人"（85.1%）低。在 1994 年的調查中，有信心的"香
港人"（37.1%）有所下降，而"中國人"（56%）也有所下降，然而相對
而言，"中國人"比"香港人"始終對香港前途更具信心。

　　"香港人"較傾向於認為，整個中國與香港之間存在着利益衝突。
在 1988 年的調查中，有多達 71.7% 的"香港人"承認存在衝突，而只
有較少的"中國人"（56.6%）這樣認為。結果是：在 1991 年的調查中，
"香港人"（13.4%）比"中國人"（35.4%）更少相信中國政府會照顧港人
的利益。

　　一如所料，"香港人"對中國政府的負面感情也投射到他們對香
港及整個中國前景的評估上。在 1994 年的調查中，38.2% 的"香港
人"對整個中國的前景表示樂觀，比"中國人"（52.7%）低。大多數"香
港人"（58.9%）對回歸後的法律制度缺乏信心，而有此看法的"中國
人"少於一半（45.1%）。對《基本法》有信心的"香港人"（34.3%）比
"中國人"（48.7%）少。[14] 認為中國政府有能力搞好香港的"香港人"
（39.1%）也比"中國人"（53.1%）少。1995 年的調查也發現，相對於"中
國人"（39.2%），較少的"香港人"（22.4%）相信中國政府在"九七"後
會真正讓港人自治。"香港人"（65.8%）比"中國人"（59.6%）更傾向於
認為將來的特區政府會相對照顧整個中國的利益。同樣地，與"中國人"
（41%）相比，較少的"香港人"（16%）認為，將來特區政府會把香港管
理得比現在好，信任將來特區政府行政長官的比例也較低（"香港人"
9.4%，"中國人"18.3%）。然而，"香港人"和"中國人"在這些方面的
差異主要是程度上的，而非本質上的。事實上，他們的態度基本相似。

　　由於較不信任中國政府，"香港人"比"中國人"更傾向於以抗爭手
段保障自身利益及發洩不滿（8.9%：7%）。當然，由於整個中國與香港
之間強弱懸殊，港人其實十分害怕與中國政府對抗。同樣地，在 1995

年的調查中，一半以上的"香港人"（58%）聲稱會支持不被中國政府所認可的政治領袖，"中國人"則少於 1/3（30.9%）。更能顯示"香港人"害怕中國政府的，是 1988 年調查的一項發現：53.5% 的"香港人"支持香港獨立，"中國人"則只有 30%。"香港人"的這種立場與上述他們願意把國家利益置於地方利益之上的態度大相徑庭。

"香港人"之所以較不信任中國政府，與他們較信任英國有關。事實上，"香港人"比"中國人"對殖民管治更具好感。在 1994 年的調查中，較多的"香港人"（55.1%）支持在回歸後保留香港為英國殖民地，"中國人"則只有 28.8%。同時，43.4% 的"香港人"認為，華人與英國人在香港享有同等地位，"中國人"卻只有 33.6% 承認種族平等。雖然"香港人"（57.4%）及"中國人"（68.2%）都認為英國在處理香港事務時以英國利益為先，但"中國人"顯然更為不滿。

正因為"香港人"更信任英國及港英政府，[15] 所以他們傾向於要求英國政府對中國政府採取強硬立場便不足為奇。由於"香港人"較擔憂中國在香港回歸前干預香港事務，所以他們特別關心港英政府在英國最後管治時期的自主性。1991 年的調查發現，雖然"香港人"承認在過渡期中英合作的重要性，但與"中國人"（64.8%）相比，他們（54.8%）仍然認為英國在作出重大決定前，應尋求中國政府的同意。同樣地，在 1992 年的調查，"香港人"（75.2%）比"中國人"（59%）更傾向於認為港英政府應堅守有利於香港的政策，即使中國政府反對也在所不惜。

總的來說，"香港人"與"中國人"的最大差別在於對社會主義中國及中國政府的態度。不過，既然他們的態度大體相似，這些差別並不會嚴重到引發雙方嚴重衝突。

對民主改革的態度與身份認同

如果説在對中華民族、社會主義中國及中央政府的態度方面,"香港人"與"中國人"基本上只有程度上,而非本質上的差異,那麼他們在香港民主改革問題上的態度分歧也一樣。換言之,"香港人"與"中國人"在政治上的分歧並不嚴重,港人對身份認同的不同並沒有造成"香港人"與"中國人"之間的矛盾。

"香港人"與"中國人"都有溫和的民主訴求,但當中卻滲透了矛盾的感情。這種民主觀代表一種功利性與片面性:功利性是因為港人期望民主政制能為自己帶來一些具體的政治成果;片面性是因為人們從負面角度去理解民主,即民主政制的功用在於保障自己的權利,使之免受中國政府及香港當權者的侵犯。至於民主的正面意義,即人民參與政治的權利,則不那麼受重視。[16]港人的民主觀明顯蘊含威權主義的元素,強調政治穩定及強勢政府的重要性。在 1992 年的調查中,83.9% 的"香港人"及 81.4% 的"中國人"同意香港需要一個強勢政府來維持政治穩定。同樣地,82.5% 的"香港人"及 77.7% 的"中國人"認為香港需要一個強勢政府來保持經濟繁榮。1993 年的調查也有類似發現:65.6% 的"香港人"及 62.6% 的"中國人"同意限制政府的權力並非好事,因為這樣做會影響政府的效率。雖然人們強調強勢政府的重要性,但在某種程度上,他們也意識到政府應受到監督與約束,以避免權力濫用。這些考慮在 1992a 年的調查中多處可見。例如,37.9% 的"香港人"及 41.6% 的"中國人"同意要解決香港當前面對的問題,港英政府必須強而有力,它是否民主反而是次要的。28.1% 的"香港人"及 36.7% 的"中國人"同意要解決香港當前面對的問題,最重要的是港英政府行政效率要高,民意諮詢反而是次要的。在 1993 年的調查中,只有 26.5% 的"香港人"及 36.5% 的"中國人"贊同只要有品行端正的政治領袖,就可以把所有的公共事務交給他們辦理，我們無須提出太多意見。然而，1992 年調查的一項數據顯示，當涉及他們較屬意一個有效率但不夠民主，或一個夠民主但效率不高的港英政府時，"香港人"與"中國人"在態度上的分歧明顯加大。37.1% 的"香港人"願意接納一個較不民主但工作效率較高的政府，但有 57.1% 的"中國人"屬意這種政府。

　　雖然"香港人"與"中國人"有不少相似之處，但雙方仍然存在微妙差異。總體而言，"香港人"比"中國人"有更強的民主訴求，"中國人"對民主卻有較浪漫的或理想化的理解。"中國人"之所以對民主化的態度較淡薄，是因為他們對現行政治體制及港英政府的表現較滿意，因而比"香港人"有稍高的政治自滿感。例如，在 1988 年的調查中，75%的"香港人"同意雖然香港的政治制度並非完美，但在香港的現實環境下，這已經是最好的了，同意這一論點的"中國人"則有 78.1%。此外，與"香港人"（40%）相比，較多的"中國人"（52.3%）認為港英政府工作表現良好。

　　由於"香港人"較不信任中國政府，因此也較傾向於認為民主化是回歸後強化香港自主權及防範中央干預香港事務的手段。例如，在1988 年，與"中國人"（33.3%）相比，有稍多"香港人"（35.2%）相信香港有了直選之後，就可以防止中國政府干預香港事務。

　　除了功利性考慮外，"香港人"對民主的較高訴求也與他們的政治面貌較現代化有關。這一觀點可以從數項數據中得到證實。1992a 年的調查發現，當被問及政治穩定與民主政府哪個更重要時，與"中國人"（8%）相比，較多的"香港人"（16%）認為民主政府更重要。同樣地，當被問及經濟繁榮與民主政府哪個更重要時，依然有較多的"香港人"（17.8%）（"中國人"9.6%）認為民主政府更重要。

　　1993 年的調查發現，與"中國人"相比，"香港人"也更傾向於肯定政治平等的價值觀。與"中國人"（48.3%）相比，較多的"香港人"

（55.8%）反對教育程度高的人對政治應該有更大的發言權。較多的"香港人"（76.3%）（"中國人"68.8%）反對政府行政首長如同大家庭的家長，一切大大小小的公共事務都應該聽從他的決定。"香港人"（16.7%）也比"中國人"（14.2%）更傾向於認為香港的政制改革速度太慢。較多的"香港人"（74%）（"中國人"59.3%）不同意進一步民主化會危及香港穩定。同樣地，港督彭定康推行的政制改革在"香港人"當中獲得較大支持，1995年的調查發現，45.1%的"香港人"（"中國人"27.5%）認為彭定康政府推行的政制改革對香港有利。

結論

經過詳細論證，我們現在可以解答本章剛開始提出的問題。毫無疑問，"香港人"與"中國人"在政治與社會態度上存在差異。但跟港人與內地人之間的差異相比，這種差異可謂微不足道。所以，香港華人社會存在的不同身份認同應不會構成重大的、有嚴重社會和政治含義的裂隙。事實上，"香港人"與"中國人"在態度上的有限差別，正說明身份認同的形成只有很短的歷史，人們對自己選擇的身份也只投入較少的感情。

無論是"香港人"還是"中國人"，都是建立在種族與文化基礎之上，而且似乎都不具有地域認同，因為都不涉及對香港或整個中國的效忠。它們也不要求身份認同者對具體的政權忠誠。此外，兩種身份認同都不包含強烈、狹隘或原始的感情（例如，地方主義和次民族主義）。因此，香港並不存在發展中社會常見的、為國家建設造成障礙的狹隘主義與原始感情。[17]

對於把香港在文化及政治上融入中國母體的各種困難，中國政府充分了解。儘管中國政府不斷重申中華民族的一體性，但以"一國兩制"

方式來處理香港脫離殖民管治後的前途，實際表示中國政府打算用充裕的時間去完成香港與內地的整合。《基本法》的序言說明：“為了維護國家的統一和領土完整，保持香港的繁榮和穩定，並考慮到香港的歷史和現實情況，國家決定，在對香港恢復行使主權時，根據中華人民共和國憲法第三十一條的規定，設立香港特別行政區，並按照‘一個國家，兩種制度’的方針，不在香港實行社會主義的制度和政策。”第五條更特別規定：“香港特別行政區不實行社會主義制度和政策，保持原有的資本主義制度和生活方式，五十年不變。”

　　事實上，對於香港與內地的最終整合，中國政府的考慮極長遠。“一國兩制”的模式在很大程度上緩解了任何在香港可能出現的“身份危機”。這個模式並不要求港人在態度與行為上有所改變，當然，仍有部分港人擔心中國會強制他們作出改變。無論如何，到目前為止，沒有任何跡象顯示港人在心理上受到“身份危機”的困擾。基本上，香港也沒出現因身份問題而引發的集體行動（1989 年出現的活動或許屬於這類）。此外，由於“一國兩制”的安排，香港與內地之間設置了一道屏障，實際上使港人的獨特身份更為強固及持久。

　　在社會主義中國保留香港的資本主義制度，即使有“一國兩制”的安排，香港與內地也難免會產生摩擦，尤其是“一國兩制”的目標並不在於分隔兩制，而是在於加強接觸，從而使香港更能為中國的現代化作出貢獻。港人對社會主義政權的不信任與恐懼，肯定仍會對中央政府與香港特別行政區的關係產生不利影響，特別是中央政府難以完全抗拒介入香港事務的誘惑。不過，雖然港人對中國的國家組織有疏離感，但對中華民族依然有濃厚認同感。“香港人”的身份認同並不衍生分離主義。事實上，分別對香港及整個中國的認同代表雙重及互相配合的身份認同。港人從來沒有提出政治獨立的要求。此外，即使港人對回歸心存憂慮，卻從來不質疑中國對香港的主權。

　　回歸之後，可能有多個因素會強化港人對社會主義中國甚至對中央政府的認同，這些因素包括：香港在政治上是中國一部分的事實、中國國際地位的提升及軍力的擴張、香港與內地日益密切的經濟聯繫、中國的現代化、中國內地對香港發展的影響日深、民族意識的傳播，以及兩地之間日趨緊密的社會文化交流。

　　港人在身份認同上的發展，我們現在仍難以準確預測。不過，鑒於以往的情況，"香港人"與"中國人"的身份認同將來有可能融合，並產生一種新的身份認同，但仍會與內地人的身份認同有別。在帶有地方色彩的身份認同上，港人會逐步接納一個更大的華人身份認同，社會主義中國也有可能成為認同的對象。另外一個可能的發展是：雖然存在矛盾，分別對香港及整個中國的認同會愈來愈相互配合，這是因為對香港的認同不僅不要求否定對整個中國的認同，反而使它更為強化。

註釋

1. 除 1985 年的調查，其他都是全港性調查。所有調查採用相同的抽樣程序。調查的總體是年滿 18 歲的香港華裔居民，樣本為概率樣本。首先由港英政府統計處協助，在全港以分區等距方式抽取居住單位地址；其次是抽選住戶，如果已選取的居住單位有超過一家住戶或為一羣體住戶（如宿舍），訪問員將根據隨機抽選表，抽選其中一家住戶或一位符合資格人士接受訪問；最後是抽選受訪者，如果已選取的住戶有超過一位符合資格人士，訪問員利用基什方格（Kish Grid）抽選其中一位接受訪問。回應率是扣除無效和沒有使用的住址後計算：（1）1985 年調查在觀塘區（一個多元化的、工業區與住宅區混合的小區）進行，完成 767 個訪問，回應率為 46.9%。（2）1988 年調查完成 396 個訪問，回應率為 61%。（3）1990 年調查完成 390 個訪問，回應率為 69.8%。（4）1991 年調查完成 401 個訪問，回應率為 55.8%。（5）1992 年調查在 5～11 月進行，完成 868 個訪問，回應率為 55.4%。（6）1992a 年調查在 1992 年 12 月～1993 年 2 月進行，完成 615 個訪問，回應率為 54.7%。（7）1993 年調查完成 892 個訪問，回應率為 54.6%。（8）1994 年調查完成 997 個訪問，回應率為 57%。（9）1995 年調查完成 408 個訪問，回應率為 61.5%。
2. 本文利用卡方檢定（chi-square test）來判斷變項之間的關係，顯著水平低於 0.05 者，被視為存在顯著的差異。
3. Elizabeth Sinn, "Emigration from Hong Kong before 1941: General Trends," in Ronald Skeldon (ed.), *Emigration from Hong Kong: Tendencies and Impacts* (Hong Kong: Chinese University Press, 1995), pp. 11-34; Ronald Skeldon, "Emigration from Hong Kong, 1945-1994: The Demographic Lead-up to 1997," in Skeldon (ed.), *Emigration from Hong Kong*, pp. 51-77.

4.　要了解有關香港人身份認同的文化內容，特別是涉及學歷較高及西化的中產階級人士的，可參見：
　　Helen F. Siu, "Remade in Hong Kong: Weaving into the Chinese Cultural Tapestry," in Tao Tao Liu
　　and David Faure (eds.), *Unity and Diversity: Local Cultures and Identities in China* (Hong Kong:
　　Hong Kong University Press, 1996), pp. 176-196.

5.　1985 年調查問卷採用四分尺度（很少、少、多、很多），其他調查則採用五分尺度（很少、少、普通、
　　多、很多）。所以，如果 1985 年調查是採用五分尺度，其相關數字應該較小。

6.　Lau Siu-kai and Kuan Hsin-chi, *The Ethos of the Hong Kong Chinese* (Hong Kong: Chinese
　　University Press, 1988), pp. 178-179.

7.　Wong Siu-lun, "Political Attitudes and Identity," in Skeldon (ed.), *Emigration from Hong Kong*, pp.
　　170.

8.　文化與種族因素在界定何謂 "中國人" 或 "華人" 時十分重要，該因素被各方面所承認。例如，可參
　　見：Myron L. Cohen, "Being Chinese: The Peripheralization of Traditional Identify," in Tu Wei-ming
　　(ed.), *The Living Tree: The Changing Meaning of Being Chinese Today* (Stanford: Stanford University
　　Press, 1991), pp. 88-108; David Yen-ho Wu, "The Construction of Chinese and Non-Chinese
　　Identities," in Tu (ed.), *The Living Tree*, pp. 148-166。

9.　Lau and Kuan, *The Ethos of the Hong Kong Chinese*, pp. 179.

10.　白魯恂（Pye）曾指出，雖然中國人有着共同的種族特徵及文化習俗，但中國在現代化過程中所經歷
　　的歷史軌跡，使得在中國只能產生一種未完全成形、不清晰的民族主義。這種相對 "缺乏內容" 的
　　民族主義形態的一項重要特徵，便是中國人對中國的國家組織只有薄弱的認同感。在香港華人中出
　　現的民族主義雛形，也是一種 "缺乏國家組織" 的民族主義版本，它比白魯恂所描述的無內容的民
　　族主義更極端。Lucian W. Pye, "The Challenge of Modernization to the Chinese National Identity,"
　　Chinese University Bulletin, Supplement 22 (1991), pp. 12-29.

11.　不少學者都強調中國人之所以是中國人，以及中國民族主義，都建基於種族及文化因素。張玉法．
　　帝國主義、民族主義與國際主義在近代中國歷史上的角色（1900—1949）[M]// 劉青峰．民族主義與
　　中國現代化．香港：中文大學出版社 ,1994：99-125；姜義華．論二十世紀中國的民族主義 [M]// 劉
　　青峰．民族主義與中國現代化．香港：中文大學出版社，1994：143-157；汪榮祖．中國近代民族主
　　義的回顧與展望 [M]// 劉青峰．民族主義與中國現代化．香港：中文大學出版社，1994：187-200；
　　Lowell Dittmer and Samuel S. Kim, "In Search of a Theory of National Identity," in Lowell Dittmer and
　　Samuel S. Kim (eds.), *China's Quest for National Identity* (Ithaca: Cornell University Press, 1993), pp.
　　1-31.

12.　Lau and Kuan, *The Ethos of the Hong Kong Chinese*, pp. 179.

13.　1993 年調查採用四分尺度（很不信任、不信任、信任、很信任），其他調查則採用五分尺度（很不信
　　任、不信任、普通、信任、很信任）。所以，如果 1993 年調查是採用五分尺度，其相關數字應該較小。

14.　1990 年調查也發現，與 "中國人"（55%）相比，較少的 "香港人"（37.5%）表示滿意《基本法》。

15.　在本文引述的所有調查中，"香港人" 都比 "中國人" 更信任英國及港英政府。

16.　Kuan Hsin-chi and Lau Siu-kai, "The Partial Vision of Democracy in Hong Kong: A Survey of Popular
　　Opinion," *The China Journal*, Vol. 34 (1995), pp. 239-264.

17.　Clifford Geertz, "Primordial Sentiments and Civil Politics in the New States," in Clifford Geertz (ed.),
　　Old Societies and New States: The Quest for Modernity in Asia and Africa (New York: Free Press,
　　1963), pp. 105-157.

第 6 章　對資本主義的信心問題：
亞洲金融風暴後的變化[*]

　　1997 年 7 月 1 日香港回歸中國後不久，亞洲金融風暴爆發，並給如夢初醒的港人帶來很大打擊。金融風暴前，過熱的房地產市場雖令人擔憂，但香港的經濟基礎基本還算穩健。可是，金融風暴不但戳破樓市的泡沫，還終止了香港已延續超過 20 年的經濟繁榮。

　　香港的綜合消費物價指數增長在 1998 年 11 月出現負數，在通縮陰影下，經濟一蹶不振，1998 年香港的實際本地生產總值下跌 5.1%。"二戰"結束以來，香港從未經歷過這麼漫長的經濟緊縮期，可想而知，人們在新經濟環境下是何等痛苦。1997 年 10 月～ 1998 年 8 月，股市市值下跌超過一半，港人財富大量蒸發。經濟衰退前，香港的失業率僅為 2%～ 3%，1998 年以後則升至 5%～ 6%。由於企業急劇重組和裁員，中產階級在"二戰"後首次嘗到失業的痛苦滋味。在可預見的將來，失業問題似乎難有明顯改善。

　　面對經濟困境，東亞地區國家因政治經濟體系和國家在經濟事務上扮演的角色不同，因而有不同的處理方式。香港素來被視為自由市場的堡壘，不論是殖民政府還是特區政府，都一直緊守經濟上的積極不干預政策。可是，這場史無前例的金融風暴使以董建華為首的特區政府和一般市民都亂了陣腳。自經濟危機出現後，港人要求政府採取行動解決問

---

[*]　本文原以英文發表，刊於 Lau Siu-kai, "Confidence in Hong Kong's Capitalist Society in the Aftermath of the Asian Financial Turmoil," *Journal of Contemporary China*, Vol. 12, No. 35 (2003), pp. 373-386. 中文版曾以"亞洲金融風暴後香港人對資本主義社會的信心問題"為題，刊於劉兆佳，尹寶珊，李明方，等 . 社會轉型與文化變貌：華人社會的比較 [M]. 香港：香港中文大學香港亞太研究所，2001:147-166；現在的譯本再經修訂。

題的聲音愈來愈大，行政當局也推出多得令人吃不消的措施，以期紓解民困，把香港從經濟衰退中拯救出來。最值得注意的是，董建華的經濟哲學以行動主義和家長式統治為特徵，把香港轉型為知識為本的經濟體系和全面照顧社會的迫切需要排在政策議程的前列。[1] 在某種程度上，民眾的要求與政府積極介入經濟事務相輔相成。[2]

港人及外國人都開始懷疑，空前嚴重的金融風暴已經蠶食香港主流社會經濟價值觀。[3] 事實上，這次經濟危機已經摧毀了港人對未來經濟發展過於樂觀的情緒，一向被認為是理所當然的美好年代 (belle époque) 也很可能成為過去，不少人擔心香港這顆東方之珠最終會失去光芒。現在的問題是，港人是否對政府一直很少干預的自由市場經濟出現信心動搖？民眾是否仍接受資本主義社會的合理性，以及市場在分配收入和財富時的公平性？他們是否會期望政府扮演更重要的經濟角色？又是否會要求政府在促進社會公義方面擔任更明顯的職能？為解答這些問題，我在亞洲金融風暴發生後的第二年，即 1999 年進行了一次全港性隨機抽樣調查。[4] 過去一些民意調查也為港人態度的轉變提供了背景資料。如非注明，本章引用的民意數字都來自 1999 年調查。

香港的競爭力

自 20 世紀 70 年代初以來，全球經濟一體化，特別是金融一體化，發展步伐之快令人吃驚。隨着一體化步伐的加快，自由市場主義的威權地位更是無從挑戰，對社會主義、計劃經濟及政府干預經濟領域的訴求則逐漸消失。香港雖奉行自由經濟已有一個半世紀，但港人還是在最近感受到全球經濟一體化的衝擊。金融風暴以前，人們雖已察覺中國內地這個潛在競爭對手的存在，但一般人還是不太在意。金融風暴的打擊使港人明白，在面對外部環境突變時，香港經濟是何等脆弱。不少西方國家早已出現反對經濟一體化的行動，即使在自由經濟的堡壘，如美國，也不時聽到一些保護主義的呼聲。[5]

1999 年的調查顯示，港人雖受到經濟衰退的打擊，但基本上仍對競爭力及經濟前景保持審慎樂觀。民眾雖對經濟一體化新現象不太了解，但仍基本持正面態度。當被問及經濟一體化是否對香港有利時，近半受訪者（46.8%）表示不知道，其餘多數（37.9%）認為有利，只有少數（14.6%）覺得會損害香港的利益。同樣地，中國內地的經濟改革和對外開放也普遍受港人歡迎。大部分受訪者（71.7%）對中國改革開放對香港的影響表示樂觀，只有很少數人（10.3%）認為會不利於香港發展。

港人對經濟一體化及中國進入世界市場持正面態度的其中一個原因是，他們對香港的競爭力仍頗有信心。只有 14.7% 的受訪者認為，與世界上其他主要對手相比，香港缺乏足夠的競爭力。雖然較多受訪者（40%）覺得香港的競爭力只是一般，但有不少人（29.7%）對香港仍然充滿信心。

另一個原因是，港人總以為香港必行好運。民眾之所以有此宿命論式看法，都是因香港在過去曾經歷無數次逆境，並且在其後變得更加繁榮。在 1999 年的調查中我發現，有 47.3% 的受訪者同意香港是一塊福地，它往往能夠逢凶化吉，只有 23.7% 不同意。

普羅大眾對香港競爭力及其在世界經濟轉型中生存能力的信心反映在其對經濟前景的樂觀上。約 1/4 的受訪者（26.7%）對香港能否重拾1997 年之前的繁榮感到悲觀，44.8% 顯示出很強信心，而 20.3% 則表示信心一般。

經濟危機發生後，港人對前景的疑慮雖不斷加深，但對經濟前景仍能保持冷靜和樂觀。正如我下面所說，這種正面態度成為港人持續支持不受拘束的資本主義經濟的基礎。最重要的是，不論性別、年齡、學歷、職業和家庭收入，港人對香港競爭力的態度都無甚差別。

資本主義制度

　　港人的主要信念之一是，市場在資源分配方面最有效，私有財產神聖不可侵犯，以及市場的自由運作是個人自由的最佳保障。市場效率為最多的人提供了最大的好處。在港人眼中，市場不應向非經濟因素妥協。過去的調查一致表明，大量市民支持香港的資本主義制度。[6] 在1991 年的調查中，58.4% 受訪者稱讚香港的資本主義制度為好的經濟制度，只有 5.2% 反對。到了 1994 年，支持資本主義制度的人略微降至 56.6%，而同期反對資本主義制度的人則顯著增加（10.2%）。從表 6-1可以看出，1999 年時，港人對資本主義制度的支持有些許下降，但大致上並未否定它。

表 6-1　對資本主義的態度，1999 年

（單位：%）

	很同意	同意	普通	不同意	很不同意	不知道	拒答
香港的資本主義制度是一個好的制度	3.5	56.4	18.5	6.1	0.1	15.3	0.1
香港是一個充滿機會的地方，只要努力工作便有出頭的機會	7.5	63.7	12.6	11.5	0.5	3.9	0.2
在香港，只要努力讀書，將來必能出人頭地	7.7	48.0	14.8	25.4	1.3	2.4	0.4
香港的資本主義制度允許每個人公平競爭	2.9	64.3	10.6	8.5	0.5	12.9	0.4
一個公平的社會是指每個人都有相同的收入	0.5	14.5	6.4	65.0	7.3	6.1	0.2
若允許商人能夠盡量賺更多的錢，最終所有人都會受益	3.3	53.7	13.2	21.5	1.0	6.9	0.4
雇員應採取罷工的方式來提高薪金或改善工作條件	0.6	27.7	17.6	42.5	1.8	9.2	0.5

　　大多數受訪者（59.9%）仍認為香港的資本主義制度是個好制度。大部分人（71.2%）也相信香港是一個充滿機會的地方，只要努力工作便

有出頭的機會。更清楚地說,過半受訪者 (55.7%) 贊同只要努力讀書,將來必能出人頭地。很多港人 (67.2%) 仍同意資本主義制度提供了公平競爭的環境。

由於不受束縛的資本主義容易導致社會貧富差距,港人都普遍接受經濟不平等是市場競爭下不可避免的結果。因此,港人深信,一個公平的社會並不是每個人收入都相同的社會。多數人 (57%) 都寧願相信,若允許商人能夠盡量賺更多的錢,最終所有人都會受益。

可是,港人不太贊成工人在市場經濟下以集體行動改善權益的做法,44.3% 的受訪者反對雇員將罷工作為提高薪酬或改善工作條件的武器,只有 28.3% 同意罷工, 17.6% 則不置可否。

總的來說,雖面對經濟危機,港人仍十分支持資本主義制度。不過,民眾的態度仍帶有明顯的社羣差異,而這些差異也未能良好預示香港資本主義制度的未來發展。首先,老一輩人較年輕人更支持資本主義制度;其次,高學歷的人比低學歷者更反對這種制度;最後,管理人員及專業人士比職位較低的白領和體力勞動者更少眷戀香港的資本主義制度。

政府的經濟角色

在抽象層次和實際層次上,港人對政府在香港經濟上所扮演角色的看法有很大差距。在抽象層次上,絕大多數人支持政府應扮演最小的角色。相反,為達成某些非經濟目標或紓緩部分社會經濟痛楚,港人又會期望政府在某些經濟領域作出很大干預。這種對經濟自由主義和經濟干預的同時依戀並不是港人獨有的心態,西方人也有這些意識形態上的矛盾情況。[7] 在所有資本主義社會,自由經濟主義會不時地被政治實用主義調整和沖淡。

在香港，經濟自由主義的信念會因人們留戀中國傳統價值觀而妥協。事實上，傳統價值觀對港人仍有一定影響，並且繼續塑造民眾對政府經濟職能的態度。[8] 在傳統價值觀裏，政治與經濟制度沒有清晰分界線，但經濟顯然居從屬地位。自由放任政策和有限職能政府（limited government）的觀念對傳統價值觀來說很陌生。在國家主導社會秩序的中國，國家可以以保持社會和諧和維護民眾利益為由干預經濟，甚至將私有財產充公，在中國人的思想裏，甚至沒有自由放任政策中公、私財產的分別。結果，港人雖普遍接受自由放任政策，但仍有一種觀點認為，政府必要時干預經濟是解決問題的一種重要手段。

過去的調查顯示，自由放任政策作為一個普遍原則，被港人廣泛接受。在 1988 年的調查中，57.5% 的受訪者贊同港英政府的自由放任政策。到了 1994 年，民眾對自由經濟主義的支持減少，只有 42.4% 的受訪者贊成政府的積極不干預政策。[9] 可是，港人仍期望政府在某些領域作出干預，這樣做便背棄了有限職能政府的原則。例如，在 1988 年，多數受訪者（57.1%）反對儘可能把政府職能轉交給私人機構；71.4% 同意政府應為有需要的人提供更多社會服務，即使這樣做會減慢香港的經濟增長。1991 年的調查則表明，多數受訪者（61.3%）認為政府在提供社會及公眾服務方面做得不夠。

與過去相比，港人對經濟自由主義的支持有所下降。1999 年的調查發現，44.8% 的受訪者贊同繼續維持積極不干預政策，表示不置可否的有 15.6%，反對的則有 23%。在經濟衰退及失業問題嚴重的環境下，港人對這個長久堅持的經濟原則已明顯動搖。

與此同時，表 6-2 中的數據表明，港人希望政府能在多個領域作出干預。在各項政府經濟職能中，只有“買股票來打擊投機者”及“賠償因金融風暴而不幸蒙受損失的市民”兩項得不到受訪者的支持。港人顯然認為，股市投資失敗者應為自己的霉運負責，而他們的困境也與公眾利益無關。再者，雖然那些年輕、學歷較高、從事較高尚職業和較富有的人，以及那些積極不干預政策的忠實信徒，都比較不支持經濟干預，但總體來說，民眾仍強烈要求政府干預經濟。

表 6-2　對政府經濟職能的支持

(單位：%)

	很同意	同意	普通	不同意	很不同意	不知道	拒答
制定長遠的經濟發展策略	9.7	76.3	5.5	1.0	0.1	7.0	0.5
積極扶助一部分工商業的發展	4.4	72.8	10.7	4.5	0.2	7.0	0.2
保證每個市民都有工作	13.1	62.5	10.8	9.7	0.4	3.0	0.6
採取措施以降低房價	8.2	60.2	14.4	11.2	0.4	5.4	0.2
設立由政府管理的中央公積金	2.9	61.0	14.5	11.1	0.2	10.1	0.1
提供失業津貼	3.1	57.1	15.4	19.5	0.7	3.8	0.4
立法處罰不肯贍養父母的人	7.0	52.6	14.7	19.5	0.7	5.4	0.1
向富人徵收重稅以減少貧富差距	7.5	50.8	17.9	18.8	0.4	4.3	0.4
立法給予工會集體談判權	2.1	53.8	19.3	8.3	0.6	15.6	0.2
加強管制投機性活動	4.5	50.2	10.7	23.8	0.7	9.8	0.2
捍衛港元與美元掛鈎的聯繫匯率	2.1	49.5	19.2	6.1	0.7	22.2	0.2
減少社會福利，鼓勵市民自食其力	3.7	41.6	20.9	27.3	1.7	4.5	0.4
制定最低工資或薪金	3.0	42.3	7.0	40.0	1.7	5.5	0.5
買股票來打擊投機者	1.9	28.1	18.5	31.5	3.0	16.4	0.6
賠償因金融風暴而蒙受損失的市民	0.8	11.7	10.0	55.9	12.9	8.3	0.4

　　一般人認為，在經濟困境時人們都會要求政府更多地干預經濟。因此，當香港遇上前所未見的經濟衰退時，港人向以董建華為首的特區政府求助便很自然。董建華刻意建立的家長式統治政府形象更加深了民眾對特區政府的期望。隨着時間的流逝，港人是否真的愈來愈支持政府干

預經濟？根據不同時期的調查，我們可以找出港人對經濟干預的支持度的轉變。令人感到意外的是，正如表 6-3 所示，經濟危機發生後，港人對政府干預經濟的支持竟然在減退。

表 6-3　對政府經濟職能的支持，1988 ～ 1999 年　　　　　　　　（單位：%）

	1988 年	1994 年	1999 年
制定最低工資或薪金	57.6	60.7	45.3
提供失業津貼	74.2	78.5	60.2
加強管制投機性活動	66.2	66.4	54.7
設立由政府管理的中央公積金	80.3	80.2	63.9
向富人徵收重稅	74.7	76.7	58.3

註：1988 年調查採用四分尺度，1994 年及 1999 年調查則採用五分尺度。如果 1994 年及 1999 年調查也採用四分尺度，其相關數字應較大。表中數字為表示同意的受訪者佔比。

　　1988 ～ 1994 年，民眾對政府扮演更重要經濟角色的要求有所增強。自此以後，這一要求便開始減弱。雖然無法提出實質性證據來解釋這個奇怪發現，但我仍可以提出一些可能的理由。一個可能的解釋是，自由市場理念的鞏固以及蘇聯解體及東歐劇變影響了人們的看法，使港人對以經濟干預來解決問題的手段失去信心。另一個可能的解釋是，1997 年年底以來的多次行政失誤，使港人對特區政府解決問題的能力失去信心。不論是哪種情況，經濟危機加強了民眾對市場的信心，從而使港人覺得，市場在解決問題方面比政府干預更有效。

貧富不均

　　雖然港人愈來愈接受以市場作為資源分配的機制，但並不表示他們滿意這種機制的後果。港人深深體會到由市場造成的社會分裂結果，知道適度的社會差距將有助於促進工作熱誠，正如傳統中國人一樣，港人傾向於認為財富是勤奮和誠實工作的回報，而貧窮則代表個人的無能和失敗。因此，在 1993 年的調查中，當被問到貧窮的原因時，過半受訪者（52.5%）相信那是個人因素所致，僅 28.8% 認為是不公平的社會環境造成的。數年後，這一比例雖有所下降，但民眾仍認為個人因素是導致貧窮的最重要原因。到了 1999 年，約 1/3 的受訪者（32.2%）用個人因素來解釋貧窮，20.7% 歸咎於社會的不公平，34.9% 則認為兩者都是貧窮的原因。在港人心目中，若一朝變得貧窮，他們很明顯地會先責怪自己。[10]

全球經濟一體化及因勞動密集型工業北移內地而導致的去工業化，使香港的貧富差距進一步擴大。隨着戰後初期的工業化，貧富懸殊問題便開始出現。戰後最初的 30 年，收入不均問題持續改善。但自 20 世紀 70 年代中期起，貧富不均問題趨於惡化。1960 年時，香港的堅尼系數為 0.49，1971 年降至 0.43。1971 ～ 1976 年，堅尼系數保持在 0.43，1981 年，數字緩緩升至 0.45，到了 1991 年，已升至 0.48，1996 年這一數值更達歷史高峰，0.52。由於堅尼系數只根據人口普查及中期人口統計時所採集的收入數據計算，並沒有考慮整體的財富分配不均情況，因此很可能低估了香港實際的貧富差距問題。[11]

在西方國家，特別是沒有為低下階層設立社會安全網的地方，全球經濟一體化導致的貧富不均，已造成了社會不滿情緒和階級仇恨。與西方人，特別是歐洲人相比，港人在印象中較能容忍社會不公。當然，這也是有限度的。多次調查表明，港人認為貧富不均難以接受。在 1988 年的調查中，56.4% 的受訪者認為香港的財富分配並不公平。到了 1995 年，認為不公平的比例達到 61.5%。到了 1997 年，贊成和反對的都有所增加，認為香港財富分配不公的上升至 62.5%，認為公平的佔 25.1%。在 1999 年的調查中，44.9% 的人認為不公平，認為公平的只有 16.4%。

此外，港人對貧富懸殊問題已深感憂慮。在 1995 年，51.7% 的人認為貧富差距問題嚴重，30.4% 則認為一般，僅 8.8% 認為問題不大。到了 1997 年，覺得問題嚴重的增至 67.2%，認為一般的則有 22.1%，僅 6.4% 不以為然。1999 年，認為嚴重的佔 60.9%，認為不嚴重的佔 7.2%。

這種對社會不公平的看法，正好鮮明地在港人對富人、大財團的負面評價中反映出來。在中國傳統觀念裏，商人的社會地位低微，港人對他們既羨慕又妒忌，但從不真心崇敬。近幾年經濟緩慢增長中日趨惡化的貧富不均，更激化了民眾對富人的不滿。在 1991 年的調查中，36.9% 的受訪者認為富人不值得尊重，認為值得尊重的僅佔 10.7%。1994 年的調查結果類似，只有一小部分受訪者（13.9%）覺得應該尊重富人，32.2% 則不同意。

富人還被港人認為缺乏社會責任感。1994 年，過半受訪者（58.6%）認為富人沒有盡到應盡的社會責任，只有極少數（4.9%）持相反意見。1991 年的調查也發現類似趨勢，42.1% 的受訪者認為香港大企業的社會責任感很弱，僅 12.7% 認為大企業具有責任感。

港人普遍認為富人是特權階層，這是不滿的原因之一。大多數港人相信富人獲得了政府的特別優待。在 1994 年的調查中，57.1% 的受訪者感到政府會首先照顧富人利益，僅 21.8% 覺得政府會以公眾利益先行。1995 年的調查結果顯示，57.4% 的受訪者相信政府通常會先照顧富人利益，僅 9.8% 認為政府較重視公眾利益。1997 年時，雖然相信政府會先照顧富人利益的受訪者（43.8%）比以往少，但仍有少數人（21.8%）覺得政府會把公眾利益置於富人利益之上。1999 年的情況大致相同，46% 的人批評政府先照顧富人利益，僅 15.5% 相信政府更重視公眾利益。在港人眼中，稅收制度是政府優待富人的明顯例子。由香港嶺南大學進行的一項電話調查發現，47.3% 的受訪者相信現時的稅收制度對資本家及商人有利。[12]

另外，港人認為富人在法庭上也享有特權，在 1985 年的調查中，73.4% 的受訪者相信由於富人有優待，因此在法庭上不會有公平審判。這個數字在 1988 年、1994 年及 1999 年則分別為 69.2%、74.9% 和 66.1%。

民眾對富人的不滿很容易轉化為階級矛盾。在 1988 年的調查中，69.7% 的受訪者認為不同社會階級之間的利益存在衝突，不同意這一觀點的佔 18.2%。1995 年，75.2% 的人認為不同社會階級間存在矛盾，僅 12% 反對這一觀點。到了 1999 年，65.5% 的人同意階級利益存在衝突，持相反意見的則佔 18.2%。

除年長者比年輕人更不滿這種社會不公外，其他具有不同社會經濟背景的受訪者對此問題的看法差別很小。

社會流動的機會

港人堅信，香港是一個充滿機會的地方，只要努力工作和讀書，任何人都可以成功。這種看法已深深烙印在港人的資本主義精神特質中。作為一個只有短暫歷史的移民社會，香港沒有根深蒂固的貴族階級，以阻止具有野心和能力的人往上爬。[13] 因此，當我們說港人相信香港的資本主義社會是一個開放的社會，每人都有發展機會時，並不會令人驚訝。[14] 在 1994 年的調查中，絕大部分受訪者（82.5%）認為香港是個充滿機會的地方，到了 1997 年，有同樣多的人（82.8%）支持此看法。即使在經濟危機之後，也有 71.2% 的受訪者在 1999 年的調查中表示同意以下說法："香港是一個充滿機會的地方，任何人如果努力工作都會有出頭的機會。"

不過，調查也發現了一些不好的跡象。最近兩年的經濟困境已嚴重打擊了港人對經濟的樂觀情緒。在 1995 年的調查中，29.7% 的受訪

者預期在未來 3 年他們的家庭生計會有所改善，23.8% 預期會惡化，
29.4% 認為不變。到了 1997 年，民眾對前景更為樂觀，40.4% 的人預
期生活會有改善，僅 10.8% 認為會變得更差，36.9% 則相信變化不大。
1999 年，香港經歷了亞洲金融風暴的蹂躪後，持樂觀態度的人減少
了（31.6%），感到悲觀的增加了（15.7%），至於認為沒有改變的則有
40%。

　　更重要的是，港人對下一代的經濟前景信心減弱了。當被問到"和
你這一代人相比，你認為你的下一代在社會裏出人頭地的機會是多一些
還是少一些"的時候，民眾的看法出現了分歧，30.6% 的受訪者相信機
會變少了，而 36.5% 則認為下一代的機會將更多。

　　香港的中產階級已迅速成為社會不滿階層和社會不安的潛在來
源。即使在經濟衰退前，學歷較高的年輕一輩的社會流動機會已比從
前減少了。雖然隨着服務業的增長，香港的中產階級也在擴張，但這
些行業中高職級、高薪金職位的增加卻始終追不上符合資格學歷人士
的快速增長。香港雖已成為一個處處講求學歷的"文憑社會"（credential
society），但教育的實用價值卻在下降。亞洲金融風暴對中產階級的打
擊尤為巨大。階級內的分化正在加快，使中產階級人士互相對抗。很多
中產者因房屋價格暴跌而導致財富大量蒸發，不少人負債纍纍。他們也
因害怕失去工作，或跌落社會底層而在精神上備受折磨。更令他們感到
沮喪的是，他們的子女可能已沒有機會達到或超越他們的成就。

　　在這 10 多年來，原本心滿意足、自鳴得意的香港中產階級，已轉
變為一個焦慮、不安、憤世嫉俗的階層。和工人階級相比，中產階級對
長期備受推崇的資本主義價值更疏遠。1999 年的調查結果表明，中產
階級比工人階級更不相信個人奮鬥是成功的關鍵，或勤奮讀書會成功。
少於四成的受過大專教育的受訪者相信，個人努力與成功有關聯。

　　從中產階級心目中家庭重要性的角度看，學歷較高者認為下一

往上爬的機會較少,這是一種政治隱憂。48.8% 受過大專教育的人相信,其子女的成就會不及他們,這個調查結果令人吃驚。中產階級對富人的態度也較負面。與工人階級相比,他們更不相信允許商人盡量多賺些錢會使所有人受惠。中產階級明顯地被香港日趨惡化的社會不公平所困擾。

結論

雖然經歷了亞洲金融風暴的猛烈衝擊,但民眾對香港資本主義的支持基本上仍較強固,自由市場仍是港人恪守的理念。民眾雖懷疑其成效,但還是接受了政府干預經濟的要求。對於香港經濟復甦及在全球經濟上的競爭力,港人也頗有信心。

不過,亞洲經濟危機帶來的衰退以及殘酷的國際競爭,已在香港造成不斷惡化的社會不公惡果,不滿情緒正在滋長。更壞的情況是,長期以來作為香港穩定基石的中產階級,對資本主義社會及其賴以鞏固的精神特質已日漸疏離,維繫各階層及政府的社會契約(social contract)已經被打破。

港人仍受中國傳統社會經濟價值觀的影響,若經濟困境持續,民眾要求更多政府干預的可能性不會消失。董建華要把香港變成高科技、高增值經濟體的決心也會導致政府更多地介入經濟。中產階級中憤憤不平的人也可能會要求政府更多干預,不單是為自己的利益,也是要糾正香港社會的不公平問題。結果,政府對經濟日趨積極的介入、民眾對政府干預以解決社會問題的要求上升,以及中產階級對資本主義體制支持的逐漸減退,都使長期不受拘束的香港資本主義能否繼續維持變成疑問。

註釋

1. Lau Siu-kai, "Government and Political Change in the Hong Kong Special Administrative Region," in James C. Hsiung (ed.), *Hong Kong the Super Paradox: Life after Return to China* (New York: St. Martin's Press, 2000), pp. 35-57.

2. 特區政府採取的一些重要措施可簡述如下：（1）1998 年 1 月，正達證券公司破產，多家證券公司也面臨倒閉，政府為恢復投資者信心，宣佈已準備超過 10 億港元以賠償那些因正達倒閉而受損的市民〔*South China Morning Post*（簡稱 *SCMP*），January 26, 1998, pp. 1〕。（2）1998 年 1 月 16 日，政府宣佈成立共有 14 名成員的策略發展委員會。董建華指出，這個委員會將研究一系列的問題，包括世界發展趨勢、它們對香港經濟的影響、人力資源、教育、房屋、土地供應、環境，以及與內地關係（*SCMP*, January 17, 1998, pp. 6）。（3）政府在 1998 年 3 月 20 日宣佈成立一個由 11 人組成的創新科技委員會，其目的是為發展香港成為高科技生產及服務中心向政府提供意見（*SCMP*, March 21, 1998, pp. 6）。（4）1998 年 5 月，為刺激受負增長打擊的經濟，政府公佈了一套緊急計劃（*SCMP*, May 30, 1998, pp. 1）。（5）董建華在 1998 年 6 月提出了一個 9 點方案，以刺激經濟、穩定地價、凍結高級公務員薪金及紓解民困（《明報》，1998 年 6 月 23 日，A1 頁）。（6）1998 年 8 月，政府歷史性首次介入股票及期貨市場，以捍衛香港股市價格（*SCMP*, August 15, 1998, pp. 1）。（7）1998 年 9 月，香港金融管理局草擬一份分為 7 個部分的改革方案，以強化貨幣交易系統及終止投機者對本地利率的操縱（*SCMP*, September 6, 1998, Money pp. 1）。（8）1998 年 9 月，政府在捍衛聯繫匯率時重整力量，提出新措施以對付"市場操控"，這個共有 30 點的方案加強了政府對證券及期貨市場的監控，並給予政府更大的權力來對付非法交易，包括把更多活動納入刑事犯罪（*SCMP*, September 8, 1998, pp. 1）。（9）1998 年 10 月，政府透露在 8 月入市後累積擁有的大量股票數目。政府購買了 3 家公司超過一成的股份，動用 1 181.3 億元捍衛聯繫匯率，並擁有 33 只恆生指數成分股的股票（*SCMP*, October 27, 1998, pp. 1）。（10）1999 年 3 月，政府宣佈將直接撥地給由李澤楷（巨富李嘉誠之子）領導的盈科數碼動力集團以興建數碼港。這個舉動頗不尋常，因為香港素來都是以價高者得的方式拍賣土地（*SCMP*, March 19, 1999, pp. 1）。（11）1999 年 11 月，政府公佈迪士尼樂園將在香港興建（*SCMP*, November 3, 1999, pp. 1）。

3. 新加坡前總理李光耀在香港發表一篇演説，為港人自力更生精神的消失感到惋惜。他的言論引發頗多議論。李光耀認為，20 世紀 60 年代的港人自己給教育及醫療服務付費："政府沒有感到要向市民負責，只是提供法治及維持社會秩序。市民則在山邊搭建小木屋居住。他們自己負擔自己的生活，並建設了現代的香港。"他又説："香港現已變得不同，人們渴望香港特區首長為他們提供美好的生活。不論是禽流感、紅潮導致魚類死亡，還是樓市、股市下跌，人們都希望政府給予賠償。"（李光耀，"Hong Kong in Transition"講話，發表於香港政策研究所四周年晚宴，1999 年 10 月 25 日，香港，3-4 頁。）

4. 除 1985 年的調查，其他都是全港性調查。所有調查採用相同的抽樣程序。調查的總體是年滿 18 歲的香港華裔居民，樣本為概率樣本。首先由港英政府統計處協助，在全港以分區等距方式抽取居住單位地址；其次是抽選住戶，如果已選取的居住單位有超過一家住戶或為一羣體住戶（如宿舍），訪問員將根據隨機抽選表，抽選其中一家住戶或一位符合資格人士接受訪問；最後是抽選受訪者，如果已選取的住戶有超過一位符合資格人士，訪問員將利用基什方格（Kish Grid）抽選其中一位接受訪問。回應率是扣除無效和沒有使用的住址後計算：（1）1985 年調查在觀塘區（一個多元化的、工業區與住宅區混合的小區）進行，完成 767 個訪問，回應率為 46.9%。（2）1988 年調查完成 396 個訪問，回應率為 61%。（3）1991 年調查完成 401 個訪問，回應率為 55.8%。（4）1993 年調查完成 892 個訪問，回應率為 54.6%。（5）1994 年調查完成 997 個訪問，回應率為 57%。（6）1995 年調查完成 408 個訪問，回應率為 61.5%。（7）1997 年調查完成 701 個訪問，回應率為 49.7%。（8）1999 年調查共使用 4 份不同的問卷，故有 4 個次樣本，每位受訪者回答一份問卷，本文數據取自問卷 C 及問卷 D，扣除無效和沒有使用的住址後，兩個次樣本的數目減少至 1 689 及 1 701 個；訪問員成功完成 839 個和 823 個訪問，回應率各為 49.7% 和 48.4%。

5. Richard C. Longworth, Global Squeeze: *The Coming Crisis for the First-World Nations* (Lincolnwood:

Contemporary Books, 1998).

6. Lau Siu-kai and Kuan Hsin-chi, "Public Attitude toward Laissez Faire in Hong Kong," *Asian Survey*, Vol. 30, No. 8 (1990), pp. 766-781.

7. 西歐的一些調查顯示，自由原則與經濟干預的要求時常並存，而這些干預的要求又多來自那些在資本主義制度下易於失敗的個人或團體。當市場經濟不能為人們帶來好處時，干預政策或許會被接受為可行和必需的方法，不過，這並不表示自由理念會被放棄。很明顯，恪守自由原則是一回事，廢止干預措施又是另一回事。那些把實用干預主義與自由原則融合的選民，便是熟知例子。參見：Ole Borre and Jose M. Viegas, "Government Intervention in the Economy", in Ole Borre and Elinor Scarbrough (eds.), *The Scope of Government* (Oxford: Oxford University Press, 1995), pp. 234-279. 美國人對自由貿易的原則更為熱衷。"到目前為止，當自由放任政策無法解決工業社會那些經常循環出現的問題時，人們對自由放任政策的信心便更為減弱，並會嘗試以政府干預這種新形式來解決問題，同時，新的態度也逐漸形成。很多調查⋯⋯證實了現時民眾要求政府推行那些違反傳統自由放任主義的不同措施。比如，民眾輿論強烈贊成保護環境的條例、確保職業安全以及保證食品和藥物的質量。可是調查亦表明，人們對自由放任政策戀戀不捨⋯⋯與上面的說法似乎格格不入的是，在 40 年來的民意調查中，大部分美國人都鼓吹政府對經濟更多干預便是他們理想目標的例子很少。" Herbert McClosky and John Zaller, *The Amercian Ethos:Public Attitudes toward Capitialism and Democracy* (Cambridge, MA: Harvard University Press, 1984), pp. 150-151.

8. Lau Siu-kai and Kuan Hsin-chi, *The Ethos of the Hong Kong Chinese* (Hong Kong: Chinese University Press, 1988).

9. 20 世紀 70 年代，港英政府用"積極不干預主義"這個新概念來代替"放任政策"這個名詞，以反映政府將在為自由放任資本主義經濟下的弱勢者提供社會及公共服務方面擔任更積極的角色。

10. Timothy K. Y. Wong and Chack-kie Wong, "The Public Perception of Social Welfare in Hong Kong," *Social Development Issues*, Vol. 21, No. 1 (1999), pp. 3.

11. Lau Siu-kai, "The Fraying of the Socio-economic Fabric of Hong Kong," *Pacific Review*, Vol. 10, No. 3 (1997), pp. 428-429.

12. *SCMP*, March 7, 2000, pp. 6.

13. 當香港還是英國殖民地的時候，白種人和黃種人之間的膚色隔閡（colour bar）阻礙了香港華人的政治野心。

14. Tsang Wing-kwong, *The Class Structure in Hong Kong* (Hong Kong: Hong Kong Institute of Asia-Pacific Studies, The Chinese University of Hong Kong, 1992).

第 7 章　社會經濟不滿情緒與政治態度 [*]

遭受亞洲金融風暴以後，香港經濟便一蹶不振，政治氣氛也變得沮喪和反覆無常。缺乏政治警覺性和行政經驗的特區政府，更加激化了港人的政治不滿、經濟悲觀和社會憤怨。民眾對政治的頹喪有目共睹，他們把所有社會問題都歸咎於政客和政府官員，對政治機構和政治人物的信任一落千丈。在這種愈演愈烈（但不一定理性）的政治否定（negativism）的情勢下，即使是一向備受推崇的公務員也難以幸免。民眾對社會失去信心，也殃及社會經濟精英，反精英主義和經濟民粹主義情緒不斷滋長，使精英階層和普通民眾之間的關係日趨緊張。特區政府正面臨着經濟逆轉、收入下降、民眾要求增加援助，以及商界精英要求政府緊縮財政的困局。於是，瞬間下滑的政治信任和持續上揚的政治犬儒心態，使特區政府的管治舉步維艱。過去數年，特區政府與香港民眾的衝突頻發，不僅加深了民眾對政治的頹喪態度，亦催生了香港的管治危機。

具有諷刺意味的是，縱使民眾對香港的政治和社會精英失去信心，但仍指望他們能帶領香港走出困局。長期的殖民統治使香港難以培養出既富有經驗又值得信賴的政治和社會領袖，所以無論港人如何不屑，特區政府仍被視為解決問題的唯一"救星"。民眾不信任政府，卻又依賴其救助，對於缺乏管治經驗和危機處理能力的特區政府來說，既是重大

---

* 本文原以英文發表，刊於 Lau Siu-kai, "Socio-economic Discontent and Political Attitudes," in Lau Siu-kai et al. (eds.), *Indicators of Social Development: Hong Kong 2001* (Hong Kong: Hong Kong Institute of Asia-Pacific Studies, The Chinese University of Hong Kong, 2003), pp. 29-75. 中文版曾以"香港人的社經不滿情緒與政治態度"為題，刊於劉兆佳，王家英，尹寶珊. 香港社會政治的延續與變遷 [M]. 香港：香港中文大學香港亞太研究所，2004：117-154.

挑戰，也是難得機遇。

　　數年間，主權轉移、經濟滑落以及新領導層缺乏認受性和政治經驗等劇變對港人的政治態度產生很大影響，這種態度既複雜，又變化不定，特徵是充斥着否定主義和無力感。本章將根據我在 2001 年進行的全港性隨機抽樣調查討論港人的政治態度，特別是他們對政治和社會經濟精英的信任和信心。[1]

對個人處境的滿意度

　　港人雖陷入了經濟低迷、通縮和高失業率的困境，但對自身處境仍保持一定的滿意度。當經濟逆轉時，民眾持續滿意往往是社會政治穩定的保障。[2] 香港的情況也表明，港人多年來所累積的財富尚能幫助其度過短期的經濟難關。

　　與此同時，香港社會結構雖出現很大變化，[3] 但民眾仍能依靠家庭和親戚網絡尋求精神和經濟上的支持。不過，若與昔日相比，港人現在有較多憂慮。公共及私營部門為開源節流，無不積極精簡架構、重組工作流程、重訂目標和功能，進而導致不斷的裁員和削減員工福利。中產階級對此感受尤深，因為他們大多沒有為香港經濟的突然逆轉以及個人經濟前景的劇變做好經濟和心理準備。當港人還未能看到黑暗的盡頭時，難免會感到不安、憂慮和緊張。表 7-1 闡明了這種狀況。

表 7-1　對個人處境的滿意度　　　　　　　　　　　　　　　　（單位：%）

	滿意	普通	不滿意	不知道	拒答	不適用
整體生活	48.5	36.6	13.7	1.1	0.0	0.0
家庭生活	71.0	22.0	5.5	0.9	0.0	0.6
學歷	31.9	31.5	32.2	4.3	0.1	0.0
健康	60.2	29.3	10.2	0.2	0.0	0.0

（續表）

	滿意	普通	不滿意	不知道	拒答	不適用
經濟	34.1	44.2	20.8	0.9	0.1	0.0
工作	26.6	24.6	9.4	0.1	0.1	39.2
朋友關係	66.9	28.8	2.3	1.5	0.4	0.1
親戚關係	61.8	31.1	3.8	1.6	0.4	1.3
居住環境	55.2	33.3	10.5	0.7	0.2	0.0
日常消遣	42.3	43.6	8.8	5.1	0.2	0.0

　　整體來說，港人大多滿意個人處境。不少報告雖指出華人家庭已出現問題，但大部分受訪者（71%）表示仍滿意其家庭生活狀況。對於其他形式的親密關係，滿意的亦居多：66.9% 的受訪者滿意與朋友的關係，61.8% 的受訪者滿意與親戚的關係。由此可見，港人的首屬社會環境仍能滿足其感情需要，在經濟困境中，穩固的家庭結構與緊密的親友關係對社會穩定和個人福祉有莫大貢獻。

　　港人素來重視健康，而經濟衰退所導致的緊張和壓力足以損害健康。幸運的是，多數受訪者（60.2%）均稱健康沒有問題。享有健康體魄的人大都具有較樂觀態度和較強能力處理經濟困難。

　　然而，個人處境也有不如意之處，部分問題開始浮現，例如，只有 55.2% 的受訪者滿意其居住環境，滿意整體生活的更低於半數（48.5%），滿意日常消遣的則更少（42.3%）。更令人擔憂的是，只有 34.1% 的受訪者滿意其經濟狀況，在就業者中，對工作感到滿意的也僅佔 43.8%，反映了不斷攀升的失業率和日益增長的工時已衍生出憂慮的社會氛圍。

　　雖然只有 31.9% 的受訪者滿意其學歷，但情況不足為懼。因為與各地華人一樣，港人格外重視教育。過去的研究表明，對教育的重視是出於內在及工具性考慮，港人對學歷永遠不會感到滿足，所以，不滿學歷由來已久。不過，從勞動市場競爭日趨激烈的角度看，港人對學歷的不滿確實比以往嚴重。

　　無論如何，港人對個人前景仍持審慎樂觀的態度。展望 3 年後的家庭生活，受訪者雖大多不奢望水平會比現在高，但仍有 28.5% 相信會有所改善，只有 17.9% 預期會比現在差。同樣地，在展望個人前景時，50.2% 的受訪者表示樂觀，32% 表示既不樂觀，也不悲觀，只有 13.4% 回答悲觀。

　　表 7-2 顯示，在個人處境的滿意度上，不同社會經濟背景人士有顯著差別。

表 7-2　不同社會經濟背景受訪者對個人處境的滿意度 （單位：%）

	整體生活	家庭生活	學歷	健康	經濟	工作	朋友關係	親戚關係	居住環境	日常消遣
整體	48.5	71.0	31.9	60.2	34.1	26.6	66.9	61.8	55.2	42.3
性別										
男性	—	—	—	67.6	—	—	—	60.8	—	—
女性	—	—	—	52.2	—	—	—	67.5	—	—
年齡										
18~29 歲	50.4	74.0	38.8	66.7	—	—	—	58.3	—	56.3
30~54 歲	48.3	73.6	30.7	62.5	—	—	—	65.7	—	41.0
55 歲及以上	50.3	66.9	36.9	50.3	—	—	—	63.2	—	46.6
學歷										
小學	38.7	63.7	17.2	45.4	24.7	30.4	60.2	—	—	39.3
中學	49.8	75.0	28.4	65.9	35.9	45.7	69.0	—	—	44.8
專上	62.4	76.8	67.5	68.8	45.2	50.4	78.1	—	—	52.2
職業										
體力勞動	38.5	67.3	18.7	—	25.5	34.8	61.9	—	—	33.3
文職 / 銷售 / 服務	58.0	74.3	25.0	—	37.2	46.4	75.0	—	—	46.4
管理 / 專業	57.8	83.1	47.5	—	44.4	50.0	77.0	—	—	44.3
家庭月收入（港元）										
15 000 以下	34.4	58.2	22.9	53.6	19.7	29.3	60.1	58.0	53.6	38.0
15 000 ~ 39 999	54.1	80.0	30.8	65.6	38.1	50.9	68.6	65.1	53.3	42.4
40 000 及以上	67.3	84.5	57.7	64.9	55.9	45.7	83.6	74.3	60.4	56.8

（續表）

	整體生活	家庭生活	學歷	健康	經濟	工作	朋友關係	親戚關係	居住環境	日常消遣
主觀社會經濟地位										
下層	30.4	58.3	18.3	52.4	15.3	26.7	54.5	50.6	41.4	29.3
中下層	44.8	70.8	24.3	58.4	30.6	38.8	67.2	68.8	52.4	44.6
中層及以上	62.5	79.9	46.2	67.0	46.7	54.6	76.1	66.1	65.5	51.8

註：表中數字為表示滿意的受訪者佔比。

　　女性除較不滿意其健康狀況以及較滿意與親戚的關係外，其他方面與男性的差別不大。年長者對個別生活範疇的滿意度比年輕人低，這可能是因為他們一般較多受健康問題困擾，而可資依賴的經濟及教育資源則較少。不過，他們大多與親戚維持較好關係。

　　教育賦予個人更多資源以營造豐富人生，因此學歷較高者一般具有較高的個人處境滿意度。再者，由於學歷與職業地位、家庭收入和主觀社會經濟地位密切相關，所以擁有較佳職業、較高家庭收入和主觀社會經濟地位的人亦比較滿意個人處境。

對香港現狀的滿意度

　　相對於個人處境，民眾對香港現狀的滿意度明顯較低。事實上，他們的憂慮相當明顯（見表 7-3）。過半數受訪者感到滿意的只有交通和醫療服務兩項（分別為 56.9%、51%）；約 1/3 的受訪者則對文娛康樂（38.2%）、社會福利（33%）、房屋（32.4%）、治安（31.1%）及教育（30.4%）表示滿意。

表 7-3　對香港現狀的滿意度

（單位：%）

	滿意	普通	不滿意	不知道	拒答
經濟	7.8	27.5	58.6	6.1	0.0

(續表)

	滿意	普通	不滿意	不知道	拒答
治安	31.1	44.6	22.5	1.7	0.0
政治	14.6	36.7	26.4	22.0	0.2
交通	56.9	28.1	11.8	3.2	0.0
房屋	32.4	36.4	24.7	6.6	0.0
醫療服務	51.0	30.9	14.4	3.6	0.1
教育	30.4	32.7	27.1	9.6	0.1
社會福利	33.0	36.3	21.7	8.9	0.2
就業	6.2	27.4	58.5	7.9	0.0
文娛康樂	38.2	38.0	9.1	14.7	0.0
人際關係	23.6	47.8	22.3	6.2	0.1

　　調查也反映了人際關係的惡化，例如，只有 23.6% 的受訪者滿意社會人際關係；認為港人是可信賴的更少於半數 (46.8%)，不同意者佔 9.1%，認為普通的則有 39.8%。亞洲金融風暴以後，港人不滿社會現狀的情況日趨嚴重。

　　除性別外，社會經濟背景相異人士對香港現狀的滿意度也不同 (見表 7-4)。經歷過經濟困境及政治動盪的年長一輩對社會環境的期望較低，故對香港現狀的不滿也比年輕人少。教育會提高個人對社會的期望，因此學歷較高者大多有較多不滿。同樣地，擁有較佳職業、較高家庭收入和主觀社會經濟地位的人，不滿的比例也較高。

表 7-4　不同社會經濟背景受訪者對香港現狀的滿意度 　　　　　　　　　　　　　　　　　(單位：%)

	經濟	治安	政治	交通	房屋	醫療服務	教育	社會福利	就業	文娛康樂	人際關係
整體	7.8	31.1	14.6	56.9	32.4	51.0	30.4	33.0	6.2	38.2	23.6
性別											
男性	—	38.5	—	—	—	56.8	—	—	—	—	—
女性	—	23.8	—	—	—	48.5	—	—	—	—	—
年齡											
18~29 歲	6.3	25.6	12.7	54.3	25.8	48.8	35.9	28.2	7.1	—	26.0

（續表）

	經濟	治安	政治	交通	房屋	醫療服務	教育	社會福利	就業	文娛康樂	人際關係
30~54 歲	5.7	30.4	15.2	55.2	31.4	50.5	28.4	33.7	5.5	—	20.4
55 歲及以上	18.2	39.5	39.1	73.4	51.6	63.4	50.4	50.6	10.6	—	39.6
學歷											
小學	12.2	34.5	26.8	65.1	46.8	57.3	45.6	45.5	8.1	—	36.9
中學	6.6	30.2	17.8	58.1	34.6	56.1	34.2	37.7	4.9	—	22.3
專上	7.7	31.8	14.6	51.6	18.1	38.1	17.8	20.3	9.7	—	17.4
職業											
體力勞動	7.3	37.0	25.9	68.8	46.7	63.1	46.9	42.7	6.5	—	35.6
文職 / 銷售 / 服務	4.5	23.9	14.0	58.9	24.5	53.2	25.7	39.4	5.5	—	19.6
管理 / 專業	4.4	26.8	11.3	44.9	20.0	40.7	18.8	23.7	7.9	—	11.3
家庭月收入（港元）											
15 000 以下	10.2	36.0	—	—	42.2	—	43.2	41.1	6.3	—	34.0
15 000~39 999	5.9	29.2	—	—	30.1	—	31.6	32.8	6.3	—	18.6
40 000 及以上	3.7	28.8	—	—	20.0	—	13.2	28.8	6.4	—	14.7
主觀社會經濟地位											
下層	10.0	36.7	24.4	—	—	—	—	—	4.3	46.6	31.9
中下層	8.2	33.2	19.0	—	—	—	—	—	4.2	35.4	22.3
中層及以上	6.4	26.4	15.7	—	—	—	—	—	9.2	49.4	22.5

　　中產階級以往一直志得意滿，而“二戰”結束以來，香港社會確實也發展迅速，充滿機會。目前的經濟衰退對中產階級來說是前所未遇的危機，他們對前景已喪失信心，成為香港社會最多不滿和最焦慮的階級。

對社會問題嚴重程度的評估

　　表 7-5 列出了受訪者如何評估各類社會問題的嚴重程度。房屋和交通問題在回歸前均被視為嚴重，現在已非主要。房價大幅下滑與公共交通改善都減輕了這兩項問題的嚴重性。雖然回歸前民眾曾擔心法治會受到腐蝕，回歸後又遇上經濟不景，但受訪者並未把治安看成是嚴重問題，52.1% 的受訪者仍相信香港司法系統的公平性，批評它不公平的只

佔少數（12.2%）。同樣地，不少人在回歸前曾擔心回歸後會令貪污情況惡化，但經濟出現衰退後，貪污數字雖呈上升趨勢，但仍只有18.9%的受訪者認為貪污問題嚴重。

表7-5　對社會問題嚴重程度的評估 (單位：%)

	不嚴重	普通	嚴重	不知道	拒答
治安	29.6	44.2	22.7	3.5	0.0
房屋	20.4	39.2	33.6	6.6	0.2
交通	38.7	42.8	14.2	4.1	0.1
教育	19.6	38.3	30.3	11.4	0.4
就業	6.3	18.5	68.9	6.2	0.1
青少年	4.1	11.4	76.2	8.3	0.0
醫療衛生	30.4	50.0	14.5	5.1	0.0
社會福利	21.3	47.7	20.6	10.0	0.5
環境污染	7.5	22.7	66.3	3.4	0.0
老人	12.0	29.1	50.0	8.9	0.0
道德風氣	7.8	33.7	50.5	8.0	0.0
貧富懸殊	3.6	14.1	77.3	5.0	0.0
貪污	24.7	38.7	18.9	17.6	0.1

　　政府為市民提供慷慨而全面的醫療服務，雖然令私營醫療機構陷入困境，但足以取悅民眾，因此只有14.5%的受訪者覺得醫療衛生問題嚴重也不令人驚訝。同樣地，香港雖不是福利社會，但民眾頗抗拒把福利視為權利，反福利情緒甚至呈上升趨勢。調查顯示，46.4%的受訪者同意社會福利會削弱港人自食其力的意願，只有32.8%不同意。由於民眾對社會福利的期望不高，所以大都滿意目前相當有節制的福利制度。

　　港人非常重視教育。近年來，香港的教育制度不斷被批評為僵化和缺乏效率。為提高經濟競爭力，社會人士對教育改革的訴求激增，教育頓時成為回歸後的首要問題。行政長官董建華曾承諾要徹底改革教育制度，但時至今日僅取得有限成效。然而，從表7-5的數字看，民眾似乎不認為教育改革是迫切任務。

　　將其餘社會問題根據受訪者對其嚴重程度的判斷由低至高排列，依次為老人、道德風氣、環境污染、就業、青少年及貧富懸殊。人口老齡化、孝道日衰及老人福利不足都提高了民眾對老人問題的關注。而人們日益關注的青少年問題，包括學業、濫用藥物、行為偏差、犯罪和失業等，也敲響了社會的警鐘。香港的青少年普遍被標籤為耽於逸樂、重視物質、個人主義、缺乏創業精神、缺乏想像力、不願拼搏、怯於冒險、缺乏野心和毫無危機感等。港人本來視年輕一代為未來的希望，但在看到時下青少年的表現後，又感到非常失望，這可能是將青少年問題視為很嚴重的原因。

　　道德風氣及環境污染皆被視為嚴重的社會問題，印證了社會和物質生活環境的品質日趨惡化。道德風氣日衰破壞了香港社會人與人之間的互信與交往；日益嚴重的環境污染也削弱了香港對外國投資者及人才的吸引力，進而損害了香港的經濟活力。

　　就業和貧富懸殊的問題尤其嚴重。經濟不景氣對民眾而言，最切身的後果莫過於不斷攀升的失業率，但當前問題基本源於香港向知識型經濟轉變，屬於結構性問題，短期內無法解決。香港與全球經濟融合，以及中國改革開放，更加深了貧富鴻溝，在達爾文式的全球經濟環境中，一方擁有能參與競爭的知識與技能，另一方則因缺乏此等條件，連生存都備受威脅。從 20 世紀 70 年代末開始，貧富懸殊問題日益惡化，近幾年，赤貧階級儼然形成，更加引起社會關注。我們的研究顯示，在過去 10 多年間，貧富懸殊一直被評為嚴重社會問題，現在更居首位。

　　從前，港人傾向於認為貧窮是個人問題，由個人的不負責任或遭遇不幸造成，既不是社會問題，更與政治無關。但在過去 10 年間，民眾的理解出現明顯轉變。在這次調查中，42% 的受訪者都同意貧窮是社會不公平的結果，把問題歸咎於本身的不足 1/3（31.5%）。香港經濟的結構性轉型及其對失業和收入不均的影響，明顯改變了民眾對貧窮的看法。但很自然地，優勢羣體較傾向於以個人因素解釋貧窮，劣勢羣體則傾向於將貧窮歸咎於社會。以社會因素來解釋貧窮的日趨普遍，也帶動了民眾要求政府照顧窮人的訴求。

　　不同社會經濟背景人士對香港社會問題的嚴重程度有不同的評估（見表 7-6）。在性別方面，女性比男性更傾向於認為香港正受到各種嚴重問題的困擾，這可能是因為其生活圈子較小，較易受傳媒影響，而傳媒又經常誇大社會問題的嚴重性。年齡方面的分歧較不明顯，對不同的問題意見參差不齊。在學歷方面，學歷較高者較傾向於把房屋、交通、教育和醫療衛生視為嚴重問題，這與中產階級人士所期望的生活品質息息相關；而學歷較低者則較看重社會福利、老人、貧富懸殊及貪污問題，這或許因為他們較易受此方面困擾。至於職業、家庭收入及主觀社會經濟地位則與學歷的情況相近。

表 7-6　不同社會經濟背景受訪者對社會問題嚴重程度的評估　　　　　　（單位：%）

	治安	房屋	交通	教育	就業	青少年	醫療衛生	社會福利	環境污染	老人	道德風氣	貧富懸殊	貪污
整體	22.7	33.6	14.2	30.3	68.9	76.2	14.5	20.6	66.3	50.0	50.5	77.3	18.9
性別													
男性	16.7	—	—	33.5	—	80.2	—	20.3	—	—	51.6	—	18.6
女性	31.8	—	—	35.4	—	86.4	—	26.2	—	—	58.9	—	28.8
年齡													
18~29 歲	—	33.6	22.5	34.6	65.1	—	16.5	22.4	69.8	—	—	—	—
30~54 歲	—	38.0	13.2	38.2	76.4	—	15.7	23.0	71.7	—	—	—	—
55 歲及以上	—	31.9	13.5	20.0	71.5	—	13.2	23.1	58.9	—	—	—	—
學歷													
小學	—	35.3	15.0	26.3	—	81.7	13.1	29.7	—	57.7	52.1	81.6	30.3
中學	—	34.2	13.7	32.6	—	84.2	13.8	20.2	—	53.9	57.9	84.2	22.7
專上	—	41.9	18.1	48.1	—	81.5	22.4	21.6	—	53.6	50.6	72.9	16.0

（續表）

	治安	房屋	交通	教育	就業	青少年	醫療衛生	社會福利	環境污染	老人	道德風氣	貧富懸殊	貪污
職業													
體力勞動	—	32.4	11.1	23.4	—	—	12.2	22.3	—	—	—	—	21.7
文職 / 銷售 / 服務	—	35.8	12.4	30.8	—	—	11.8	27.1	—	—	—	—	23.2
管理 / 專業	—	40.2	15.3	45.7	—	—	22.5	23.4	—	—	—	—	19.5
家庭月收入（港元）													
15 000 以下	—	—	14.4	27.8	—	—	14.4	24.3	—	55.1	52.1	—	—
15 000~39 999	—	—	16.3	34.8	—	—	14.8	23.8	—	56.0	58.9	—	—
40 000 及以上	—	—	10.0	52.3	—	—	19.4	21.5	—	50.9	57.3	—	—
主觀社會經濟地位													
下層	—	—	—	29.5	83.7	—	—	29.6	62.1	59.1	48.8	85.0	—
中下層	—	—	—	30.0	74.6	—	—	22.5	70.7	58.5	60.5	84.0	—
中層及以上	—	—	—	39.5	68.1	—	—	20.7	71.9	51.4	53.9	78.4	—

註：表中數字為表示嚴重的受訪者佔比。

對回歸後香港情況的評價

回歸前，人們對於香港 “九七回歸” 後的情況曾有很多末日式預言，事實上，很多港人也認同這些黯淡描繪。[4] 於是，在調查中，我要求受訪者比較回歸前後香港社會的不同，結果如表 7-7 所示。

表 7-7　對回歸後香港情況的評價

（單位：%）

	變好了	差不多	變差了	不知道	拒答
社會風氣	3.4	43.7	47.7	5.2	0.0
工作態度	21.9	35.6	34.3	8.2	0.0
社會責任感	12.5	45.5	31.3	10.5	0.2
人際關係	6.3	59.2	26.0	8.2	0.2
道德水平	5.5	49.6	34.7	10.1	0.1
政府管治能力	7.5	34.8	48.5	9.0	0.1
守法精神	11.3	58.2	20.0	10.5	0.1
生活品質	5.1	25.1	64.5	5.2	0.1

（續表）

	變好了	差不多	變差了	不知道	拒答
公務員能力	10.7	47.2	28.3	13.5	0.2
經濟競爭力	9.1	28.1	52.7	9.9	0.2
創業精神	26.4	33.3	29.1	11.1	0.1
社會和諧	6.6	44.6	40.6	8.2	0.0
青年拼搏精神	10.1	29.3	47.8	12.5	0.2

　　回歸後，香港社會彌漫着蕭索氣氛。在民眾眼中，社會已陷入全面衰落，包括生活品質嚴重下降，經濟競爭力、政府管治能力、青年拼搏精神、社會風氣及社會和諧大幅變差，港人的道德水平、工作態度和社會責任感每況愈下，創業精神、公務員能力和人際關係以及守法精神也出現倒退。無怪乎港人都感覺生活無望。

　　除性別外，社會經濟背景相異人士對回歸後香港情況的轉變持不同評價（見表 7-8）。年齡與這方面的看法雖有一定關聯，但無固定模式。頗令人意外的是，對社會風氣和社會責任感、人際關係、道德水平、生活品質、公務員能力、經濟競爭力、創業精神及社會和諧等情況惡化最為敏感的，竟是中年受訪者。年輕受訪者較懷疑政府的管治能力，而年長者則對港人的守法精神較缺乏信心。

表 7-8　不同社會經濟背景受訪者對回歸後香港情況的評價

（單位：%）

	社會風氣	工作態度	社會責任感	人際關係	道德水平	政府管治能力	守法精神	生活品質	公務員能力	經濟競爭力	創業精神	社會和諧	青年拼搏精神
整體	47.7	34.3	31.3	26.0	34.7	48.5	20.0	64.5	28.3	52.7	29.1	40.6	47.8
性別													
男性	—	—	—	—	—	—	20.0	—	—	—	—	—	60.5
女性	—	—	—	—	—	—	25.2	—	—	—	—	—	47.6
年齡													
18~29 歲	42.9	—	24.6	21.8	33.6	60.3	19.2	64.3	25.0	51.2	23.2	33.3	—
30~54 歲	54.9	—	37.5	30.1	41.2	56.4	21.7	74.1	35.1	63.6	36.1	51.8	—
55 歲及以上	42.4	—	35.6	28.2	34.7	38.3	26.6	53.3	32.1	48.2	29.8	30.4	—

（續表）

	社會風氣	工作態度	社會責任感	人際關係	道德水平	政府管治能力	守法精神	生活品質	公務員能力	經濟競爭力	創業精神	社會和諧	青年拼搏精神
學歷													
小學	53.8	—	—	25.9	—	42.0	—	—	—	51.9	—	36.0	—
中學	51.6	—	—	31.2	—	55.0	—	—	—	60.7	—	43.8	—
專上	42.4	—	—	24.5	—	63.6	—	—	—	60.5	—	56.0	—
職業													
體力勞動	—	—	—	—	—	45.5	19.9	66.4	—	—	—	41.5	—
文職 / 銷售 / 服務	—	—	—	—	—	61.5	25.9	72.1	—	—	—	42.7	—
管理 / 專業	—	—	—	—	—	64.5	20.4	75.8	—	—	—	53.1	—
家庭月收入（港元）													
15 000 以下	52.8	—	—	25.8	—	47.4	22.8	—	—	54.6	—	39.2	—
15 000~39 999	50.3	—	—	27.9	—	56.2	21.1	—	—	62.4	—	45.4	—
40 000 及以上	44.4	—	—	34.6	—	65.1	22.2	—	—	68.5	—	63.6	—
主觀社會經濟地位													
下層	61.3	—	39.1	—	—	—	28.4	75.3	—	—	—	40.0	—
中下層	50.6	—	40.8	—	—	—	24.1	72.3	—	—	—	45.6	—
中層及以上	45.1	—	29.1	—	—	—	17.9	63.1	—	—	—	45.6	—

註：表中數字為表示回歸後情況變差的受訪者佔比。

　　學歷不同者也對香港的情況持相異評估，其中學歷較低者較傾向於認為社會風氣日趨敗壞；學歷、職業地位和家庭收入較高者則更擔憂香港社會正全面惡化。然而，從主觀社會經濟地位而言，自視地位較低者對香港情況轉變持較悲觀的評估。

　　總而言之，理由雖不一而足，但民眾大都認同這樣的結論，即回歸後香港風光不再。

對香港的信心

　　港人雖認為香港社會已出現各種衰敗徵兆，但仍對其前景頗為樂觀，42% 的受訪者表示有信心，信心水平一般的佔 28.2%，坦言沒信心的僅佔 25.7%。

同時，民眾對港人治港的能力頗有信心，31.8% 的受訪者相信港人具有管治能力，另有 32.6% 的人認為港人治港的能力一般，但認為港人缺乏治港能力的比例也不容忽視，達 25.5%。

經濟競爭力下降已成為熱議話題，也引發了各界精英籌謀對策。民眾雖對香港競爭力的信心呈下降之勢，但調查顯示，只有 16.4% 的受訪者認為香港的競爭力弱於主要對手，相信仍處於優勢者佔 29.9%，而多數人認為香港與主要對手的競爭力相當。

對中央政府的信任和信心穩步上升，可能是民眾對香港前景仍然保持樂觀的部分原因。即使此次調查只有 35.9% 的受訪者表示信任中央政府，但已是歷來最高紀錄。事實上，只有 23.5% 的人仍然不信任中央政府。港人於回歸前對中央政府落實 "港人治港" "高度自治" 的懷疑，現時大部分已消除，認為中央政府已履行承諾的達 39.4%，持相反意見者僅佔 27.5%，23.4% 則既不同意，也不反對。

隨着香港和內地提高經濟相互依存程度，港人也日益體會到兩地有共同利益，香港經濟受惠於內地的繁榮，考慮北上尋找機會的民眾也愈來愈多。在調查中，61.9% 的受訪者對中國前景有信心，20.1% 表示信心一般，仍缺乏信心的只佔 10.9%。影響民眾信心的關鍵因素在於，是否相信香港能得益於與內地日趨緊密的關係，就此而言，多數受訪者（41.6%）認為是利多於弊，31.5% 覺得利弊參半，只有 16.8% 認為弊多於利。

在不同問題上，民眾的信心參差不齊（見表 7-9）。與回歸前的末日式預測相異，港人現時對個人自由、政府廉潔、法治、社會穩定及人權保障仍有信心，對經濟前景雖談不上樂觀，但仍有一定信心。港人對民主的訴求，一方面受制於中央政府的反對，另一方面也缺乏本土的強烈訴求，所以對民主發展的前景持不同看法，不足為奇。至於行政長官董建華及負責制定政策的官員，他們則信心偏低。對特區高層政治領袖失去信心或許是民眾對香港發展前景存疑的主要原因。

表 7-9　對香港不同方面的信心 （單位：%）

	有信心	一般	沒信心	不知道	拒答
經濟繁榮	32.8	29.2	32.0	6.0	0.0
社會穩定	39.9	34.9	20.1	5.1	0.0
個人自由	55.2	28.5	11.9	4.3	0.1
人權保障	37.5	33.3	19.2	9.9	0.1
政府廉潔	45.1	30.2	13.1	11.4	0.1
法治	40.6	34.2	14.6	10.5	0.1
民主發展	27.3	35.5	25.1	12.0	0.1
行政長官董建華	20.0	36.7	35.0	8.0	0.2
負責制訂政策官員	22.7	34.5	30.3	12.2	0.2
公務員	29.9	43.8	15.7	10.2	0.4

　　不同社會經濟背景人士對香港的信心也呈現差異（見表 7-10）。總體而言，男性對各方面的信心大多比女性強。中年受訪者的信心比其他年齡組別低，年長者對各方面的信心則較強。學歷較高者雖對政府廉潔有較強信心，但對董建華及制定政策官員的信心較弱。職業和家庭收入上的分別則與學歷的情況差不多。主觀社會經濟地位方面的情況較為複雜，擁有較高主觀社會經濟地位的受訪者在經濟繁榮、社會穩定、人權保障、政府廉潔及法治方面具有較強信心，但對個人自由、行政長官和公務員的信心則較弱。

表 7-10　不同社會經濟背景受訪者對香港不同方面的信心 （單位：%）

	經濟繁榮	社會穩定	個人自由	人權保障	政府廉潔	法治	民主發展	行政長官	政策官員	公務員
整體	32.8	39.9	55.2	37.5	45.1	40.6	27.3	20.0	22.7	29.9
性別										
男性	35.4	—	—	45.5	55.7	50.5	—	—	—	36.9
女性	34.4	—	—	36.9	45.2	38.9	—	—	—	29.2

(續表)

	經濟繁榮	社會穩定	個人自由	人權保障	政府廉潔	法治	民主發展	行政長官	政策官員	公務員
年齡										
18~29 歲	43.0	53.1	53.9	41.7	—	45.6	30.3	11.9	22.1	35.4
30~54 歲	30.5	38.0	54.2	37.0	—	42.7	25.5	17.4	22.4	30.4
55 歲及以上	41.9	45.2	71.5	56.3	—	54.3	50.7	42.7	41.9	42.4
學歷										
小學	34.5	40.7	—	—	45.9	—	—	32.3	32.4	—
中學	34.8	43.1	—	—	50.2	—	—	18.9	26.6	—
專上	36.1	41.3	—	—	59.1	—	—	15.4	16.9	—
職業										
體力勞動	32.7	—	—	—	50.0	—	—	25.2	36.8	—
文職 / 銷售 / 服務	26.1	—	—	—	45.9	—	—	15.1	21.9	—
管理 / 專業	34.3	—	—	—	49.0	—	—	13.8	16.7	—
家庭月收入 (港元)										
15 000 以下	—	—	—	—	—	—	38.8	28.4	34.9	
15 000~39 999	—	—	—	—	—	—	24.4	17.8	20.6	
40 000 及以上	—	—	—	—	—	—	25.7	14.0	16.0	
主觀社會經濟地位										
下層	28.1	36.3	61.1	41.4	42.6	41.9	33.6	25.6	—	34.9
中下層	33.9	40.5	56.7	38.8	51.3	45.7	29.5	21.8	—	33.2
中層及以上	36.7	44.6	56.3	42.8	52.7	46.7	30.4	19.4	—	31.7

註：表中數字為表示有信心的受訪者佔比。

對政治人物的信任

在經濟逆轉時，除非政治精英能擁有足夠的智慧與技巧，充分展示與民眾同舟共濟、息息相關，否則民眾對他們的信任必然下降。香港政治制度的非民主本質、特區政府不盡如人意的表現以及政治精英既缺乏經驗又與民眾有隔閡等情況，均削弱了政治精英與民眾的聯繫。大部分受訪者 (62.4%) 表示香港根本沒有值得信任的政治領袖，回答有的只佔 18.4%。同樣地，受訪者大都認為香港沒有值得信任的政治團體，只有 16.7% 持相反意見。表 7-11 顯示了港人政治信任低落的情況。

表 7-11　對政治人物的信任

(單位：%)

	信任	一般	不信任	不知道	拒答
行政長官董建華	22.3	33.9	36.3	7.3	0.2
特區政府	28.7	33.8	29.8	7.3	0.4
行政會議	18.6	36.9	27.5	16.5	0.5
公務員	29.0	42.6	16.4	11.7	0.4
立法會	27.1	38.6	22.7	11.2	0.4
工商界人士	12.9	36.1	34.2	16.5	0.2
區議會	22.1	38.7	23.5	15.5	0.2
政黨	10.3	32.1	37.3	19.7	0.5
民主黨	15.2	28.1	37.6	18.6	0.5
自由黨	9.2	29.3	40.0	20.9	0.5
民建聯	10.8	29.9	38.	20.4	0.5

　　所有在特區政府行政架構內的政治人物，包括行政長官董建華、特區政府、行政會議和公務員，民眾對他們的信任度都相當低，其中以對董建華及其政治幕僚（即行政會議）尤甚。只有 13.3% 表示滿意政府表現。更有趨勢顯示，港人視政府為一個官有、官享和官治的政府（government of, for and by the officials），40.9% 的受訪者相信政府關心官員的利益多於民眾的，只有 17.5% 覺得政府關心民眾的利益多於官員的，而認為兩者利益不相伯仲者佔 23.6%。

　　民眾對公務員信任的下滑最令人擔憂。回歸前，公務員最得人心，並被視為香港政治穩定和前途信心的基石。特區政府成立後，民眾對公務員失去信心，原因不僅是對其處理危機的能力感到失望，也是因為對他們置自身利益於民眾利益之上的做法感到不滿。公務員不再受到尊重，無疑對政府的有效管治帶來重大打擊。

　　民眾對統治權威的不信任助長了把所有社會問題都歸咎於政府的

風氣。例如，當被問到誰要為當下眾多問題負上主要責任時，較多受訪者 (31%) 把矛頭指向政府，另有 13.5% 指責董建華要為困境負責。統治權威動輒得咎的情況亦可以從有 6.1% 的受訪者歸咎於港英政府的結果反映出來。只有 11.3% 的受訪者認為港人自己責無旁貸。

對特區政府和董建華的不滿也誘發了民眾對殖民統治的懷念，如選擇性地誇大昔日光輝，並忽略過去痛苦。近半數受訪者 (47.1%) 認為如果香港現在仍然由英國人統治，情況會較好，只有 27.1% 不同意，回答不知道或沒有意見的則佔 25.2%。

有趣的是，港人雖已對統治權威失去信心，但依然期望這些權威能帶領香港解決問題和走出困境。首先，在照顧港人的問題上，認為政府應負較重責任的受訪者比例 (44.9%) 竟高於認為港人應該自行負較重責任者 (42.8%)。其次，當被問及誰最能帶領港人走向美好將來時，雖然回答不知道或沒有意見的達 20%，而表示一個都沒有的佔 15.6%，但仍有 22.4% 的受訪者提出是特區政府，5.8% 寄希望於董建華，很少有人會指望其他社會經濟人物擔當這方面的領導角色。民眾對統治權威既不信任又寄以期望的心態，實為特區政府帶來了挑戰和機會。董建華及其政府若能改善施政，滿足民眾期望，必可重拾大眾信心；反之，期望的落空則會加深民眾對政治的不信任和不滿。

對香港政治前景更具深遠意義的，是始於 20 世紀 80 年代初的政治制度民主化，這導致了民眾對政治人物的信任度下降。立法會一直是香港民主改革的重心，[5] 其部分議員由普選產生，所以比行政部門享有較高的認受性，立法會議員應更能代表港人 (特別是草根階層) 的意見和利益。可是，隨着民選議席的增多，民眾對立法會的信任反而下降。[6]

區議會的成員大都由普選產生，但民眾對其信任程度也不斷下降。近年發生的多宗涉及區議員的醜聞嚴重打擊了區議會的信譽。區議會是一個缺乏行政功能和權力的機構，民眾也趨於直接採用集體行動向政府施壓來解決地區問題，這些都令區議會在政治上日益邊緣化。

令人驚訝的是，民眾對政黨的信任也大幅滑落，只有約一成受訪者（10.3%）表示信任政黨。對個別政黨而言，親工商界的自由黨僅取得 9.2% 的受訪者信任；親建制、以草根階層為基礎的民建聯也只有 10.8% 的受訪者表示信任；民主黨以鮮明的反中央立場和楬櫫民主，在回歸前是最受民眾歡迎和信任的政黨，但在 1997 年以後，也備受政治影響力和信任程度下滑的困擾，在調查中，回答信任民主黨的只有 15.2%。上述數據展現了一個現象：香港的局部民主化非但沒有促進政黨的發展，反而削弱了其政治影響力。[7]

港人一般對商人既羨慕又妒忌，卻談不上尊敬。回歸後，港人愈來愈關注大財團的政治影響力，也越發相信政商勾結的滋蔓。在調查中，約半數受訪者（50.6%）投訴特區政府關心富人的利益多於民眾的利益，只有 13.7% 認為民眾利益較受關注，而同意政府兼顧兩者的佔 23.8%。

除性別外，不同社會經濟背景的受訪者對政治人物的信任有顯著分別（見表 7-12）。年長者對各種政治人物的信任度都較高，唯民主黨除外，這反映了他們對權威的順從和對民主派活躍分子政治激進主義的厭棄。

表 7-12　不同社會經濟背景受訪者對政治人物的信任

（單位：%）

	行政長官	特區政府	行政會議	公務員	立法會	工商界人士	區議會	政黨	民主黨	自由黨	民建聯
整體	22.3	28.7	18.6	29.0	27.1	12.9	22.1	10.3	15.2	9.2	10.8
性別											
男性	—	—	22.2	37.0	—	—	—	—	—	—	—
女性	—	—	22.8	27.8	—	—	—	—	—	—	—
年齡											
18~29 歲	9.5	18.9	20.0	22.8	27.2	16.4	26.6	14.9	23.1	10.5	10.3
30~54 歲	20.3	26.5	19.6	32.2	28.0	12.2	23.3	11.1	17.4	9.6	10.6
55 歲及以上	47.7	55.5	36.6	45.7	43.7	28.2	37.6	18.8	20.0	21.9	29.6

(續表)

	行政長官	特區政府	行政會議	公務員	立法會	工商界人士	區議會	政黨	民主黨	自由黨	民建聯
學歷											
小學	34.7	42.7	33.5	—	39.8	23.9	35.8	19.7	—	19.6	20.8
中學	21.2	28.2	21.0	—	30.4	13.2	27.1	12.6	—	10.4	13.4
專上	17.2	23.2	14.4	—	20.7	12.8	13.6	7.0	—	6.8	6.7
職業											
體力勞動	28.2	35.6	30.8	—	37.9	—	33.1	17.9	—	—	18.6
文職/銷售/服務	17.6	32.1	18.6	—	30.6	—	29.8	13.9	—	—	16.2
管理/專業	15.5	19.5	13.3	—	21.8	—	14.7	4.9	—	—	3.9
家庭月收入（港元）											
15 000 以下	30.2	39.0	30.7	—	40.9	—	33.0	19.7	—	—	18.6
15 000~39 999	17.7	23.3	17.7	—	25.6	—	25.7	8.9	—	—	10.2
40 000 及以上	20.8	30.8	13.3	—	18.9	—	12.6	6.1	—	—	7.0
主觀社會經濟地位											
下層	29.9	—	24.2	—	—	14.2	—	—	—	14.8	—
中下層	22.7	—	22.4	—	—	16.1	—	—	—	6.3	—
中層及以上	21.5	—	22.3	—	—	15.9	—	—	—	13.8	—

註：表中數字為表示信任的受訪者佔比。

一如所料，主觀和客觀社會經濟地位較高的人士對各類政治人物的信任程度大都較低，這也佐證了在中產階級中正蔓延的政治疏離感和犬儒心態。

回歸後，對於特區局部民主化的政制，民眾的接受程度雖稍微下降，但對政治人物的不信任並沒有降低港人對此制度的認同，仍有34.4%的受訪者同意雖然香港的政治制度並非完美，但在香港的現實環境下，這已經是最好的了。

政治和社會人物的代表性

港人不信任政治人物的主要原因是認為後者不理解民眾的需要和

擔憂，所以不能代表他們的意見和利益。大部分受訪者（69%）斷言，
社會階層相異者的利益互為衝突，只有 16.2% 否定這一說法，而表示
不知道或沒有意見的則佔 14.5%。此外，香港的精英大都被看作自私自
利而非樂於助人，調查數據顯示，認為精英分子是介乎自私自利與願意
照顧民眾之間的雖仍佔較大比例（36.3%），但肯定精英是以自己利益
為先的卻高達 32.1%，相信精英願意照顧民眾的只佔 11.9%。表 7-13
列出了受訪者對一些政治和社會人物可否代表自己意見的看法。

表 7-13　對政治和社會人物代表性的看法 （單位：%）

	可代表	普通	不可代表	不知道	拒答
行政長官董建華	12.1	14.1	63.6	9.6	0.5
特區政府	15.2	22.3	51.7	10.1	0.7
行政會議	14.4	22.1	44.4	18.4	0.7
立法會	21.8	25.3	38.6	13.6	0.7
民主黨	13.4	21.4	46.0	18.5	0.7
自由黨	7.8	19.3	49.8	22.3	0.9
民建聯	10.6	20.3	46.7	21.7	0.7
傳媒	23.7	23.6	38.7	13.3	0.7
學者	25.3	25.5	30.9	17.5	0.7
工商界人士	11.3	19.8	51.0	17.3	0.6
關注公共事務團體	38.6	23.6	22.1	15.2	0.5

　　總體來說，受訪者並不相信香港的精英能代表他們的意見。在政治
人物及團體中，董建華、特區政府和行政會議的代表性都很低，政黨的
情況更糟，即使是最受歡迎的民主黨，實際上也不是那麼受擁戴。

　　社會人物及團體的代表性則較獲肯定，但工商界人士除外。事實
上，在貧富懸殊不斷惡化的環境中，商人是最不受信任的精英。被認為
較能代表民眾意見的，包括傳媒、學者和關注公共事務的團體，他們都
承擔着權貴監察者、政策倡導者和弱勢群體代言人的角色，這些社會人

物雖無意爭奪政治權力,卻或多或少地發揮着反對派的功能。具有諷刺意味的是,正是由於他們不覬覦政治權力,反而使他們贏取了民眾的信任。這些社會人物各有不同背景,又缺乏相同的議題和組織,因此很難形成強大的政治力量。不過,他們所得到的羣眾支持和所標榜的反對立場,卻削弱了政黨的地位和管治精英的權威。

不同社會經濟背景受訪者對政治和社會人物代表性的看法也存在分歧(見表 7-14)。性別上的差別不大,但年齡上的分野則較為有趣,年輕受訪者較傾向於認為董建華和特區政府缺乏代表性,中年人較蔑視行政會議、自由黨和民建聯的代表性,而年長者則較多認為民主黨、工商界人士和關注公共事務的團體不能代表他們的意見。

表 7-14　不同社經背景受訪者對政治和社會人物代表性的看法 　　　　(單位：%)

	行政長官	特區政府	行政會議	立法會	民主黨	自由黨	民建聯	傳媒	學者	工商界人士	關注公共事務團體
整體	63.6	51.7	44.4	38.6	46.0	49.8	46.7	38.7	30.9	51.0	22.1
性別											
男性	—	—	59.3	—	—	—	—	—	—	—	—
女性	—	—	48.7								
年齡											
18~29 歲	75.4	61.1	46.4	—	42.2	53.4	53.0	—	—	48.8	18.4
30~54 歲	74.3	59.9	59.1	—	57.2	67.5	63.2	—	—	64.5	26.2
55 歲及以上	54.6	48.2	47.2	—	70.6	65.7	55.3	—	—	66.1	35.3
學歷											
小學	61.0	52.5	49.7	40.9	—	—	56.8	48.2	—	—	34.2
中學	73.9	58.6	55.9	45.9	—	—	58.8	42.9	—	—	22.5
專上	75.0	63.4	57.2	46.9	—	—	67.4	46.3	—	—	27.5
職業											
體力勞動	—	—	52.0	42.3	—	—	53.6	43.3	—	—	33.3
文職 / 銷售 / 服務	—	—	55.3	46.2	—	—	60.6	48.6	—	—	19.8
管理 / 專業	—	—	60.3	45.1	—	—	67.8	47.2	—	—	24.9

（續表）

	行政長官	特區政府	行政會議	立法會	民主黨	自由黨	民建聯	傳媒	學者	工商界人士	關注公共事務團體
家庭月收入（港元）											
15 000 以下	61.3	—	51.2	39.9	—	—	54.5	41.5	—	—	27.8
15 000~39 999	76.6	—	57.6	47.3	—	—	62.1	43.3	—	—	23.0
40 000 及以上	76.2	—	54.4	44.9	—	—	66.7	48.1	—	—	23.6
主觀社會經濟地位											
下層	—	—	—	—	—	—	—	37.8	36.2	—	26.5
中下層	—	—	—	—	—	—	—	45.0	46.5	—	27.7
中層及以上	—	—	—	—	—	—	—	48.3	31.7	—	24.7

註：表中數字為表示不可代表民眾意見的受訪者佔比。

一般來說，學歷較高者不但較不信任精英，而且較傾向於認為這些人物不能代表他們的意見，對傳媒代表性的評價也低於中等學歷者。職業的差別與學歷大致相同，值得注意的是，學歷較低者和體力勞動者均較不認同關注公共事務團體的代表性。至於家庭收入和主觀社會經濟地位方面，則沒有出人意表的結果。

結論

回歸後，經濟逆轉對港人的政治態度產生顯著影響。隨着社會經濟不滿情緒的飆升，政治信任和政治權威也不斷下降。中產階級成為今日香港最失落和焦慮的社會階層。政治犬儒心態和疏離感的上揚，明顯不只是社會經濟情況惡化的結果，同時反映了港人對特區政府的不滿。

然而，港人雖有諸多憤怨和不滿，卻沒想過要依靠自己來解決問題，他們依然指望管治精英的引領。極度的政治無力感已令港人難以鼓起勇氣來改變現狀，這方面的政治癱瘓無疑昭然若揭，但要將之克服又談何容易。

142

註釋

1. 調查的總體是年滿 18 歲的香港華裔居民，樣本為概率樣本。首先由港英政府統計處協助，在全港以分區等距方式抽取居住單位地址；其次是抽選住戶，如果已選取的居住單位有超過一家住戶或為一羣體住戶（如宿舍），訪問員將根據隨機抽選表，抽選其中一家住戶或一位符合資格人士接受訪問；最後是抽選受訪者，如果已選取的住戶有超過一位符合資格人士，訪問員將利用基什方格（Kish Grid）抽選其中一位接受訪問。這個樣本原有 2 000 個住址，扣除無效和沒有使用的住址後，實際數目減少至 1 609 個；訪問員成功完成 822 個訪問，回應率為 51.1%。

   在介紹調查結果時，除羅列主要變項的頻數分佈外，也會分析這些變項與性別、年齡及社會經濟地位等變項的關係。個人的社會經濟地位以 4 個指標來度量，分別是學歷、職業、家庭月收入和主觀社會經濟地位。本文利用卡方檢定（chi-square test）來判斷變項之間的關係，顯著水平低於 0.05 者，被視為存在顯著的差異。為簡化數據，文中表格省去未達統計顯著水平的數據。

2. Richard F. Hamilton and James D. Wright, *The State of the Masses* (New York: Aldine Publishing Co., 1986): Vladimir Shlapentokh, *Public and Private Life of the Soviet People: Changing Values in Post-Stalin Russia* (New York: Oxford University Press, 1989).

3. Lau Siu-kai, "The Fraying of the Socio-economic Fabric of Hong Kong," *Pacific Review*, Vol. 10, No. 3 (1997), pp. 426-441.

4. Lau Siu-kai, "Democratization, Political Leaders and Political Disengagement," in Lau Siu-kai et al. (eds.), *Indicators of Social Development: Hong Kong 1995* (Hong Kong: Hong Kong Institute of Asia-Pacific Studies, The Chinese University of *Hong Kong*, 1997), pp. 107-136.

5. Lau Siu-kai, "The Making of the Electoral System," in Kuan Hsin-chi et al. (eds.), *Power Transfer and Electoral Politics: The First Legislative Election in the Hong Kong Special Administrative Region* (Hong Kong: Chinese University Press, 1999), pp. 3-35.

6. Lau Siu-kai, "Democratization and Decline of Trust in Public Institutions in Hong Kong," *Democratization*, Vol. 3, No. 2 (1996), pp. 158-180.

7. Lau Siu-kai and Kuan Hsin-chi, "Partial Democratization, 'Foundation Moment' and Political Parties in Hong Kong," *The China Quarterly*, Vol. 163 (2000), pp. 705-720; Lau Siu-kai and Kuan Hsin-chi, "Hong Kong's Stunted Political Party System," *The China Quarterly*, Vol. 172 (2002), pp. 1010-1028.

第三部分

信任與參與

第 8 章　青少年對權威的看法 *

　　與西方同儕相比，香港的青少年看起來死氣沉沉、消極被動。與中國內地同齡人相比，香港青少年的不積極、不主動就更加突出了，香港青少年羣體並沒有被當作社會和政治力量，從而令社會將其嚴肅對待。他們不僅很少參與有明確社會和政治目的及有組織的活動，也與各式主觀訴求（例如，意識形態的、民族主義的、宗教的、超驗的、理想主義的）絕緣。在人們眼中，他們注重物質享受、關心家庭、只顧及個人的成就（學習或考試優秀）。

　　粗略地考察香港的社會政治背景，我們可以毫不費力地列舉出很可能導致香港青少年反覆無常、備受挫折、毫無方向感且易於產生激進精神訴求的一系列因素。但正是在這種情況下，香港青少年在社會和政治上幾近馴服和冷漠的姿態，更令人感到迷惑。第一，英國對香港的殖民統治以 "諮詢" 面目出現，實際上否定了華人真正參與決策。第二，在過去幾十年間，特別是 20 世紀 70 年代，香港經濟的卓越表現已在華人社會和文化制度上造成了嚴重的緊張關係，而這勢必將鬆動華人青少年習慣於服從的權威結構。第三，經濟增長孕育了新物質主義，與之相伴而生的，是香港驚人的收入不平等，兩者共同導致低下階層揮之不去的感受，即相對剝奪感和社會不公，儘管低層的生活水平有所提升。富人炫耀性及自我放縱式的消費進一步加劇了貧富分化。第四，香港金字塔式的教育制度，義務教育只提供到初中，港人享有更高等教育的機會極

* 本文原以英文發表，刊於 Lau Siu-kai, "Perception of Authority by Chinese Adolescents: The Case of Hong Kong," *Youth and Society*, Vol. 15, No. 3 (1984), pp. 259-284.

為有限。在有志向學的青少年中，求學的競爭可謂千軍萬馬過獨木橋，導致青少年中普遍瀰漫着失落感以及不安全感。第五，西化及其對華人傳統價值觀造成的弱化，令青少年羣體出現一定程度的規範失序，他們對個性和自我表達的願望愈來愈明確。在大多數情況下，這種自我認同表現在經濟和消費行為領域，也為青少年集體的、非物質性的、富於個性表達的行為做好鋪墊。第六，政府愈來愈多地介入社會福利、住房、公共服務，希望借此更加貼近民眾的日常生活，但由於與民眾交流渠道的政治制度很不健全，人們對此也變得愈來愈沒有耐心。針對政府和公營機構的小規模抗議和請願運動逐漸增多，這些行動被大眾傳媒過度渲染，也為培育青少年的不滿提供了肥沃土壤。

有如此多的便利條件，也沒能塑造出積極參與社會和政治事務的香港青少年羣體，實在值得關注。針對香港青少年如何認識權威開展全面調查，應有助於我們更深入地理解這個問題。近期部分關於華人社會和政治行為的研究也開始重視個人和權威主體（特別是父親和政府）的關係。[1] 我們的研究是要延續這個思路，嘗試在這個工業化和城市化程度最高、資本主義最發達的華人社會裏，描繪出華人青少年認識到的“權威環境”。[2]

對權威的觀感

為了解青少年對權威的看法，我們詢問了一系列問題，涉及他們和不同類型權威主體的多方關係。第一類權威主體是殖民統治者，處於核心位置（即政治權力等級巔峰）的是港督和港英政府。港督是與眾不同的，這表現在他除了是最高級別的管理者，還被視為（或至少看起來如此）仁慈的父親、魅力型領袖、“公共利益”的守護者（儘管這種“公共利益”的含義並不明確），此外，他也是殖民政府官僚系統的人性化化身。第二類權威主體是輔助管治的準政治工具，包括最高層的行政、立法兩局（議員由港督委任，只具諮詢職能）以及其下屬的市政局和 18 個區議會（半數成員由近年引入、近乎普及但投票率偏低的選舉產生；市政局具有行政職能，但限於區域範圍的環境衛生、文化活動和市政服務；區議會只具有針對地區事務的諮詢職能，因新近成立，至今還未贏得選民的廣泛認可）。第三類權威主體由廣泛意義上的社會名流組成，包括社區領袖、專家學者、商界領袖、宗教領袖和富人。第四類權威主體是親朋密友，包括父母、老師、朋友。在嚴格意義上，青少年與朋友並不構成真正的權威關係，把朋友納入是為了給"權威環境"提供一個更平衡的情境。第五類權威主體是多類混合的權威主體，包括大眾傳媒、工會和壓力團體，它們是批評社會、政治和行政事務的主力，但多數僅設定溫和的社會和政制改革目標。由於傳媒和工會在整體上是四分五裂的，因而減損了它們的政治影響力。壓力團體近期才有出位表現，大都是針對單一議題的短期及小規模組織，存在時間不長，靠抗議和請願風格吸引公眾注意。

　　青少年受訪者很可能被虛假、扭曲、不完全的信息所誤導，因為大多數權威主體與受訪者之間相距遙遠、沒有直接的接觸，都很抽象，所以這裏所謂的看法，其實是受訪者對權威主體的想像。香港基本上是非政治化城市，學生很少接觸政治符號和政治教育。如表 8-1 所示，大部分受訪者回答"不知道"，反映了他們對公共事務的無知。在大多數學校，公民教育、公共事務、公民訓練等課程無一例外地不受重視。在我們了解青少年對權威的觀感時，必須重視政治教育不足的背景。

表 8-1　對權威主體理解青少年需求的觀感　　　　　　　　　　　　　　（單位：%）

	理解	稍微理解	不理解	不知道	拒答
港督	6.1	30.2	41.1	18.2	4.4
政府	8.2	38.5	33.2	16.5	3.6
行政、立法兩局議員	6.5	29.0	29.1	29.9	5.5
市政局議員	11.0	34.9	23.8	25.2	5.1
區議員	14.8	34.6	22.7	22.0	5.9
社區領袖	5.6	25.3	28.6	32.9	7.6
專家學者	8.0	28.9	25.2	28.6	9.3
商界領袖	1.2	12.1	37.6	37.5	11.6
宗教領袖	5.6	22.4	27.7	32.6	11.8
富人	0.7	6.2	56.7	26.7	9.7
父親	46.7	36.6	11.0	3.1	2.6
母親	53.1	34.3	9.1	2.0	1.5
老師	20.9	51.0	20.0	6.3	1.8
朋友	28.6	50.8	10.5	7.4	2.7
大眾傳媒	18.5	37.8	19.3	18.0	6.3
工會	2.6	15.9	33.9	35.2	12.5
壓力團體	4.7	14.3	30.6	35.9	14.5

　　第一方面是權威主體對青少年需求的理解。受訪者首先被問及，在他們看來，權威主體對青少年需求的理解程度有多深。因為在華人社會，權威和父權主義通常聯結在一起，我設計這個問題，就是要挖掘權威關係的最基本維度，即權威主體寬厚的一面。表 8-1 的數據無可置疑地突出了親朋密友（父母、老師、朋友）在這個關鍵問題上的極端重要性。出乎意料的是，非人化的大眾傳媒緊隨其後，被青少年視為能夠理解自己需求的權威主體。在政治、政府及其輔助機構中，與民眾較接近的市政局議員和區議員比級別更高的機構和議員做得更好。也許最令人意外的發現是，儘管香港是殖民政權管治的社會，社會領袖、經濟領袖和宗教領袖卻被視為最不能理解青少年需求的權威主體，在談及商界領袖、工會和富人時，尤其如此。總體上，表 8-1 展現了一種混雜的狀態，

裏面包括家庭主義、政治疏離、社會冷漠、宗教疏離、反感商業和工會。
我們會發現，當進一步深入挖掘數據時，這些特徵會重複出現。

　　第二方面是關心青少年福祉和樂於為其服務。受訪者繼而被問及，
在他們看來，權威主體是否關心青少年的福祉並樂於為他們提供服務。
在此問題上，親朋密友並未包括在內。表 8-2 展示出的最特別現象是大
眾傳媒在受訪者的心目中有更高地位。政府及其輔助機構也沒有落後很
多，表明它們在受訪者心目中有一定的認受性。社會領袖（例如，社區
領袖、工會、宗教領袖和壓力團體）極大地落在後面。最不被受訪者認
可的，再一次集中在社會最富裕的階層，即富人、商界領袖和主要由富
人領導的華人志願團體。表 8-1 描繪的青少年心態在表 8-2 裏重現。

表 8-2　對權威主體關心和樂於服務青少年的觀感

（單位：%）

	是	有些	否	不知道	拒答
港督	17.3	32.6	18.6	25.0	6.5
政府	21.4	45.3	14.6	15.4	3.3
行政、立法兩局議員	12.3	29.9	14.8	35.6	7.5
市政局議員	25.6	36.5	10.6	21.5	5.8
區議員	25.8	36.9	12.8	19.7	4.8
社區領袖	13.0	22.8	20.8	34.3	9.1
專家學者	13.7	24.2	22.8	30.4	8.9
商界領袖	4.8	17.2	38.4	30.3	9.3
宗教領袖	14.1	23.5	24.5	27.2	10.6
富人	2.4	9.5	63.6	17.0	7.6
華人志願團體	9.6	21.6	22.0	37.4	9.5
大眾傳媒	30.3	30.4	15.5	17.8	6.1
工會	10.5	21.0	26.2	31.6	10.7
壓力團體	10.9	13.6	27.4	33.4	14.6

　　第三方面是信任。香港青少年對權威主體的信任有多少？這是我
們向受訪者問及的另一個重要問題。從表 8-3 可以看出，前面的特徵在

這裏重現。親朋密友（父母、老師和朋友）再次受到高度信任，父母居首位；大眾傳媒緊隨其後；接下來是落後不太遠的政府及其輔助機構。應該注意的是，位居高層的行政、立法兩局委任議員，排位反不如通過非全面普選產生的市政局議員和區議員，這反映了兩局議員與青年人疏遠，無法代表他們。但是政治和行政機構在整體上還是比社會和宗教機構更受青少年信任。社區領袖、專家學者以及較激進的壓力團體，都沒能贏得可觀的信任度。富人、商界領袖和工會最不被青少年信任，再次證明他們在青少年心目中的形象是多麼糟糕。

表 8-3　對權威主體的信任
(單位：%)

	信任	有些信任	不信任	不知道	拒答
港督	19.9	54.5	11.9	9.8	4.0
政府	19.0	54.2	14.1	9.1	3.5
行政、立法兩局議員	9.8	44.5	11.9	27.4	6.5
市政局議員	15.4	48.2	10.0	20.7	5.7
區議員	15.3	45.8	14.1	19.2	5.7
社區領袖	6.3	35.3	18.6	31.9	7.8
專家學者	13.0	37.1	16.3	26.2	7.4
商界領袖	1.9	19.9	30.3	38.6	9.3
宗教領袖	10.2	29.6	21.2	28.5	10.5
富人	0.8	11.6	57.2	21.4	9.0
父親	73.1	20.0	2.8	1.9	2.3
母親	76.2	18.7	2.8	1.0	1.4
老師	44.1	44.6	6.6	3.1	1.5
朋友	35.0	52.7	5.3	5.0	2.1
大眾傳媒	22.0	44.8	13.6	14.7	4.9
工會	4.4	22.2	25.4	37.1	10.8
壓力團體	5.8	19.3	28.4	32.5	14.0

第四方面是權力。關於青少年如何看待權威主體的決策權力，表8-4顯示，總體回應相當符合現實，他們能夠或多或少準確地指出社會

的掌權者，雖然他們認為富人獲得的權力其實比實際享有的權利要少。自然地，青少年希望較弱勢的羣體，特別是普通民眾，可以擁有更多的權力。值得注意的另一點是，受訪者對商界領袖和富人各自享有權力的評價存在分歧，這兩個羣體中的具體個人其實相當重疊，顯示了"富人"此稱謂的負面含義。

表 8-4　對權威主體的權力評估
（單位：%）

	過小	恰好	過大	不知道	拒答
港督	10.4	36.0	32.9	17.3	3.4
政府官員	11.9	34.9	25.7	23.8	3.7
行政、立法兩局議員	16.1	36.9	13.8	28.9	4.3
市政局議員	28.3	35.2	6.8	25.9	3.8
區議員	45.9	23.9	5.7	20.0	4.4
社區領袖	18.7	16.1	12.7	45.0	7.5
專家學者	27.9	16.6	5.5	42.1	7.9
商界領袖	14.4	19.2	11.3	46.0	9.1
宗教領袖	20.3	19.2	10.2	40.1	10.1
富人	8.6	8.1	38.5	32.8	12.0
大眾傳媒	24.8	30.4	10.7	26.9	7.3
工會領袖	21.1	15.4	8.6	44.6	10.3
壓力團體	22.9	10.6	9.8	44.3	12.4
香港市民	71.0	11.2	4.7	9.1	4.1

　　第五方面是整體形象。雖然流行的看法認為華人社會正在解體，但我們的數據顯示，青少年仍重視家庭及與其他密友的關係。父母和老師比其他權威主體更受年輕人尊重。

　　在青少年眼中，除家庭與其他密友之外，香港明顯缺乏寬厚的政治權威和社會權威。港督本應扮演有關角色，但根本做不到，令人失望。一些權威主體因為在社會結構中所處位置與青少年接近（例如，社區領袖、地方從政人士），本應受到青少年的尊重並贏得信任，但是也做不到這一點。[3] 實際上，所有非首屬關係的權威主體都受到不同程度的懷疑，只有非人化的大眾傳媒能夠稍微減緩華人青少年與非首屬關係權威主體的疏遠。富人尤其是青少年的眼中釘，這種蔑視似乎反映出青少年受到強烈的相對剝奪感。與社會、經濟和文化領域的人士相比，政治和政府人士獲得更多的青少年支持，説明青少年對公營部門還有適度的滿意，對經濟、社會和宗教精英則表現出很深的犬儒心態。需要進一步指出的是，受訪者對經濟和社會權威結構的認識並不相互衝突。受訪者傾向於不重視權威組織內部潛在的分裂，對他們而言，重大的社會分化在於首屬關係和非首屬關係之間，以及尚算模糊的貧富對立。這種傾向的一個生動證據是，他們對商界領袖的信任和對工會的信任有着高度的相關性（gamma=0.80），表明青少年對權威的觀感存在基本共識。總之，家庭是青少年身份認同和信任的載體，雖然並無特別，但他們對家庭與其他非首屬關係權威主體在認同和信任上的懸殊卻是相當獨特的現象，即如果在華人青少年心目中有任何可信任的和值得支持的權威主體，最主要的一定是父母，接下來是其他親朋密友。

青少年生活中的重要目標

為了在更寬廣的背景中考察青少年對權威的看法，我們需要探討青少年如何看待一系列涵蓋物質和理想生活目標的重要性。

從表 8-5 可以看出，青少年最重視的目標多與個人福祉緊密相關，這清晰顯示出他們的個人化取向。這些目標包括：與他人和諧相處、密友、家庭、事業、愛情和婚姻、人生理想、個人自由、樂於助人。處於次要位置的目標各有不同，但總體上可歸類為物質目標和理想目標，包括：財富、樂於服務社會、子女、收窄貧富差距、學習和考試、社會改革、民主政府、愛國主義，這裏的一些非物質目標將香港青少年和成年人區分開來，成年人更追求物質目標。[4] 這次研究的青少年在和平和經濟騰飛的環境中成長，本應更能超越基本物質需求，追求更高形式的表達和滿足感。但是，因為香港經濟起飛的時間不長，過去的苦難回憶仍然歷歷在目，青少年價值體系中的理想主義元素還未佔據重要地位。現在還不清楚的是，物質目標和理想目標是如何被整合進青少年的價值規範結構的，它們又是如何影響青少年對權威的看法的。這個問題下文會進一步闡釋。

表 8-5　對生活目標的重要性評價

(單位：%)

	很重要	重要	一般	不重要	很不重要	不知道	拒答
與他人和諧相處	41.7	47.8	8.9	0.8	0.3	0.4	0.2
密友	60.4	32.7	5.5	0.6	0.1	0.6	0.1
家庭	59.7	30.6	7.8	0.9	0.3	0.5	0.4
事業	47.6	37.6	11.6	1.4	0.3	0.6	0.9
愛情和婚姻	29.4	33.9	22.3	4.8	1.6	5.6	2.3
人生理想	53.8	30.5	10.9	1.4	0.2	2.3	0.9
個人自由	55.5	34.1	8.3	0.9	0.3	0.4	0.7
樂於助人	20.2	48.8	27.2	1.5	0.5	0.7	1.1
財富	17.9	34.6	41.3	4.1	1.1	0.4	0.5
樂於服務社會	11.3	40.3	40.9	2.8	0.8	2.9	1.1
子女	22.2	35.6	25.7	5.4	1.8	6.5	2.9
收窄貧富差距	30.1	30.7	21.0	6.5	1.1	7.1	3.6
學習和考試	22.0	36.1	32.1	4.4	2.9	1.4	1.1
社會改革	18.4	31.3	29.0	7.8	1.5	8.7	3.3
民主政府	26.0	32.0	19.5	6.8	1.8	9.6	4.3
愛國主義	22.7	32.2	30.6	4.8	1.2	5.1	3.2
政治權利	7.0	10.0	35.9	33.0	6.4	6.1	1.6
社會地位	8.5	17.9	36.9	27.9	4.1	2.9	1.8
組織參與	8.3	23.4	51.5	11.1	1.3	2.9	1.5
移民	6.3	9.3	33.9	32.0	7.9	7.8	2.7
政治理想	4.6	10.5	34.8	32.7	8.2	6.8	2.4
宗教信仰	8.8	11.8	33.9	26.9	7.6	7.5	3.6
華人治港	14.7	16.7	25.1	13.7	10.4	13.7	5.8
崇拜偶像	5.7	7.9	26.1	35.8	18.1	3.6	2.9

青少年心目中最不關注的目標均與社會和政治參與有關,例如,政治權利、社會地位、組織參與、移民、政治理想、宗教信仰、華人治港、崇拜偶像。青少年不關注這些目標,與他們跟生活中的政治權威和社會權威普遍疏遠大體是一致的。

對華人青少年生活中重要目標的分析,給我們描繪了這一羣體的形象:注重個人、不激進、實用主義、保守、遠離政治、不參與、不抱不切實際的幻想,但又有模糊的適度理想主義。帶有這種價值規範和行為導向的青少年自然會重視並支持與自己關係密切的權威主體。他們厭惡富人可能是源於溫和的理想主義,他們譴責香港驚人的貧富懸殊,更難忍受相對剝奪感。然而,到目前為止,理想主義的潛流對青少年的社會行為可謂無甚影響。

影響青少年權威觀的因素

世界各地影響青少年對權威看法的眾多社會經濟背景因素,在香港似乎都不起作用,這可能清楚說明了華人青少年觀點的同質性。青少年對權威的看法,與其社會經濟背景,包括性別、宗教、父親的職業、父親和母親的學歷、家庭收入、對學校生活的滿意度,以及在學校班級中的排名等,基本上沒有顯著相關性。以下因素具有較大的區分效力,但變項之間的聯繫普遍偏弱。

第一、年齡。相對來說,在解釋青少年對權威看法的差異方面,年齡是個重要因素。其重要性在於顯示青少年時期屬於人生的過渡期,這個階段青少年的社會化經驗在不斷改變。雖然年齡的影響遠非強烈和包羅萬象,但仍與大量變項有顯著的關係。一般來說,隨着青少年的年齡增長,他們對權威主體的尊重程度會降低。然而,壓力團體是個例外,隨着青少年長大,他們會更支持壓力團體。

　　第二、父母。大部分青少年與父母關係良好，我們可據此推斷，他們能在一個舒適的家庭環境中成長。與香港華人家庭仍然殘存的家長制一樣，37% 的青少年認為父親的地位比自己高；33% 視父親為領導。同樣地，35% 的青少年認為母親的地位比自己高，30% 視母親為領導。父母的這種形象肯定會隨着青少年年齡的增長而改變，越年長的青少年，越傾向於視父母為朋友、遠親，甚至是同住的室友。然而，維護父母權威並不會損害親密的親子關係，反而似有幫助。依賴父母的權威，使華人青少年在資本主義和原子化的香港社會中得到最需要的心理和社會安全感。

　　香港的華人社會與殖民政府各司其職，來往不多，形成了官僚政府與華人社會低度整合的局面。[5] 在這種環境下，華人家庭在維繫社會與政治穩定上起到關鍵作用。在這個充斥着商業競爭和社會流動的社會裏，家庭是個人寄託情感的主要 (在很多人看來是唯一) 場所，是滿足感情乃至物質需要的歸宿。作為主要的社會化機構，華人家庭也會向年輕人灌輸價值觀，引導他們相信並支持家庭以外的組織和機構。因此，青少年與父母的關係越親密，他們就越傾向於信任老師、商界領袖、工會和富人。這些相關性不會受父親的職業影響，佐證了親密親子關係對青少年權威觀的影響。

　　第三、生活目標。前文提及青少年對權威的看法與其生活目標之間的模糊關係，這裏可進一步闡述。顯然，這方面的調查結果時有矛盾，也很難看到高度一致的關係模式。但是，仍有幾個發現值得關注。

　　一，重視服務社會的青少年似較滿意現狀，不準備尋求激進的社會變革。一般來講，青少年有服務社會的熱情都會滿足於現狀，如有需要，也會依賴建制來改善社會環境。

　　二，我們常會預計，在殖民社會成長的青少年倘若重視政治權利，那麼在意識形態上也會比較激進。但事實恰恰相反，根據調查所得，認為政治權利重要的青少年較傾向於認為富人理解他們的需要，也較信任富人和商界領袖。換言之，追求政治權利的青少年，更多志在體制內達成這個目標，不是既有體制的威脅者。

三，青少年是否重視社會改革並不會影響他們對權威的看法。這個發現似乎指出，在青少年的心目中，改變現存權威結構並不是改革社會的重要議題。

總而言之，最明顯的現象也許是，華人青少年對本土社會（尤其是政治制度）普遍滿意。即使貧富差距令人憎恨，但熱切渴望社會改革和政制改革的人為數甚少。

結論

在很多方面，香港的華人青少年與其他社會（特別是發展水平相若社會）的青少年有着眾多相似之處，包括對家庭的依附、不積極參與社會和政治事務、對家庭外的權威主體漠然以及學校的社會化功能不明顯等，雖然我們有理由說香港的情況相對明顯，但這些現象或多或少可見於世界各地。儘管如此，在某些方面，香港青少年的觀感非常獨特，反映了他們成長的特定結構背景，以及華人傳統文化揮之不去的影響。

香港華人青少年最與眾不同的表現也許是他們的持續沉寂和不善變。在其他社會，例如，美國、[6]尼日利亞、[7]波蘭，[8]在過去幾十年間，青少年的價值取向和行為方式大都發生了重大變化。香港華人青少年的心態和行為當然不是一成不變的，但這些變化充其量只是漸進和細微的。香港戰後的政治穩定因奇跡般的經濟增長而得到鞏固，令香港的制度結構幾乎堅不可摧。另外，社會也普遍認識到，因絕無可能政治獨立，如果拒絕殖民統治，另一條道路就是實行內地社會主義制度。因此可以理解，為甚麼政治激進主義和極端的意識形態普遍得不到年輕人的嚴肅對待。

　　雖然在青少年心目中，父母權威和家庭外權威之間的連接突然斷裂，但作為社會化的機制，香港的華人家庭仍能對這些權威主體提供適度的支持。香港社會的本質，加上自由經濟制度和政府的積極不干預政策，令殖民政權在青少年眼中的地位還不如社會經濟特權階層般顯著。政治機構的作用不突出導致青少年較傾向於從社會和經濟視角理解社會問題和個人的不幸。簡言之，政治不穩定在其他社會是改變青少年心態的催化劑，但在香港則未必。

　　華人青少年對富人的厭惡並無特別之處。施塔特（Statt）研究了 15 個國家中 58 名成年人和 1 738 名 14～25 歲的年輕人，[9] 發現發展中國家年輕人提出的主要問題是，一小撮富豪精英與貧苦大眾之間的鴻溝愈來愈大。香港青少年與其他地區同儕的不同之處在於社會理想主義不強和不積極坐言起行。雖然其他地方的青少年也會重視個人發展，但值得注意的是，"他們重視的是，通過服務更廣泛的社會理想獲得自我實現，把自我發展與服務社會、國家乃至世界的終極目標結合在一起"。[10] 當然，華人青少年並不缺乏嚴肅的個人、社會或政治理想，但我們從調查得知，這些理想雖是青少年價值取向的一部分，但僅處於次要位置，並且他們甚少把理想轉化為行動。

　　經濟發展中的滴漏效應令低下階層的生活水平逐漸提高，這應是減輕貧富懸殊不穩定效應的一個因素。富人和殖民政權從制度上分割開，以及後者實用主義和非意識形態化的立場，也有助於阻止年輕人堅持某種意識形態立場。[11]

　　在香港，宗教和宗教領袖對青少年的影響微不足道，宗教領袖的權威地位在青少年心目中也明顯偏低，這種情況相當特別。宗教在歐洲的影響根深蒂固，[12] 在美國近期有所復興，[13] 在一些發展中國家，本土宗教在冒起，但這些都沒有影響到香港。過去 10 多年，香港年輕人的宗教虔誠度不但沒有提升，[14] 反而可能下降了。我們的研究發現，香港年輕一代非常世俗化，受訪青少年中，逾半（56%）沒有宗教信仰，而且年齡越長，比例越高。華人青少年通常對宗教採取一種容忍但遠離甚至工具主義的態度。有研究發現，香港青少年大多同意宗教會帶來正面的價值，例如，促進人們相親相愛、構建社會秩序、信仰上帝、有人生目標等，[15] 但是受訪者不願意認同宗教是一種普世需要，他們認為，人之所以受到尊重，更多是因為他行得端、坐得正，而非有宗教信仰⋯⋯大多數受訪者更看重一個人遵從自己的良心，而非擁有宗教信仰⋯⋯大量受訪者亦認為，一個人能否找到生命中的真正幸福，是否信仰宗教並不是必要的，他們也不認同歷史上存在着上帝這種説法。[16]

在中國的傳統觀念中，神職人員地位低下，是因為宗教的規範角色和制度角色有限。中國宗教具有分散和多神崇拜的特徵，這與其不能作為一種有凝聚力的政治力量，並受制於國家有關。楊慶堃的分析非常有説服力，這位傑出的學者説：

> 宗教在中國作為一個獨立的社會組織以一種高度去中心化的模式出現。作為一個組織主體，現代制度性宗教的出家人數量有限，有的寺廟擁有 2 ～ 3 個出家人，多半彼此沒有關係。因為人數少且幾乎沒有足夠的資源維持生計，很容易失去有組織的信眾的支持。在社會功能的發揮方面，宗教也有諸多的限制，不參與諸如慈善、教育和推行道德規訓等社區活動，缺乏有號召力的核心僧人來主導宗教生活，或是直接掌管世俗社會機構。在很大程度上，佛教、道教寺廟宮觀都是一個獨立的宗教組織單元，各有各的神明與神學主旨，儘管有的寺廟的名稱相同並供奉同樣的主神。結果，沒有一個權力集中的宗教系統來主導出家人與民眾的生活。也就是説，制度性宗教可以擺脱等級系統的控制。[17]

從另一個角度看，家庭和其他主要社會網絡的民眾相互依賴，令華人無需太努力就可以在生活中找到自己的位置，並感到滿意，即使無法以個人的能力讓自己過得更好。[18] 因此，對華人而言，宗教能夠提供情感需要的作用也就削弱了。

楊慶堃和許烺光指出，有諸多因素可以解釋為甚麼華人的宗教熱情有限，而這些因素很大程度上在當代香港也起作用。青少年給予佛教領袖可嘆的低下地位就證明了這一點。基督教和天主教的情況稍佳，因為制度化的宗教傾向於介入社會事務，青少年因此對其領袖有較正面的評價。儘管如此，在一個自由信仰、各教共存的環境中，只是這兩個宗教，也不足以從根本上改變華人青少年對宗教的觀感。

同樣值得注意的是，華人青少年對大眾傳媒的尊重相對較高。從結構的視角看，在殖民政權下，缺乏中介層的華人領袖，以及他們的軟弱無力，都有助於傳媒作為一種不可或缺的渠道而存在，它可以傳遞信息、施加影響。香港傳媒的作用擴大，在很大程度上也取決於缺乏官方的言論審查。因此，香港出現了一個生機勃勃、競爭激烈的傳媒系統，香港傳媒與眾不同之處在於它的多樣性和（毫不誇張地說）庸俗商業主義。除了電子傳媒（電視和廣播），"香港新聞事業蓬勃，享有言論自由，目前有報紙 72 種，期刊 413 種，讀者眾多。報紙的印刷發行量約為每千人 300 份，世界的平均數字是每千人 102 份。每日在香港印刷發行的英文報紙有 6 家，中文報紙則有 55 家"。[19]

香港青少年多追捧大眾傳媒。一項 10 多年前針對 1 204 名年輕人的調查顯示，他們中有 65.3% 每天都讀報紙，63.9% 每天讀報超過 16 分鐘，平均每週聽廣播 7.5 小時，看電視 9 小時。[20] 現在，這些比例應該更高。但是，接觸和使用傳媒並不能解釋為甚麼傳媒受到尊重。由於我們沒有確切的證據，只能大膽假設，小心求證，嘗試提出一種解釋，即這與傳媒的內容有關。作為信息和娛樂的來源，傳媒的內容雖多元，但切合青少年的思維方式。因為殖民政府的政策制定和執行過程高度不透明，傳媒描繪的公共事件則以一種斷裂、聳人聽聞，甚至不可理喻的方式出現，自然會給青少年帶來一種挫敗感和無力感。過去 10 多年間，由於缺乏信息，傳媒扮演的角色愈來愈趨於批判，但有時會忽略公共議題的來龍去脉，提出簡單化和即興式的"解決方案"，製造過度的急迫感。傳媒的批判傾向及設立議程的傾向，雖對公共決策影響不大，但在年輕人腦海裏形成了共鳴。對年輕人來說，傳媒因此帶有一種積極回應訴求、勇於改革、有良心的形象。

更重要的解釋可能是大眾傳媒的娛樂功能。香港生活水平的提升，為傳媒創造了巨大的市場。傳媒的商業嗅覺和行業內你死我活的競爭，令它們極度重視客戶不斷變化的需求和喜好。過去幾年，年輕人的購買力不斷增加，是被傳媒爭相追逐的原因。根據一項粗略分析，電視和廣播節目宣揚的主流價值觀，包括宿命論、消費主義、個人主義、非道德論等，與客戶的行為規範大致相同。[21] 因此，可能的解釋是，對青少年而言，傳媒不僅理解他們，而且還為他們提供自我表達和情感釋放的渠道。

最後，宗教領袖的權威地位低下和大眾傳媒受到高度推崇，啟發我們理解為甚麼青少年對父母權威的看法和對其他社會政治權威主體的看法相差如此之遠。宗教的軟弱無力，令它不能給予其他世俗權威宗教的正當性，因而不能協調家庭權威和非家庭權威的關係，或是為二者的溝通架起一座橋樑。相反，嘩眾取寵的傳媒不但蔑視了各方非家庭組織，還侵蝕了它們的地位和可信度。

從青少年對大眾傳媒十分信任這一點來看，我們甚至可以推測，傳媒及其宣揚的價值觀遲早會削弱目前佔主導地位的華人家庭倫理，以及這種倫理觀所支撐的父母權威。

註釋

1. Lucian W. Pye, *The Spirit of Chinese Politics* (Cambridge, MA: MIT Press, 1968); Richard H. Solomon, *Mao's Revolution and the Chinese Political Culture* (Berkeley: University of California Press, 1971).

2. 調查的總體是香港的華人青少年。根據 1981 年的人口普查，10 ～ 24 歲的香港居民有 1 587 691 人，佔總人口的 31.8%。鑑於香港的小學和初中已經實施義務教育，高中教育也相當普遍，我們選擇在學校抽選調查樣本。首先是在香港所有中學（總數 430）中隨機抽選 40 所，其中 38 所願意參與；其次是在每所學校隨機抽選兩個班。調查有兩份自填問卷，調查員向共 76 個班的所有學生隨機分發問卷一或問卷二。調查於 1982 年 12 月～ 1983 年 1 月進行。問卷一和問卷二各成功完成 1 464 個和 1 403 個訪問。本文採用的是問卷二的數據。

   問卷二樣本包括 717 名男性和 680 名女性（6 名沒有回答性別）；年齡介於 10 ～ 22 歲（79 名沒有回答年齡），其中 11.1% 是 10 ～ 12 歲，51.1% 是 13 ～ 15 歲，33% 是 16 ～ 18 歲，4.8% 是 19 ～ 22 歲。逾半受訪者來自低下階層或中低下階層家庭。多數受訪者的父母僅有初中及以下學歷。大多數受訪者的父親從事低階非體力勞動。受訪者的社會經濟背景與香港社會的金字塔式階級結構基本相仿。

3. Fred I. Greenstein, "The Benevolent Leader: Children's Images of Political Authority," *American Political Science Review*, Vol. 54 (1960), pp. 934-943; Robert D. Hess, "The Socialization of Attitudes toward Political Authority: Some Cross-national Comparisons," *International Social Science Journal*, Vol. 15 (1963), pp. 542-559; William R. Schonfeld, *Obedience and Revolt: French Behavior toward Authority* (Beverly Hills: Sage, 1976); Joseph A. Massey, *Youth and Politics in Japan* (Lexington: Lexington Books, 1976).

4. Lau Siu-kai, "Chinese Familism in an Urban-industrial Setting: The Case of Hong Kong," *Journal of Marriage and the Family*, Vol. 43 (1981), pp. 977-992; Lau Siu-kai, *Society and Politics in Hong Kong* (Hong Kong: Chinese University Press, 1982).

5. Lau, *Society and Politics in Hong Kong.*

6. Eva F. Travers, "Ideology and Political Participation among High School Students: Changes from 1970 to 1979," *Youth and Society*, Vol. 13 (1982), pp. 327-349; Theodore C. Wagenaar, "High School Seniors' Views of Themselves and Their Schools: A Trend Analysis," *Phi Delta Kappan*, Vol. 63 (1981), pp. 29-32; Ruth S. Jones, "Changes in the Political Orientations of American Youth 1969-1975," *Youth and Society*, Vol. 10 (1979), pp. 335-359.

7. Tunde Adeniran, "Youth Culture in Transition: Nigerian Youths in the 1970s," *Youth and Society*, Vol. 6 (1975), pp. 481-494.

8. Aleksander Gella, "Student Youth in Poland: Four Generations 1945-1970," *Youth and Society*, Vol. 6 (1975), pp. 309-343.

9. David Statt, "A Cross-national Survey on the Needs and Aspirations of Youth," *Youth and Society*, Vol. 5 (1973), pp. 131-183.

10. Statt, "A Cross-national Survey on the Needs and Aspirations of Youth," pp. 149.

11. Adeniran, "Youth Culture in Transition," pp. 492.

12. David Martin, "The Religious Condition of Europe," in Salvador Giner and Margaret S. Archer (eds.), *Contemporary Europe: Social Structures and Cultural Patterns* (London: Routledge and Kegan Paul, 1978).

13. George E. Dickinson, "Changing Religious Behavior of Adolescents 1964-1979," *Youth and Society*, Vol. 13 (1982), pp. 283-288; Charles Y. Glock and Robert N. Bellah (eds.), *The New Religious Consciousness* (Berkeley: University of California Press, 1976); Philip K. Hastings and Dean R. Hoge, "Religious Trends among College Students, 1948-1979," *Social Forces*, Vol. 60 (1981), pp. 517-531.

162

14. Lee Wing-yee, *A Religious Attitude Study of Hong Kong Secondary School Students* (Hong Kong: L. W. F. Broadcasting Service, 1969).

15. Lee, *A Religious Attitude Study of Hong Kong Secondary School Students*, pp. 30.

16. Lee Wing-yee, *Youth and the Media* (Hong Kong: L. W. F. Broadcasting Service, 1969), pp. 30.

17. C. K. Yang, *Religion in Chinese Society* (Berkeley: University of California Press, 1961), pp. 339-340. 翻譯取自楊慶堃. 中國社會中的宗教[M]. 範麗珠，譯. 上海：上海人民出版社，2006：306.

18. Francis L. K. Hsu, *Americans and Chinese* (Honolulu: University Press of Hawaii, 1981), pp. 238.

19. 政府新聞處. 香港一九八三年[M]. 香港：政府新聞處，1983：154.

20. Lee, *Youth and the Media*.

21. 香港大學學生會社會科學學會. 八十年代的香港青少年[M]. 香港：香港大學學生會社會科學學會，1982.

第 9 章　關注的旁觀者 *

在 20 世紀 80 年代初以前，香港華人極少參與政治活動。這一情況與香港在經濟上取得的驚人成就形成強烈對比。有關現象表明，經濟現代化並不一定會提升政治參與度。

即使與中國台灣及內地相比（它們的現代化程度都不及香港），港人的政治參與水平仍然偏低。與台灣相比，香港明顯缺少有政治影響力、具有民眾基礎的反對派。與內地不同的是，香港不存在由當權者動員的民眾政治參與。相對於上述兩地，香港的殖民地環境不利於大規模的民眾性政治參與。

但是，在過去 10 年，香港的政治環境發生變化，影響了港人的政治參與。這些轉變主要包括：一，英國對香港的管治行將結束，中國則將於 1997 年恢復行使主權。二，港人對香港前途的憂慮，為政治參與提供了動力。三，香港的局部民主化，特別是在立法局、兩個市政局和區議會中引入選舉成分。四，港英政府愈來愈介入社會和經濟事務，以及港人日益依賴政府提供福利及處理社會問題。五，對於非正規政治參與行動，港英政府採取愈來愈寬容的態度。

基於香港政治環境的變化，本章的主旨在於了解港人的政治參與度及形態，並且探索影響其政治參與的主要因素。隨後我們會討論香港政治參與的重要特徵。本章引用的數據來自我們在 1993 年進行的全港性

---

*　本文與關信基合著，原以英文發表，刊於 Lau Siu-kai and Kuan Hsin-chi, "The Attentive Spectators: Political Participation of the Hong Kong Chinese," *Journal of Northeast Asian Studies*, Vol. 14, No. 1 (1995), pp. 3-24. 中文版曾以 "關注的旁觀者：香港華人的政治參與" 為題，刊於《廣角鏡》，第 270 期（1995），66-77 頁；現在的譯本再經修訂。

隨機抽樣問卷調查。[1]

政治參與度

儘管港人對政治參與的需要和機會都有所增加,但參與度依然偏低。我們有理由認為,就實際政治參與而言,香港的參與度在過去 10 年並沒顯著增加。[2] 事實上,用以衡量港人政治參與度的指標,大致上顯示出以下情況:與其他發達國家的公民相比,無論是正規的還是非正規的政治活動,港人的參與度都較低。[3] 即使是相對於發達國家中參與度最低的日本人,港人的參與也較少。[4]

我們先從投票行為開始探討。香港在 20 世紀 80 年代初引入直選,並逐步用於產生部分區議會、市政局、區域市政局及立法局議員。雖然這些機構都不具備真正的決策權力,但在這些機構中引入普選機制仍具有巨大且深遠的象徵意義。然而,在 1982 ~ 1991 年舉行的區議會選舉中,選民的投票卻不踴躍。在 1982 年、1985 年、1988 年、1991 年及 1994 年的區議會選舉中,以登記選民人數為基數的投票率依次為 38.9%、37.5%、30.3%、32.5% 及 33.1%;若以符合資格選民人數為基數計算,投票率更大幅度下降為 12.3%、16.4%、12.5%、11.5% 及 17.5%。

港人對兩個市政局選舉的參與也不積極。在 1983 年、1986 年、1989 年及 1991 年的兩個市政局選舉中,以登記選民人數為基數的投票率依次為 22.4%、26.9%、17.6% 及 23.1%;若以符合資格選民為基礎計算,投票率則下降為 6.1%、12.1%、5.9% 及 10.7%。

香港立法局在 1991 年進行了歷史上首次直選,以產生 1/3 的立法局議員。儘管如此,選舉結果依然令人失望,雖然被廣泛宣傳和報道,卻只有 39.1% 的登記選民投票,只佔符合資格選民人數的 20.3%。

　　以投票率而論，港人可以說是世界上較不踴躍的投票者。[5] 我們的調查發現，大部分受訪者對選舉缺乏興趣。從那些沒有登記為選民的受訪者口中我們得知，他們沒有登記的主要原因是對選舉沒有興趣，認為誰當選分別不大。另一個理由是沒時間。對於那些已登記但沒有投票的受訪者，不投票的主要原因包括對候選人不了解、沒有時間和沒有興趣。總而言之，香港各種選舉的低投票率，充分反映了港人對選舉缺乏興趣。

　　民眾對選舉不感興趣，也表現在甚少參與各類競選活動上。根據我們的調查，在 1991 年的立法局選舉中，94.5% 的受訪者表示從沒參加過與選舉有關的會議或介紹候選人的集會；95.2% 從沒動員其他人參加有關集會；91.7% 從沒游說其他人投票給某候選人或政黨；94.4% 則從沒游說其他人不投票給某候選人或政黨。此外，大多數人對立法局選舉漠不關心，94.4% 的受訪者表示從沒對選舉過程表示不滿，也沒提出批評或改善建議。

　　除投票和競選活動外，港人也甚少參與其他形式的政治活動。就非正規的政治參與而言，雖然這類活動有逐漸增加的趨勢，並往往在傳媒中成為頭條新聞，[6] 但在港人的政治生活中，這類活動只佔很小一部分。表 9-1 羅列了港人在一系列正規與非正規政治活動中參與的情況。

表 9-1　政治參與

(單位：%)

	從未做過	偶爾為之	有時	經常	拒答
直接向有關官員或政府部門反映意見	92.0	5.0	2.7	0.2	0.0
找自己在政府部門認識的人出面交涉	96.9	1.7	1.3	0.1	0.0
請對官員有影響力的人出面幫忙	96.7	2.2	0.9	0.0	0.1
向有關官員的上司反映意見	95.9	2.9	0.9	0.2	0.1
通過政治團體反映意見	95.3	3.0	1.3	0.3	0.0

（續表）

	從未做過	偶爾為之	有時	經常	拒答
通過民選議員反映意見	92.8	4.1	2.6	0.4	0.0
通過委任議員反映意見	98.2	1.5	0.3	0.0	0.0
寫信給政府部門	93.7	4.4	1.7	0.2	0.0
寫信給報紙	95.6	3.3	1.1	0.0	0.0
向政府的投訴機關投訴	91.5	5.8	2.5	0.1	0.1
找有關官員的朋友，希望那位官員因為人情關係而幫忙	98.5	1.0	0.3	0.1	0.0
聯合其他人表達意見或提出要求	92.5	5.0	2.0	0.4	0.0
去法庭告狀	98.4	1.5	0.1	0.0	0.0
示威、遊行、靜坐	89.7	8.1	2.0	0.1	0.1
向負責人送禮或請客	99.4	0.6	0.0	0.0	0.0
找新華通訊社香港分社出面	99.7	0.3	0.0	0.0	0.0
向港督請願	99.2	0.7	0.1	0.0	0.0
其他	98.2	1.5	0.1	0.2	0.0

註：問題是"在過去3年內，你有沒有試過用下面的方法就一些你關心的事情表達意見或提出要求呢？"

　　總體而言，表9-1基本反映了港人較低的政治參與度。不過，有幾個現象值得我們留意。第一，為解決私人問題而個別接觸政治對象，是港人在政治參與上最顯著的形式。在個別接觸中，最主要的對象是港英政府；除了政府，民選政客也是民眾尋求協助的重要對象。我們有理由認為，在政治參與度較高的人中，最主要的參與形式是為實際目標而進行的狹隘參與行為（parochial participation）。第二，幾種比較溫和的非正規政治參與方式（例如，示威、遊行、靜坐）已成為港人廣泛接受的政治參與行為。[7] 這間接反映了港人可能認為，制度化的政治影響渠道（例如，選舉）並不有效或並不足夠，因此覺得有必要且有理由使用一些非正規的手段以達目的。第三，作為華人社會，香港已進入較成熟的階段。港人已基本摒棄了帶有貪污成分（例如，向負責人送禮或請客）或裙帶關係（例如，請對官員有影響力的人出面幫忙、找有關官員的朋友協助，或找自己在政府部門認識的人出面交涉）的參與行為。因此，這些政治參與方式在香港並不重要，也不被港人認可。在調查中，超過一半的受訪者（56.3%）不同意到政府部門辦理事情時，為減少麻煩而找一些與官員有關係的人替自己出頭。第四，一個明顯的趨勢是，港人愈來愈多地採取集體行動方式來爭取自己的利益，這可以從 7.4% 的受訪者承認曾聯合其他人表達意見或提出要求一事得到印證。雖然這個羣體大多只屬短暫性質，並且只關注具體問題，但在過去 10 年，它們卻像雨後春筍般不斷湧現，因而可以預見，在未來，港人會組織更多的集體行動來參與政治。第五，香港政黨在推動政治參與上角色有限，而其他社會的政黨在動員民眾參與政治上則發揮關鍵作用。儘管一般人缺乏所必需的社會和經濟條件，使他們在參政方面受到限制，但政黨的存在為他們提供了參政的機會。[8] 香港的政黨仍處於雛形階段，而民眾對政黨的態度既矛盾又缺乏鼓勵性。所以，香港在政治參與上所呈現的一個顯著現象是，羣體形式的參與很罕見，但個人形式的參與則較普遍。

政治興趣和政治信息

令人感到奇怪的是，港人較低的政治參與並不表示他們對政治缺乏興趣。當被問及對政治的興趣時，只有 28.4% 的受訪者表示對政治完全沒有興趣，48.9% 表示沒甚麼興趣，不過仍有值得留意的小部分人（20%）承認對政治有興趣，更有 1.8% 的人表示非常有興趣。我們有理由認為，港人對政治感興趣的程度尚算不錯。

較好的政治興趣水平反映了港人其實並非反感政治本身。我們甚至可以說，隨着時間的推移，港人在態度上逃避政治的情況已經有所改善。在調查中，大部分受訪者（61.8%）不同意"我們最好不要隨便談論政治，否則會惹來麻煩"的説法，同意者只佔 29.8%。同樣地，55.6% 的人不同意"我們最好與政治問題保持距離"的論斷，同意者只佔 33.1%。很明顯，港人至少在認知層面上對政治感興趣。

　　儘管港人在政治參與方面不太踴躍，卻很了解政府對其日常生活的影響。在調查中，認為區議會工作對他們的生活有些影響和影響很大的受訪者分別佔 37.6% 和 5.6%；就市政局及區域市政局而言，相關數字分別為 40.4% 及 14.9%。港人充分理解港英政府的影響，分別有 32.6% 及 37% 的受訪者承認政府的各項政策對他們的生活有些影響且影響很大。

　　正因為私人利益與周圍政治環境有緊密的聯繫，港人自然大量吸收來自各種傳媒的新聞信息，例如，在受訪前的一個星期內，只有 39.7% 的受訪者表示沒收聽電台的新聞廣播，有 11.7% 收聽了一至兩次，至於收聽了數次和幾乎每天都收聽的則各佔 8.4% 和 37.2%。

　　與電台相比，電視肯定是港人獲取新聞的更重要途徑。在受訪前的一個星期內，只有 8.9% 的受訪者表示沒有收看電視新聞，而收看了一至兩次、數次和幾乎每天都收看的受訪者則各佔 9.6%、17.6% 和 63.5%。

　　香港的報紙為數甚多，而且流通面頗廣。自然地，報紙成為港人獲知新聞的重要渠道。因此，在受訪前的一個星期內，只有 22.6% 的受訪者表示沒有看報紙便不足為奇；相反，有 47.5% 的受訪者表示幾乎每天都看報紙，每週看報一至兩次和數次的人則各佔 11.2% 和 16.5%。

　　即使與發達社會相比，港人也可以被稱為踴躍的（如果不是更踴躍的）傳媒新聞接收者。[9] 然而，在談論政治方面，他們卻遠不及其他發達國家的公民積極。在受訪者中，有 41.6% 聲稱從不和其他人談論政治，39.2% 則表示很少這樣做，只有 15.5% 承認有時會和其他人談論政治，而經常這樣做的人只佔 3.6%。在曾經與他人談論政治的受訪者中，談論的對象依次序通常是自己的朋友、同事和親戚，其他人，如鄰居、官員和政治人物，均極少。一個有趣的現象是，儘管朋友是最重要的論政對象，但有多達 41.9% 的受訪者表示在居住的社區內，並沒有知心朋友。當被問及與知心朋友在一起時是否經常談論政治時，34.9% 回答從不談論，不過，仍有 33.5% 的人答稱偶爾談論，而表示有時談論和經常談論的各佔 8.2% 和 2.2%。

雖然港人不熱衷於政治參與，但由於比較關注新聞，因此對政治方面的了解頗為充分。就此而言，港人與發達國家的公民相比並不遜色。在調查中，受訪者的政治知識十分可觀，這可以從他們對香港及其他地方政治領袖的認識中得見，74.9% 的受訪者能夠正確說出美國總統的名字，而能夠說出俄羅斯總統、中國總理、中國共產黨總書記、中國香港總督和香港布政司等人名字的受訪者各佔 62.6%、77.2%、59.3%、61.4%、85.7% 和 43%。只有很少人 (16.7%) 能夠說出中國台灣行政院院長的名字。不過，由於他在香港不是矚目人物，因此難免不為港人認識。毫無疑問，港人政治認識程度之高，足以令我們把他們形容為關注的政治人。

港人對政治的興趣和具備的政治知識卻和他們的政治參與沒有顯著相關性。這個現象大概可以這樣理解：港人的政治參與並不是由公民意識衍生出來的，更可能是出於個人偏好。

組織性參與

除了政治參與度偏低外，在組織性活動參與方面，港人也不甚積極。大部分受訪者 (79.5%) 表示沒有參加任何社團，在表示有參加的受訪者中，最多參加的是教會或宗教團體，其餘依次是工會 / 雇員組織 / 工商團體 / 雇主組織、志願服務團體、社區組織 / 居民團體以及興趣會 / 體育會。和其他現代社會相比，港人的社會參與度偏低。[10]

港人極少參加政黨。在調查中，99.2% 的受訪者不是任何政黨或政治團體的成員。在寥寥無幾的參加者中，大多數也不是這些組織的活躍分子。港人抗拒參加政治團體，恰好反映了對這類組織的矛盾和冷漠態度。[11] 此外，受訪者是不是政黨或政治團體成員與是否參加了社團兩者之間沒有關係 (皮爾森相關系數為 0.07)。這一現象表示，這兩類團體其實吸引不同類型的人士參與。換句話說，社會參與並不能促進政治參與。事實上，在我們的調查中，社團參與和政治參與沒有顯著的相關性。

港人在組織性活動的低度參與有兩方面的政治含義：其一，組織性動員在香港的政治參與中並不是重要因素；其二，集體行動也不是香港政治參與的重要形式。與這些現象有密切關係的是香港缺少一批得到信任，並且能夠借個人號召力來發動港人參與政治的政治領袖。[12]

社會經濟背景差異和政治參與

從理論角度看，由於各類團體在動員港人參與政治上作用有限，因此港人在社會經濟背景上的差異便應對他們的參與傾向發揮顯著作用。[13] 具體而言，我們可以預期男性、年齡較輕及學歷較高的人會比較積極參與政治活動，就像其他地方一樣。[14]

就投票而言，有較多社會經濟資源的人的確比資源較少者更踴躍。在 1991 年的各類選舉中，享有較高社會經濟地位的港人，尤其是男性及較高學歷者，比其他人更多地登記為選民，並在投票當日投票。他們在立法局選舉中的投票欲望也比其他人強烈。[15]

除投票外，性別差異在其他政治參與活動上也頗為明顯。根據一系列的卡方檢定，與女性相比，男性會更多地收聽和收看電台及電視新聞，花較多時間閱讀報紙新聞，也會較多地與人談論政治，特別是親戚、朋友和同事；他們對政治的興趣比女性大，而且具備較多的政治知識。

　　年輕人比年長者在政治上稍微積極一些。在計算年齡與不同政治參與指標間的皮爾森相關系數後，我們發現年齡與下列行為顯著相關：和其他人談論政治、了解政府對個人生活的影響、參加非正規政治活動的頻率及有關活動。與性別因素一樣，在參與組織性活動方面，不同年齡的人沒有顯著差別。

　　與性別和年齡相比，學歷顯然是最能解釋港人在政治參與上存在差異的變項。顯然，上述涉及性別和年齡的政治參與差異，有部分其實可以根據學歷的差異來解釋。根據相關分析，在政治參與（投票除外）、政治興趣和政治知識上，不同學歷的人在統計上有顯著的差別：學歷較高者比較低者更積極參與政治；不過，學歷與各政治參與指標的相關度普遍偏弱，例如，學歷較高者較有可能與知心朋友談論政治（r=0.31）及參加社團（r=0.22）。然而，就組織性參與而言，個人學歷的高低並非重要因素。

　　因為各類團體對動員港人參與政治來說並不重要，所以個人因其社會經濟地位不同而資源各異，相對而言更能解釋港人在政治參與的多寡。然而，由於港人一般參與度甚低，我們也不宜過分誇大個人社會經濟背景對其政治參與的影響。

政治參與形態的簡單輪廓

　　為進一步探討港人政治參與的形態，我們對受訪者曾經從事的各種政治參與和活動進行因素分析，以發掘背後的基本模式。由於受訪者的回答出現大量"不知道"和"拒答"，因此我們採用了按配對狀態刪除法（pairwise deletion）。值得注意的是，因為受訪者的政治參與水平偏低，所以因素分析所得結果基本上只能為港人的政治參與形態提供一個簡單的輪廓。

表 9-2 列出了對 24 項參與行為進行因素分析的結果。結果顯示，這 24 項具體政治參與行為可以構成 7 個主要的政治參與方向，這 7 個獨立因素可解釋近半（49.3%）的總方差。

表 9-2　政治參與模式的因素分析

	因素 1 投票	因素 2 抗議中國	因素 3 聯繫政客	因素 4 聯繫政府	因素 5 參加集會	因素 6 助選	因素 7 運用關係
區議會投票	0.83						
市政局／區域市政局投票	0.83						
立法局投票	0.73						
示威、遊行、靜坐		0.64					
通過政治團體反映意見			0.70				
通過民選議員反映意見			0.75				
通過委任議員反映意見			0.73				
找官員／政府部門反映意見				0.65			
寫信給政府部門				0.76			
向政府的投訴機關投訴				0.68			
參加候選人集會					0.82		
動員他人參加候選人集會					0.85		
為支持候選人或政黨拉票						0.79	
為反對候選人或政黨拉票						0.88	
找政府部門認識的人出面							0.67
請對官員有影響力的人出面							0.67
找官員的朋友							0.65
找官員的上司反映意見							
寫信給報紙							

（續表）

	因素 1 投票	因素 2 抗議中國	因素 3 聯繫政客	因素 4 聯繫政府	因素 5 參加集會	因素 6 助選	因素 7 運用關係
聯合其他人表達意見或提出要求							
去法庭告狀							
送禮請客							
向港督請願							
就選舉發表意見							
特徵值 (eigenvalue)	4.4	2.0	1.8	1.6	1.4	1.3	1.3
解釋的方差 (%)	15.6	7.2	6.5	5.6	5.1	4.8	4.5

註：表內數字乃使用變值儘簡法（varimax solution）進行因素分析的結果。因素負荷量低於 0.5 者不予登錄。

　　港人最重要的政治參與方式顯然是投票。鑒於普選在香港歷史中出現甚晚，且具普選成分政治機構的政治重要性有限，這個發現尤其值得重視。其含義是：雖然實際上迄今只有小部分港人曾投票，但投票已快速地成為他們最重要的政治參與活動。

　　在港人的參與行動中，中國因素的影響巨大。這個參與方式與表 9-2 中其他方式的不同之處在於，它所針對的對象是一個在香港之外的政治目標。這充分表明中國在香港政治生活中的矚目性，特別是考慮到幾年後中國即將在香港恢復行使主權。針對中國的抗議行動與其他參與方式的最大分別是，這些行動頗為情緒化，其動機源於某些人對政治前途的極度憂慮，及他們對中央政權的不滿。即使在投票過程中，投票者的行為也明顯受到中國因素的影響。

　　相反，第三種和第四種政治參與方式，即"聯繫政客"及"聯繫政府"，明顯是由個體利益和功利考慮引發的。它們的共同目標是尋求公職人員的協助，處理一些個別性，主要是影響個人或家人的問題。接觸政治人物是以個人為中心的典型狹隘性政治參與，它涉及極少的社會羣體摩擦，以及極少的人際合作，卻要求參與者有相當大的主動性。[16]

　　從表面看，第五種參與方式，即"參加集會"，似乎是某種集體形式的活動。不過,在香港的政治環境下,這卻非事實。實際上,在香港,絕大部分集會活動都是短暫和小規模的,其主要目標是狹隘的,這些集會大多不是旨在改變公共政策或達成其他公共目標的有組織、大規模和持久性行動,也不是類似於近年在西方國家大量出現,旨在宣揚後物質主義 (post-materialism) 價值觀的社會運動。[17] 換句話説,這些活動參與者的動機顯然是私人和功利性的,並非利他性的。

在選舉期間協助候選人或政黨助選,基本上是一種罕見且不那麼重要的政治參與方式,而利用人際關係來達到個人目標也是如此,根據因素分析的結果,這兩類活動也是獨立於其他的參與方式。我們預期,雖然"運用關係"會日益式微,但是隨着普選在香港政治體制的重要性日趨上升,助選活動將有所增加。

總的來説,港人的政治參與形態是雜亂鬆散的,它由一羣為數眾多,但顯然互不關聯的參與方式組成,並且不會互相促進。大部分參與方式如果不是由狹隘主義和物質利益所驅使的孤立活動,便是旨在發泄情感鬱結的表達性行動。不過,明顯功利性的參與是港人最普遍的參與模式。再者,個人方式的參與十分普遍,而羣體性的行動則屬鳳毛麟角。大體來説,港人零散和多樣的政治參與並沒形成清晰和有結構的參與形態。就其參與形態而言,香港顯然與其他發達社會不同,後者一般呈現一個較簡單且有系統的參與模式。[18]

政治效能感

在政治參與機會快速增加的情況下,港人在政治參與上的冷漠確實令人費解。在追尋答案時,我們覺得首先應做的,是看看是否因為民眾缺乏足夠的政治效能感 (sense of political efficacy) 導致他們不傾向於參與政治活動。

政治效能感包含內在和外在兩個方面，都會對人們的政治參與取向產生影響。內在政治效能感是指個人自認為擁有的認識政治、表達訴求和推動實際政治變遷的能力，代表了個人對自己作為公民及被管治者所具備能力的看法。根據這個定義，港人的內在政治效能感無疑非常少。我們甚至可以說，港人被一股政治無力感所籠罩。在調查中，只有極少的受訪者（7.8%）同意"我認為自己很有能力參與政治"，不同意者則高達 88.1%，當我們詢問受訪者是否同意"我認為自己非常了解香港所面對的重大政治問題"時，得到類似的結果：只有約兩成（21.1%）表示同意，大部分（73%）則表示不同意。

外在政治效能感是指相信政治權威會以誠懇和積極的態度回應民眾所提出的訴求和需要。和內在政治效能感一樣，我們發現港人也不具備強烈的外在政治效能感。不過，這方面的情況比較複雜。港人一般認為香港的行政機關有效率和廉潔。[19] 因此，港人對政府產生某種順民心態。基於順民的觀感，他們認為自己在與行政官員往來時，可以依賴或訴諸正規和可靠的規章制度，以保障自身利益。他們相信會得到行政機關的公平對待，意見會獲得官員的考慮。他們有這種信念的原因，並不是認為自己具有政治影響力，而是相信行政官員受到法規約束，從而不能濫用權力。[20] 所以，很自然地，在調查中，大部分受訪者都覺得政府有責任考慮民眾的請求。絕大多數受訪者（83.9%）同意政府對民眾有關自己利益的各種請求，都應該加以考慮；更重要的是，超過一半的人（52.4%）有信心當需要政府幫助時，會得到公平對待。

不過，在涉及港人是否認為自己擁有可以左右政府決策的影響力時，情況便不一樣了。就此而言，港人的外在政治效能感相當薄弱。53.7% 的受訪者的看法頗為極端，同意"好像我這類人對政府的決策無任何發言權"，而持相反意見者則佔 41.2%。一個看似較準確的衡量外在政治效能感的指標是，民眾是否同意"我認為政府官員不太在乎我這類人所想的東西"。大多數受訪者（62%）同意政府官員並不太在乎他們的想法，只有 29.1% 表示不同意。港人內心普遍的政治無力感，也可以在另一個發現中看到：有 60.1% 的受訪者認為當政府的某一項決定不好或對自己不利時，即使採取行動反對，也不會產生效果，只有 25.7% 有信心行動會有效。同樣地，有 65.4% 的受訪者相信如果向政府提出要求，政府不會作出回應，而持相反意見者則只佔 20.3%。

即使就民眾對立法局的影響力而言，我們也可以發現存在明顯的政治無力感，立法局部分議員由選舉產生，而立法局又聲稱是民眾的代表，但有超過一半的受訪者（58.9%）認為如果通過議員影響立法局的決定，不會產生效果，這顯示港人並不相信立法局議員會積極回應他們的要求。

有趣的是，港人並不反對其他人為自己的利益而對政府採取行動。事實上，有 66.9% 的受訪者表示，如果有人因政府部門或公務員沒有執行上級政府的政策或措施而令其利益受損，並因此採取行動要求上級機關糾正，他們會贊成那種做法。不過，如果是由自己採取行動，他們對其有效性不存幻想，只有 34.6% 的受訪者認為行動會有效果，但更多人（46.5%）則持不同意見。

然而值得注意的是，如果某人的私人利益與公眾利益出現衝突，港人便不會贊同他明顯為了自身利益而採取政治行動。在調查中，我們向受訪者講述了一個假設性情況：當立法局在討論某項法例時，有人為自己的利益而託立法局議員加以贊成或反對。然後我們詢問受訪者是否同意有關做法。大部分受訪者（74.2%）反對這種行為，只有 15.9% 表示同意。港人顯然傾向於為政治參與所應達到的目標設定某些界限，而原則似乎是這樣的：個人的政治參與不應對民眾利益造成損害，由於港人的少量政治參與活動主要由非利他性的動機所驅動，民眾否定自利性參與的態度有可能在大體上不利於政治參與。

　　與其他社會相比，港人的政治效能感很薄弱。[21] 至於政治效能感對政治參與的影響，則頗令人費解，基本上我們發現各種內在和外在政治效能感的指標與各種政治參與行為之間的相關性十分低。這說明港人參與政治與否，並非取決於其對自身政治能力的估計。

政治支持

　　接下來，我們要審視港人對不同政治對象所給予的支持度，以及其對政治參與的影響。過去的研究充分證明，港人基本上支持現行的政治體制和殖民政府，雖然長期的趨勢是逐步下降。[22] 但是，對理解政治參與最具意義的是，民眾對政治領袖和政黨的支持仍然相當薄弱，因而很難借助政治領袖和政黨來提高港人的政治參與度。況且，由於政治領袖和政黨所關注的問題一般不能引起民眾的共鳴，因此他們作為推動政治參與者的效用也大打折扣。[23]

　　在調查中我們發現，港人依然較支持現行的政治體制，例如，62.1% 的受訪者同意雖然香港的政治制度有各種缺點，但它仍然是最適合香港的，只有 23.8% 表示不同意。雖然事實上，港人希望引進某種程度的民主改革使政府受到制衡，[24] 但他們對民主改革的訴求是溫和且舉棋不定的。一般來說，過去 10 年來香港所推行的循序漸進式民主改革，被民眾廣泛接受。這可以從只有 11.3% 的受訪者認為香港近年的政制改革速度太慢一事中得到印證；相反地，27.5% 的受訪者覺得速度太快，而 33.6% 的人則認為速度剛好。

　　調查還發現，港英政府仍然在大體上得到了民眾的支持。超過一半的受訪者（63.7%）表示信任港英政府；26.2% 表示信任中國政府。從比較角度看，港英政府所得到的政治支持可以說是較高的。[25]

　　儘管香港的政治體制和政府獲得了民眾支持，但它們對民眾的政治參與僅產生有限作用。我們在接受政治體制和信任港英政府,以及各種形式的政治參與之間,並沒發現顯著的相關性。同樣地,信任中國政府與否和政治參與也沒有關係。

我們也許有理由認為,正由於港人支持香港的政治體制和港英政府,所以不認為有參與政治的需要。雖然民眾對中國政府缺乏信任,卻會間歇性地觸發一些自發性和零散性、短暫性和表達性的參與行動。

社會和政治滿意度

迄今我們的發現顯示,港人的政治參與情況不能引用一些在其他地方享有強大預測能力的因素來解釋。學歷誠然在一定程度上可以解釋民眾不同的參與水平,但仍不是強有力的因素。

考慮到港人的政治參與主要是一些偶發、自發、零散和缺乏組織的行動,且這些行動基本上由個別的利益所驅動,充斥着功利性,我們可以預料,個人資源、組織動員及社會經濟地位等因素,對政治參與的影響並不重要。如果上述論斷成立,則最能推動政治參與的因素應是個人所感受到的迫切實際需要。換句話說,參與者通常是意識到個人利益受到影響的人。為了間接驗證這個假設,我們探討了港人對香港社會與政治狀況的滿意度,以及滿意度與他們的政治參與行為之間的關係。

調查發現,港人對香港社會狀況感到滿意。只有 13.5% 的受訪者認為他們的家庭經濟狀況比 5 年前差,52.8% 則認為比 5 年前好,33% 則認為與 5 年前差不多。更重要的是,受訪者預期他們的家庭經濟狀況在日後仍會有所改善。受訪者中,41.5% 的人認為他們的家庭經濟狀況在 5 年後會比當前好,預期會變差的只有 12.1%。民眾對社會現狀的普遍滿意也可以在另一事實中反映出來。42.9% 的受訪者認為,相對於他們的個人能力和自己在工作中的表現,現在的收入合理,只有 19.8%

認為不合理，但有趣的是，多達 33.5% 的受訪者沒有確定答案。在職受訪者基本滿意自己的工作及從上司和社會中得到的回報。約 75% 的受訪者覺得，上司曾對自己的能力與工作表現給予適當重視與承認；78.4% 滿意自己的工作；60% 覺得香港社會曾對自己的能力與工作表現給予適當尊重與認可。與政治參與關係更密切的，也許是港人習慣以個人因素解釋自己的人生際遇。例如，52.5% 受訪者認為窮人之所以貧窮，是因為本身有問題，而非社會沒給予他們公平的對待。

就政治滿意度而言，最困擾港人的問題無疑是"九七回歸"，而這個問題早已在部分人心中造成很大的政治憂慮。然而，從日常觀察所得，與回歸問題有關的政治憂慮似乎已得到舒緩。在調查中，只有 15.3% 的受訪者表示對回歸問題有憂慮，46.3% 則表示毫無憂慮，26.2% 感到有少許憂慮，而 9.2% 自認為憂慮程度屬於一般。除了回歸問題外，我們沒有發現港人對其他政治狀況存在嚴重不滿。

我們接着計算了社會和政治滿意度與不同形式的政治參與在統計上的相關性。頗令人意外的是，這兩類現象之間的關係較為薄弱，這說明港人的政治參與與一般的社會與政治滿意度相關性不大。

結論

根據我們的發現，港人的政治參與有以下幾個特點：

第一，整體的政治參與水平低下。

第二，主要以追逐個體利益的狹隘性參與形式表現出來。

第三，除帶有鮮明功利目的的參與外，較不常見的表達性參與行為並存。這些行為的主要目標在於宣洩因主權轉移所引發的政治抑鬱情緒和憂慮，而針對的對象則是中國政府及其在香港的代表。

第四，中國政府成為港人政治參與的主要針對對象，特別是表達性的參與。

第五，由於普選作為政治參與的渠道並不重要，而其他渠道的作用又有限，所以非正規的手段便成為對政府和其他公共機構施加壓力的重要辦法。

第六，政治參與形態零散，這可以從以下幾個方面反映出來：個人式的參與行為、由政治領袖或團體引起的極有限的民眾動員、參與行動缺乏連貫性，以及參與者在行動上缺乏長期堅持。

第七，民眾在參與政治和社會羣體活動方面偏消極。總而言之，香港的政治參與實際水平較低，而且非制度化。

儘管港人在行為上並不是積極的政治參與者，但在認知上的參與頗為踴躍。他們相當留意政治環境的變化，甚為知曉香港和其他地方發生的事情。作為認知上的參與者，港人比發達國家的公民毫不遜色。高度的政治警覺性與低度的實際參與並存，構成一個罕見現象。在承認這個奇異現象時，我們或許可以稱港人為“關注的旁觀者”。

日本人也經常被政治學者形容為“政治旁觀者”。因此，日本人的政治文化也被界定為“旁觀者”文化。[26] 不過，作為“關注的旁觀者”，港人在幾個方面與日本“憤世的旁觀者”有所區別。雖然港人和日本人都刻意和各種形式的政治保持距離，但日本人對政客、政黨及政治的觀感比港人負面。與港人相比，日本人對政治的不滿程度較高。所以，港人和日本人雖然都有高度的政治無力感，但日本人逃避政治參與的最大原因在於他們對政治不滿，而港人則是基於實際考慮和認定政治參與徒勞無功。此外，與港人不同，日本人在較大程度上被整合在社會團體和社會網絡內，因此較容易在政治上受外來力量的動員。這也解釋了為何日本人投票率較高。[27] 結果是，雖然日本人的政治參與度偏低，但與港人相比，他們有較多的羣體性政治行動。

在我們整個的分析過程中，未能找到一些可以有效解釋港人政治參與的因素。當中一個可能的原因是，港人有限度和目標狹隘的政治參與行為並不適合運用西方政治參與文獻中流行的理論來解釋。另一個可能的原因是，以追求個人利益為依歸的政治參與受到大量個別和偶然情況的影響。如果事實真是如此，則運用一般性（結構性或心理性）的因素來理解港人的政治參與便不會有成效，我們反而需要就每一項參與行動來解釋，並分析影響該行動的具體因素。

不過，由於港人主要從事狹隘性的政治參與，這也許可以提供某些解釋的線索。港英政府擴大其提供社會福利與公共服務的角色，以及民眾對政府幫助的日益依賴，都可能營造一個政治環境，令在政治上不活躍的港人之間出現狹隘性參與相對重要的局面，這正如韋爾巴（Verba）所言："如果公民曾經從政府得到一些服務，他們顯然會從中學習到，在遇到困難時，政府也許可以有能力提供協助。如果政府的服務不盡如人意，人們在這方面的認識只會進一步提高。不過，只有在對政府服務滿意的受惠者當中，才會產生出個人可以依賴政府這種狹隘的信念。"[28] 我們或許可以認為，港人的政治參與是政府不斷深入參與社會事務的結果，而因為政制改革增加了參與途徑、政府對非正規政治參與行動愈來愈寬容、政府權威的下降，以及政府對民眾要求的回應愈來愈積極，則起着推動狹隘性參與的作用。

註釋

1. 調查的總體是年滿 18 歲的香港華裔居民，樣本為概率樣本。首先由港英政府統計處協助，在全港以分區等距方式抽取居住單位地址；其次是抽選住戶，如果已選取的居住單位有超過一家住戶或為一羣體住戶（如宿舍），訪問員將根據隨機抽選表，抽選其中一家住戶或一位符合資格人士接受訪問；最後是抽選受訪者，如果已選取的住戶有超過一位符合資格人士，訪問員將利用基什方格（Kish Grid）抽選其中一位接受訪問。這個樣本原有 2 065 個住址，扣除無效和沒有使用的住址後，實際數目減少至 1 633 個；訪問員成功完成 892 個訪問，回應率為 54.6%。

182

2. 我們於 1982 年在香港 4 個社區進行問卷調查，這一論斷可從此次調查有關政治參與的數據中證明。Lau Siu-kai and Kuan Hsin-chi, "The Changing Political Culture of the Hong Kong Chinese," in Joseph Y. S. Cheng (ed.), *Hong Kong in Transition* (Hong Kong: Oxford University Press, 1986), pp. 26-51。

3. Curtis H. Martin and Bruce Stronach, *Politics East and West: A Comparison of Japanese and British Political Culture* (Armonk: M. E. Sharpe, 1992); Geraint Parry et al., *Political Participation and Democracy in Britain* (Cambridge: Cambridge University Press, 1992); Sidney Verba and Norman H. Nie, *Participation in America: Political Democracy and Social Equality* (New York: Harper & Row, 1972); Sidney Verba et al., *Participation and Political Equality: A Seven-nation Comparison* (Cambridge: Cambridge University Press, 1978).

4. Bradley M. Richardson and Scott C. Flanagan, *Politics in Japan* (Boston: Little, Brown, 1984); Scott C. Flanagan et al., *The Japanese Voter* (New Haven: Yale University Press, 1991).

5. 這個結論通過比較香港與其他地方的投票率而得出。Charles L. Taylor and David A. Jodice, *World Handbook of Political and Social Indicators*, Vol. 1: *Cross National Attributes and Rates of Change* (New Haven: Yale University Press, 3rd ed., 1983), pp. 76-77。

6. Anthony B. L. Cheung and Kin-sheun Louie, *Social Conflicts in Hong Kong*, 1975-1986: *Trends and Implications* (Hong Kong: Hong Kong Institute of Asia-Pacific Studies, The Chinese University of Hong Kong, 1991).

7. Lau Siu-kai, "Decline of Governmental Authority, Political Cynicism and Political Inefficacy in Hong Kong," *Journal of Northeast Asian Studies*, Vol. 11, No. 2 (1992), pp. 16-17.

8. Verba et al., *Participation and Political Equality*, pp. 17-19.

9. Martin and Stronach, *Politics East and West*, pp. 131; Gabriel A. Almond and Sidney Verba, *The Civic Culture: Public Attitudes and Democracy in Five Nations* (Princeton: Princeton University Press, 1963), pp. 94.

10. Martin and Stronach, *Politics East and West*, pp. 142-149; Parry et al., *Political Participation and Democracy in Britain*, pp. 92; John N. Edwards and Alan Booth, *Social Participation in Urban Society* (Cambridge, MA: Schenkman, 1973).

11. Lau Siu-kai, *Public Attitude toward Political Parties in Hong Kong* (Hong Kong: Hong Kong Institute of Asia-Pacific Studies, The Chinese University of Hong Kong, 1992).

12. Lau Siu-kai, "Social Irrelevance of Politics: Hong Kong Chinese Attitudes toward Political Leadership," *Pacific Affairs*, Vol. 65, No. 2 (1992), pp. 225-246; Lau Siu-kai, "Institutions Without Leaders: The Hong Kong Chinese View of Political Leadership," *Pacific Affairs*, Vol. 63, No. 2 (1991), pp. 191-209.

13. 韋爾巴（Verba）等學者提出，社會地位高與社會地位低的公民，是通過不同的過程而變得在政治上活躍的。根據他們的研究，社會地位高的公民在政治生活中扮演較重要角色，多數不用通過明顯的羣體性動員，政治動員可以在個人層面發生，而這個過程不易被人覺察。相反地，社會地位較低的公民，多數需要以團體為基礎的政治動員才能達到地位較高者的政治參與水平，他們既需要自覺的意識形態作為動機，也需要組織作為資源。Verba et al., *Participation and Political Equality*, pp. 14-15. Joan M. Nelson, *Access to Power: Politics and the Urban Poor in Developing Nations* (Princeton: Princeton University Press, 1979); Samuel P. Huntington and Joan M. Nelson, *No Easy Choice: Political Participation in Developing Countries* (Cambridge, MA: Harvard University Press, 1976), pp. 85-112。

14. Lester W. Milbrath and M. L. Goel, *Political Participation: How and Why Do People Get Involved in Politics?* (Lanham: University Press of America, 2nd ed., 1977), pp. 86-122.

15. Louie Kin-sheun, "Who Voted in the 1991 Elections? A Socio-Demographic Profile of the Hong Kong Electorate," in Lau Siu-kai and Louie Kin-sheun (eds.), *Hong Kong Tried Democracy: The 1991*

Elections in Hong Kong (Hong Kong: Hong Kong Institute of Asia-Pacific Studies, The Chinese University of Hong Kong, 1993), pp. 1-39; Louie Kin-sheun and Wan Po-san, *Voting Behaviour in Hong Kong: A Study of the 1991 Legislative Council Direct Election* (Hong Kong: Committee on the Promotion of Civic Education, 1993), pp. 49-60.

16. Verba et al., *Participation and Political Equality*, pp. 54.

17. Russell J. Dalton and Manfred Kuechler (eds.), *Challenging the Political Order: New Social and Political Movements in Western Democracies* (Cambridge: Polity Press, 1990); Samuel H. Barnes et al., *Political Action: Mass Participation in Five Western Democracies* (Beverly Hills: Sage, 1979).

18. Russell J. Dalton, *Citizen Politics in Western Democracies* (Chatham: Chatham House, 1988), pp. 35-73.

19. Lau Siu-kai and Kuan Hsin-chi, "Public Attitudes toward Political Authorities and Colonial Legitimacy in Hong Kong," *Journal of Commonwealth and Comparative Politics*, Vol. 33, No. 1 (1995), pp. 79-102.

20. Almond and Verba, *The Civic Culture*, pp. 217.

21. Almond and Verba, *The Civic Culture*, pp. 214-229; Martin and Stronach, *Politics East and West*, pp. 68-73.

22. Lau and Kuan, "Public Attitudes toward Political Authorities"; Lau, "Decline of Governmental Authority."

23. Lau, "Institutions Without Leaders"; Lau, "Social Irrelevance of Politics"; Lau, *Public Attitude toward Political Parties in Hong Kong*; Lau, "Public Attitudes toward Political Leadership in Hong Kong: The Formation of Political Leaders," *Asian Survey*, Vol. 34, No. 3 (1994), pp. 243-257. 從比較角度而言：Gabriel A. Almond and Sidney Verba (eds.), *The Civic Culture Revisited* (Boston: Little, Brown, 1980); Samuel H. Beer, *Britain Against Itself* (London: Faber and Faber, 1982); Allan Kornberg and Harold D. Clarke, *Citizens and Community: Political Support in a Representative Democracy* (Cambridge: Cambridge University Press, 1992); E. J. Dionne, Jr., *Why Americans Hate Politics* (New York: Touchstone, 1991); Seymour M. Lipset and William Schneider, *The Confidence Gap: Business, Labor, and Government in the Public Mind* (Baltimore: Johns Hopkins University Press, rev. ed., 1987); William Greider, *Who Will Tell the People? The Betrayal of American Democracy* (New York: Touchstone, 1992).

24. Kuan Hsin-chi and Lau Siu-kai, "The Partial Vision of Democracy in Hong Kong: A Survey of Popular Opinion," *The China Journal*, Vol. 34 (1995), pp. 239-264.

25. Lipset and Schneider, *The Confidence Gap*; Kevin Phillips, *Arrogant Capital: Washington, Wall Street, and the Frustration of American Politics* (Boston: Little, Brown, 1994); Almond and Verba (eds.), *The Civic Culture Revisited*.

26. Richardson and Flanagan, *Politics in Japan*, pp. 229-245; William Chapman, *Inventing Japan: The Making of a Postwar Civilization* (New York: Prentice-Hall, 1991), pp. 143-167.

27. Scott C. Flanagan, "Mechanisms of Social Network Influence in Japanese Voting Behavior," in Flanagan et al., *The Japanese Voter*, pp. 143-197; Bradley M. Richardson, "Social Networks, Influence Communications, and the Vote," in Flanagan et al., *The Japanese Voter*, pp. 332-366.

28. Sidney Verba, "The Parochial and the Polity," in Sidney Verba and Lucian W. Pye (eds.), *The Citizen and Politics: A Comparative Perspective* (Stamford: Greylock Publishers, 1978), pp. 25-26.

第 10 章　公共制度漸失信任與民主化[*]

　　人們一般認為，威權政體的民主化一定能提升民眾對政治、社會和經濟制度的信任。事實上，許多社會經驗也證實了這一點。[1] 民主化與民眾增加對公共制度信任之間存在某些相關性，其原因顯而易見：民主化增加了民眾參與政治的機會，擴大了他們在政治決策中的角色，因而實現了公共制度更高程度的政治問責。

　　民主化的其中一個功能是將社會和經濟制度置於民眾的政治監察之下，令其更易回應民眾的需求。而且，在民主化進程中，公共制度被施壓，不得不注重人權、極度關注程序公義、盡量將輿論納入政策制定，並且不斷提升自身表現，以提高民眾的滿意度。可以肯定地說，民眾對公共制度信任的提升，也將鞏固和進一步促進民主化進程。

　　在過去 10 年，香港的民主化已取得一定發展，但民眾對公共制度的信任一度飆升之後，下降的趨勢正在醞釀，頗令人擔憂。這個趨勢很可能持續至 1997 年，屆時香港將在中國管治下實行 "港人治港" "高度自治"。在民眾對香港未來信心不足的情形下，要在回歸後成功實現高度自治，需要一定程度的民主為民眾提供參與和扮演角色的機會，以決定自己的未來。然而，民眾對公共制度有信心又是成功實現民主的關鍵。香港過去 10 年的局部民主化，並未提升民眾對公共制度的信心，這一現象令人對香港未來的民主前景感到不安。

　　本章將勾勒過去 10 年民眾對香港公共制度信任的變化，並探索其

＊　本文原以英文發表，刊於 Lau Siu-kai, "Democratization and Decline of Trust in Public Institutions in Hong Kong," *Democratization*, Vol. 3, No. 2 (1996), pp. 158-180.

對未來政治發展的啟示，所使用的數據來自我和其他研究人員在過去（特別是 1994 年）進行的隨機抽樣問卷調查。[2]

港式民主

香港受英國殖民管治將近一個半世紀，雖未能實現民主化，但殖民統治基本溫和，給予香港很大程度的自由，近年來，人權亦漸受重視和保護。由於港英政府奉行經濟自由放任及社會不干預政策，因此香港已發展為充滿活力的資本主義經濟體，更成為一個獨特、多元化、教育水平高、高度城市化及開放的社會，受西方影響深遠。如此一來，香港理應具備發展民主的土壤，並為此做好鋪墊，民主卻未如期而至。

與 20 世紀 70 年代席捲全球的第三波民主浪潮的大部分例子相比，香港的民主道路甚為獨特。[3] 一方面，香港的民主化是由英國政府於 1984 年發動，為 1997 年結束殖民管治而準備的。而民眾對於民主的訴求只扮演極有限的角色，當然也並非微小到不顯著。雖然英國只計劃推行局部民主，但遭到了香港商界和即將執掌香港主權的中國的激烈反對。因此，民主化激發了一場中英政府高層之間長期的衝突，不可避免地令香港社會政治化，並將港人分裂為支持快速民主化和支持循序漸進民主化、親英和擁護中央政府的政治團體。

另一方面，香港民主的特點是局部化，這主要是指立法局議員將逐步由直接和間接選舉產生，以此實行民主。雖然回歸時立法局議員都將由選舉產生，但是只有近 1/3 來自分區直選。此外，在行政主導的政治體制中，立法局的權力也受到了限制。

香港局部民主化的進程與常年紛爭有很大關係，對於一個長久以來習慣並嚮往穩定與和諧的社會來說，這並不盡如人意。由於港人對改革前的政治體制較為滿意，所以對民主的訴求較為溫和，為實現民主而準備作出犧牲的意願極小。在港人心目中，若要在民主和穩定之間權衡，後者毫無疑問更重要。因此，這種令人無奈的矛盾民主觀始終困擾着民主化進程。[4]

香港政壇一直缺乏有威望的本地政治領袖，由立法局選舉而突然產生的政治市場將大批政黨和政客捲入政治爭拗中。這些新冒起政客之間的鬥爭、他們與過往和殖民統治者合作無間的政治人物之間的鬥爭，以及支持民主人士與中英政府之間的鬥爭，都無情地將香港社會政治化，令民主化和反共的討論成為公共議題之首。

香港民主化的另一個特徵是，在香港民主步伐和恰當的制度安排上，各種政治勢力間沒完沒了的爭論，對香港的政治文化產生巨大影響。這一爭論到目前為止也未達成任何共識。這種不斷爭論、議而不決的狀況，無疑使民眾失去耐心。除政黨、政客理想主義的說辭以外，他們之間相互爭權奪利，致使民眾對政治產生不信任感，犬儒心態瀰漫，侵蝕了政治領袖的認受性。

不僅如此，關於香港民主的爭論和衝突，在一定程度上將社會政治化，並影響民眾對社會制度和社會領袖的看法。事實上，港英政府、中國政府及各方政治團體爭相拉攏社會羣體為他們之間的相互較量背書。立法局中功能組別的議席更鼓舞了社會、經濟和專業羣體參與政治。鑒於社會與政治的聯繫愈來愈緊密，公共議題必定會涉及民眾如何看待社會制度及其政治領袖。

殖民管治的認受性在很大程度上依賴社會經濟領域的施政表現。[5]一直以來，香港的經濟奇跡、廉潔的行政管理制度、民眾生活水平的提高，都被歸功於殖民政府。而民主化引起的政治紛爭卻對公共服務部門的士氣、公正及效率產生負面影響，而這些正是殖民管治的主要支柱。[6]民主化之前，公務員是唯一的政治力量，他們在去政治化的環境中管治香港。民主化將公務員帶入前所未見、混亂不堪的政治環境，加深了他

們因 "九七回歸" 產生的焦慮不安。公務員隊伍表現失準，不僅損害了政府的認受性，更影響了民眾對公共制度和政府高官的看法。

　　殖民政府關注民主化，難免將解決經濟發展和社會福祉問題的精力分散，而這兩方面都關係到維持統治的認受性，因此殖民政府的表現愈來愈差。自 20 世紀 80 年代初起，香港就受到許多社會經濟問題困擾，對民眾的影響，比民主化或是 "九七回歸" 來得更為直接，尤其是經濟發展放緩、貧富差距拉大、去工業化、失業率上升、環境污染、通脹加劇、房價飆升、長者福利短缺以及道德價值觀的淪喪等，都是民眾認為亟待解決的議題，政府卻沒有能力解決，這必然使民眾對公共制度的態度產生變化，也自然地令民眾對民主產生負面評價。

港人對民主的期待

　　作為被殖民者，港人並沒有直接體驗民主管治的經驗。科爾曼（Coleman）曾一語中的地指出，殖民統治並不利於培養民主精神：

　　　　殖民管治本質上是一種官僚的威權主義，政府被看成是所有公共政策的主導者，並且是一切公共設施和好職位的供給者。政府通過請願和行政管理，而非政治競爭和妥協來進行統治。民眾不參與政治，一切都由官僚精英說了算，因為在制度的設定上，就假設了他們最懂得社會需要甚麼。[7]

　　但是，民眾仍通過種種途徑接觸到了民主。教育的西化及擴張，對於培養和傳播民主價值來說至關重要。"二戰" 後，殖民政府逐步開放，並自稱諮詢型政府，在一定程度上兌現了殖民統治把殖民作為 "民主學校" 的保證。[8] 自 20 世紀 80 年代中期起，局部民主化的確在散播民主

188

價值觀上起到了一定作用。傳媒對其他社會落實民主的報道，也在灌輸民主價值上起到了頗重要作用。但不可否認的是，港人對民主的體驗仍非常有限。

正是民主經驗不足和已被廣泛接受的威權體制，塑造了港人對民主的理想化兼片面的設想，極大地影響了人們對各類公共制度的信任度。一方面，港人傾向於以一種理想化、浪漫主義的眼光看待民主，並重視民主究竟可以帶來多少實質利益。這種看待民主的眼光很片面，因為人們追尋民主只是為了它的政治功用，比如，可以保護並提高人們的利益和權力，防止濫權。但另一方面，人們其實並不熱心參與政治。總之，人們追求民主的重點在於政治體制的產出而非投入。局部民主化以傳統智慧為前提，認為公共政策終究是為了保護民眾利益，而政府的架構和程序則無需聽從百姓喜好，對政治人物的評價也只需看他是否維護民眾利益，至於這些機構和人是否由普選產生，則不是最重要的因素。[9]

一般來說，港人對民主只有溫和的訴求，因此對政府推行政制改革的支持甚為有限。儘管有着諸多局限，但港人對民主化還是有着很高的期待，1992 年的調查結果就可以清晰地看到這一點（見表 10-1）。

表 10-1　對民主效果的期待

（單位：%）

	會	不會	看情況	不知道	拒答
港人在政治上會更加平等	74.1	11.2	0.0	14.1	0.7
港人會更加團結	62.7	20.0	0.2	15.7	1.4
政府會更有效率	58.9	21.1	0.3	18.4	1.3
香港經濟會發展得更好	62.9	16.2	0.6	18.1	2.2
港英政府會更重視港人意見	80.1	7.5	0.2	10.1	2.1
中國政府會更重視港人意見	48.4	28.6	0.2	21.5	1.3
香港的政治局面會更穩定	54.7	22.0	0.5	21.0	1.8
港人有更多社會福利	76.2	9.6	0.2	13.0	1.0
政府會更受港人愛戴	75.5	9.6	0.2	13.4	1.4

（續表）

	會	不會	看情況	不知道	拒答
港人會生活得更好	67.3	11.4	0.5	19.5	1.4
社會衝突會減少	54.1	27.1	0.2	16.9	1.6
貧富差距會縮小	49.4	32.0	0.3	16.1	2.1
政府會愈來愈介入社會或經濟事務	59.6	16.5	0.0	22.9	1.0
港人會有更多個人自由	82.7	5.9	0.0	10.3	1.2
中國政府愈來愈少插手香港事務	29.7	44.8	0.1	24.0	1.4
政府濫用權力的機會愈來愈少	75.1	9.0	0.1	14.7	1.0

　　整體上，港人對民主可以帶來的好處期待甚高，其中包括政治上更平等、港人更團結、政府更關注民意、政局更穩定、社會福利更多、政府得到民眾更多支持、政府更多地介入社會經濟事務、更多個人自由、政府職權濫用減少等，這些可以說都是對民主的合理預期。令人頗感意外的是，港人對局部和有限的民主竟有這麼多期待。

　　民主究竟能否提升政府的管治效率、加速經濟發展、提升生活水平、紓緩社會衝突以及縮小貧富差距，其實無實證資料可查，但香港民眾希望能有如此效果。

　　至於民主對中國政府所能產生的影響，港人的評估則現實很多。雖然有 48.4% 的受訪者認為民主會使中國政府更重視港人意見，但仍有 28.6% 持相反觀點。而對於中國介入香港事務這一長久困擾港人的問題，他們並不樂觀，更多受訪者（44.8%）認為民主並不會使中國政府減少對香港事務的干預，表示樂觀者只佔 29.7%。

　　一個頗有趣的現象是，民主經驗少的受訪者反而對民主有更高期待。比如，低學歷者更傾向於期待民主會使港人更加團結、政府管治更有效率、政局更穩定、社會衝突減少，並更傾向於期待中國政府會減少對香港事務的干預。相對於男性，女性更傾向於認為民主會帶來更大程度的政治平等、港人更團結、政局更穩定、政府管治更有效率、更在乎民意，且會更多地介入社會經濟事務。

　　無論在甚麼情況下，港人普遍傾向於期待民主不僅對整個社會，也對每個個體都帶來實質性好處。基於這種功利性的取向，港人對民主的支持和對公共制度的信任，與其期待民主能帶來多少福祉息息相關。

對政治、社會、經濟狀況的評估

　　在過去 10 年，港人總體上對政治、社會和經濟的評估在起伏中呈下滑趨勢。表 10-2 顯示，撇開民主不談，港人對現狀愈來愈不滿。

表 10-2　對香港政治、社會、經濟現狀的滿意度　　　　　　　　（單位：%）

	政治現狀	社會現狀	經濟現狀
1988 年	29.0	40.9	57.0
1990 年	17.4	—	42.1
1991 年	20.0	17.5	31.6
1992 年	18.3	22.1	32.2
1992a 年	8.1	—	35.3
1994 年	14.2	26.7	39.3

註：滿意度採用五分尺度，表中數字為回答 "滿意" 和 "很滿意" 者。

　　對於港人的不滿，一種解釋是他們對香港回歸後的未來信心不足，但實證數據剛好駁斥了這種說法。從表 10-3 可以看出，總體而言，雖然民眾對香港的前途信心不高，但除了因中國發生政治風波引起的波動外，民眾的信心還是呈現逐步增強的趨勢的。

表 10-3　對香港前途的信心　　　　　　　　　　　　　　　（單位：%）

	1990 年	1991 年	1992a 年	1994 年
很有信心	3.1	2.2	3.1	2.2
有信心	29.5	34.7	39.7	36.9
普通	29.2	28.9	30.0	34.7
沒信心	25.9	22.7	17.9	18.9
很沒信心	2.8	1.2	1.7	1.3

　　對社會不滿的另一種較流行解釋是，香港社會變得渙散，因而疏離感普遍存在。但從表 10-4 的數據觀察到，港人的歸屬感正逐步增強，尤其是較高學歷和較年輕者。或者更有可能的是，正是社會渙散導致了港人更強的歸屬感和責任感。

表 10-4　對香港的歸屬感　　　　　　　　　　　　　　　　　　　　　　（單位：%）

	1988 年	1990 年	1991 年	1992a 年	1994 年
很強	22.2	13.8	15.2	17.9	6.6
強	44.9	49.5	39.9	48.1	70.4
普通	24.0	27.2	33.7	25.0	14.2
弱	4.5	5.4	4.7	5.8	6.6
很弱	3.0	0.8	2.7	1.3	0.8

　　民眾對公共制度及社會的不滿情緒，相信只是部分源於他們對個人生活領域的不滿，如工作、家庭、健康、社會地位。如表 10-5 所示，多年以來，港人對個人生活領域的滿意度相當穩定，只是對居住環境和經濟狀況的滿意度在不斷下降，這或許影響了他們對香港整體狀況的評價。

表 10-5　對個人生活領域的滿意度　　　　　　　　　　　　　　　　　　（單位：%）

	1986 年	1988 年	1990 年	1991 年
家庭生活	69.2	76.7	69.8	64.6
婚姻生活	72.9	—	—	—
與父母的關係	80.4	—	—	—
與子女的關係	77.5	—	—	—
與親戚的關係	45.2	—	53.1	53.2
與朋友的關係	62.4	—	63.4	64.0
工作	—	45.0	49.7	43.6
個人生活	64.0	—	55.4	42.6
社會地位	—	49.8	—	—

（續表）

	1986 年	1988 年	1990 年	1991 年
教育程度	26.9	21.7	25.9	21.9
健康情況	52.6	56.1	62.1	52.6
居住環境	—	55.5	49.5	40.2
經濟狀況	—	—	36.9	30.2

註：滿意度採用五分尺度，表中數字為回答 "滿意" 和 "很滿意" 者。

　　最顯著下降的是民眾對個人生活狀況的滿意度。1986 年，有 64% 的受訪者對自己目前的生活感到滿意，此比例在 1990 年、1991 年、1992 年和 1994 年分別下降為 55.4%、42.6%、42.8% 和 41.3%。這說明愈來愈多的港人在個人整體生活狀況方面，感到現實與理想之間的落差。學歷的提高自然會令人們對自我成就抱有更高期待，但社會上競爭日趨激烈、貧富差距拉大，再加上最近 10 多年經濟不景氣，無疑都挫敗了人們的期待，從而對自己的無所成就產生深深的怨懟。

　　根據調查，在過去 10 年，仍然認為香港充滿機會的受訪者略有減少。例如，在 1985 年，近九成受訪者（87.6%）同意香港是個充滿機會的地方，到了 1994 年，持這一觀點的受訪者減至 82.5%。與之相應的是負面情緒的滋長，1991 年，不同意香港是個公平社會的受訪者只佔 32.7%，但在 1994 年，認為香港社會財富分配不公平者達 57.3%，僅有 12.7% 認為公平。毋庸置疑的是，香港近年的種種變遷令社會產生頗多挫敗感和疏離感，雖然這種消極情緒只有些許增長且步伐緩慢。

　　至於對更開放和民主政體的施政效果，港人的評價頗為複雜。1992 年的調查顯示，對於在立法局選舉中引入直選議員，民眾總體上持正面評價。半數以上受訪者（50.6%）認為立法局的表現比之前好，只有 9.8% 認為比之前差。與此類似，37.8% 的受訪者認為在直選議員加入立法局之後，政府的工作效率比之前好，只有 12.3% 認為比之前差。

　　但是，民眾並不認為民主化提升了政治效能。事實正好與期待相反。1994 年，有 51.7% 的受訪者認為，香港政治引入各種選舉制度後，他們對政府的影響力並沒有提高，認為有所提高的只佔少數（24.5%）。事實上，雖然民主支持者大肆宣揚，但港人的政治無力感在過往 10 多年沒甚麼變化。比如，在 1985 年，75% 的受訪者同意香港的政治和政府極為複雜難明，84.7% 認為自己對政府的政策沒有影響力。到了 1991 年，仍有 68.1% 的受訪者同意香港的政治和政府複雜難明，大多數人認為港人無力改變港英政府（75.3%）、英國政府（79.5%）和中國政府（79.6%）的政策。顯然，民主化並未能提升港人的政治效能感。

　　基於港人認為民主應帶來實惠的功利主義觀點，民主化能否改善政府施政表現並提高績效，對他們是否支持民主和信任公共制度來說至關重要。但民調數據似乎並不令人鼓舞。民眾期待民主化可以提高政府表現和績效，但事實令他們非常失望。表 10-6 的數據顯示，過去 10 多年，港人對政府表現的評價急劇惡化。

表 10-6　對港英政府表現的評價 （單位：%）

	很好	好	普通	差	很差
1986 年	0.0	40.0	49.9	9.5	0.6
1988 年	0.8	41.2	46.5	6.3	0.3
1990 年	1.0	21.8	52.6	13.8	1.3
1991 年	0.2	30.9	50.6	10.2	0.5
1992 年	0.5	27.9	58.6	9.1	0.5
1992a 年	0.5	19.0	52.3	16.5	1.6

　　官方數據反映了差不多的結果。根據政務總署每季度民調的結果，過去 3 年的數據頗令人失望。就在最後一任港督彭定康臨上任前（他上任時信誓旦旦地許諾，政府第一要務是提升政府部門的管治表現，以挽回民眾對英國政府的支持），1992 年 7 月的數據顯示，52% 的受訪者對政府的總體表現滿意，表示不滿者佔 27%。但受訪者對公務員的滿

意度則較分化，46% 認為公務員高效，38% 則認為效率低下。自此，民眾對政府表現曾輕微回升，但之後便進一步惡化。在 1992 年 9 月，1993 年 1 月、5 月、9 月，1994 年 1 月、5 月、9 月和 1995 年 1 月、5 月的調查中，認為政府表現令人滿意的受訪者比例依次是 50%、53%、55%、50%、49%、49%、46%、40% 和 39%。

民眾對政府效率的評價也不怎麼樂觀。在 1992 年 9 月，1993 年 1 月、5 月、9 月，1994 年 1 月、5 月、9 月和 1995 年 1 月、5 月的調查中，認為公務員高效的受訪者比例依次是 44%、50%、49%、46%、47%、47%、45%、39% 和 38%。必須承認，民眾對公務員效率評價較低的部分原因是彭定康的許諾令民眾抱有極大期待，但我們還必須看到，公務員的表現相對於許諾着實有差距，而緊張的中英關係也打擊了公務員士氣。

反過來，公務員的政治焦慮和挫敗感也勢必影響其與民眾的關係。這一點可以從民眾對公務員的日益不滿看出。政務總署的調查數據顯示，在 1992 年 9 月，1993 年 1 月、5 月、9 月，1994 年 1 月、5 月、9 月和 1995 年 1 月的調查中，認為公務員工作態度良好的受訪者比例依次是 56%、59%、55%、52%、57%、56%、53% 和 50%。顯然，彭定康在殖民政府最後的歲月裏，試圖通過公務員高效表現來贏取民眾支持的盤算落空了。

以上零星的證據讓我們看到，港人對民主的理想化期待基本上沒有實現，而這勢必影響民眾對某些特定公共制度的信任和總體上對民主的態度。民調數據亦顯示，港人對政治、社會和經濟現狀的滿意度與他們對公共制度的信任呈顯著相關。

對公共制度的信任

　　總的來說，港人對政治、社會和經濟制度的信任度在過去 10 年有所滑落，尤其是政治制度，這預示着香港未來民主發展將會很艱辛。

　　首先，港人日趨對民主的效果產生不滿情緒。1988 年，略過半數的受訪者（58.1%）同意過去數年政府推行的政制改革令當前的政制變好了，認為變差的只佔 7.6%。但到了 1994 年，只有 39.6% 的受訪者同意政制改革改善了政局，而 14.8% 認為變差了。雖然 1988 年和 1994 年兩次調查的提問在用詞上略有不同，但民眾對民主的效果明顯表示失望。

　　其次，對政治的失望將不可避免地體現在民眾對政府信任的下跌上。如表 10-7 所示，民眾對港英、英國及中國政府的信任急劇下跌，對政府表現及其相互間缺乏合作產生了不滿。此外，民眾還認為無論哪個政府，都只顧維護自身和金錢利益，表明社會產生了很強的政治犬儒主義。[10]

表 10-7　對港英、英國和中國政府的信任　　　　　　　　（單位：%）

	港英政府	英國政府	中國政府
1985 年	72.1	39.5	31.5
1986 年	76.4	56.6	31.8
1988 年	52.2	33.1	22.0
1990 年	42.9	18.0	10.0
1991 年	42.6	20.2	11.2
1992 年	45.0	20.0	18.4
1992a 年	34.3	13.0	14.7
1993 年	63.7	27.0	26.2
1994 年	36.5	19.7	12.5

註：1985 年、1986 年和 1993 年的調查採用四分尺度，其他調查則採用五分尺度。表中數字為回答 "信任" 和 "很信任" 者。

　　表 10-8 顯示了港人對政治制度的信任狀況，特別值得指出的是，在立法局逐步引入直選議員的同時，民眾對其信任度卻顯著下滑。港督彭定康雖竭力討好民心，卻也清楚感受到自己逐漸低落的人氣。長久以來作為殖民管治中流砥柱的公務員也遭遇了民眾信心下跌的情況，想必與其表現屢屢令民眾失望有關。

表 10-8　對政治制度的信任 (單位：%)

	1988 年	1990 年	1991 年	1992 年	1994 年
港督	—	72.8	67.6	40.6	21.7
行政局	—	—	—	29.9	—
立法局	61.6	58.4	58.1	33.9	27.9
公務員	66.2	51.8	55.1	—	29.1
諮詢委員會	—	42.4	56.6	—	—
區議會議員	56.8	53.0	56.6	—	—

註：1988 年、1990 年和 1991 年的調查採用四分尺度，其他調查則採用五分尺度。表中數字為回答 "信任" 和 "很信任" 者。

　　與中國政府有關的政治制度也經歷了相同的民眾信任危機，例如，在 1988 年，民眾對新華通訊社香港分社 (實際扮演中國駐港 "大使館" 角色) 的信任度頗高，有 31.3% 的受訪者表示信任，而到了 1990 年，這一比例跌至 17.4%，1991 年是 16.4%，1994 年更驟跌至 8.1%。[11]

　　政治領袖也未能避免民眾的信心鴻溝。直接和間接選舉的引入，以及中國政府與港英政府蓄意部署未來香港的政治領袖，都極大地擴大了政治角力場。雖然政治人物在過去 10 多年艱辛努力，民心卻未見回歸。[12] 因此，如表 10-9 所示，近 10 年不僅絕大多數港人心目中沒有值得信任的政治領袖，而且持這一觀點的人數也有所增加。

表 10-9　值得信任的政治領袖

(單位：%)

	有	沒有	不知道 / 拒答
1985 年	24.5	47.8	27.6
1988 年	16.2	69.9	13.9
1990 年	9.5	69.0	21.6
1991 年	12.7	71.6	15.7
1992 年	19.8	68.5	11.7
1992a 年	11.7	71.0	17.2
1994 年	15.4	71.6	12.9

政治團體也同樣受到民眾質疑，而這種模棱兩可的矛盾態度阻礙了政治團體的發展。[13] 香港政治團體急速冒起，民眾對其知之甚少，在認同上也存猶疑。表 10-10 的數據顯示，香港政治團體要在民眾心中佔有一席之地，並建立廣泛而穩定的支持基礎，仍有漫漫長路要走。就目前而言，政治團體並非港人信賴的政治角色。

表 10-10　值得信任的政治團體

(單位：%)

	有	沒有	不知道 / 拒答
1990 年	7.2	62.1	30.7
1991 年	12.5	62.6	24.9
1992 年	19.2	64.3	16.5
1992a 年	13.3	68.1	18.6
1994 年	16.8	67.7	15.5

與民眾對政治制度信任的急跌相比，民眾對社會和經濟制度的信任則令人稍感欣慰，但其下行趨勢仍清晰可見。香港的資本主義社會經濟體制一如既往地得到了港人的支持。1991 年，大多數受訪者 (58.4%) 同意資本主義制度是好的經濟制度，僅有 5.2% 持相反觀點。1994 年，同意上述說法的受訪者 (57%) 只有輕微減少，不同意者則增加至

10.2%。表 10-11 的數據更細緻地顯示了民眾對一些重要社會經濟制度的信任度。總體來說，當前社會經濟制度比政治制度更受民眾支持，然而，過去情形卻正好相反，即政治制度更受民眾支持。[14] 過去未改革之前的威權政治其實享有更高的民眾支持，這頗具諷刺意味。改革反令政治制度的支持率下跌，而未曾改革的社會經濟制度的支持率反而佔了上風。

表 10-11　對社會經濟制度的信任 (單位：%)

	1988 年	1990 年	1991 年	1994 年
工商界領袖	35.7	33.8	29.1	17.7
學者	61.1	61.6	59.4	50.3
專業人士	—	62.3	—	—
工會領袖	—	37.2	32.9	24.1
宗教領袖	—	39.7	31.4	22.6
律師	63.4	60.8	52.8	33.9
法官	66.7	70.8	61.4	50.0
壓力團體	40.7	34.8	25.9	—
醫生	—	—	72.8	58.6
新聞工作者	—	—	63.4	—
電視台	—	—	—	32.4
報章	—	—	—	37.8

註：1988 年、1990 年和 1991 年的調查採用四分尺度，1994 年調查則採用五分尺度。表中數字為回答 "信任" 和 "很信任" 者。"學者" 在 1991 年和 1994 年調查時使用 "大學教授" 一詞。"工會領袖" 在 1994 年調查時使用 "工會" 一詞。"法官" 在 1990 年調查時使用 "法庭" 一詞。

在香港，民眾對政治制度和社會經濟制度的信任之間其實沒有多少關聯。究其原因，是由於香港一開始便奉行經濟自由放任和社會不干預政策，政府對社會經濟事務甚少介入。[15] 再者，香港近 10 年政治領域的變遷對整個社會和經濟產生的影響不大，因此在一定程度上使社會經濟制度免受因政治制度信任下跌而引起的不良影響。民眾對政治、社會和經濟制度信任並不相互干擾，可以從這三者的因素分析結果中看出。

根據表 10-12，民眾對公共制度的信任大致呈現如下結構：政治、社會、經濟制度可分為 4 個獨立的因素，即中國政府、專業人士、英國和港英政府，以及政黨和社會領袖，其中以關於中國政府的因素最為突出。政黨與社會領袖歸同一因素其實絕非偶然，比如香港民主同盟，他們聲稱代表普羅大眾，傾向於與工會站在同一立場，而自由黨本身親商，擁有極強的商界聯繫。

表 10-12　對公共權威信任結構的因素分析

	因素 1 中國政府	因素 2 專業人士	因素 3 英國和港英政府	因素 4 政黨和社會領袖
中國政府	0.76			
新華通訊社香港分社	0.83			
香港特區預備工作委員會	0.86			
港事顧問	0.77			
律師		0.65		
醫生		0.74		
大學教授		0.75		
法官		0.72		
英國政府			0.82	
港英政府			0.74	
港督			0.84	
立法局			0.62	
民主建港聯盟				0.65
香港民主同盟				0.64
自由黨				0.76
工商界領袖				0.52
宗教領袖				0.52
工會				0.57
公務員				
電視台				
報紙				
特徵值 (eigenvalue)	6.7	2.5	1.9	1.4
解釋的方差 (%)	30.6	11.4	8.4	6.4

註：表內數字乃使用變值盡簡法（varimax solution），並按配對狀態刪除法（pairwise deletion）處理缺失值進行因素分析的結果。因素負荷量低於 0.5 者不予登錄。

對香港民主化的啟示

香港的民主化基本上是由即將撤出香港政治舞台的英國政府發動的。因此，其進程未能廣泛動員民眾對民主的訴求，而且動員效果非常微弱。縱然港人的政治文化在民主化進程中作用非常有限，卻對民主的進一步發展和鞏固深具意義（無論這個民主有多"局部"）。[16]

在這裏，我不嘗試解釋香港的政治文化和民主化之間複雜的關係，本章以上討論並非立意高遠，我提出的問題是：對民主抱有功利價值取向的港人而言，民主化是否強化了公共權威，從而為香港進一步的民主發展奠定基礎？在香港，民眾對政治、社會和經濟制度的信任度似乎取決於這些制度的表現。換句話説，民主的認受性在很大程度上取決於這些制度能否提高個人及社會福祉。正如調查數據所顯示，香港已實現局部民主化，但港人對各方制度表現的滿意度，並不足以提升他們對公共制度的信任。

由於香港的民主並非自己產生，也非植根於廣大民眾對政治、社會或經濟的不滿，因此港人對未改革前的舊政體還帶着留戀的感情。在局部民主政體下，港人對公共制度信任的下跌，並沒能將其心意由舊的威權政體引向更開放的新制度。事實上，港人對舊制度的認同感仍然很強。同意"雖然香港的政治制度並非完美，但在香港的現實環境下，這已經是最好的了"這一看法的受訪者，1985 年佔 74.3%，1988 年佔 70.5%，1990 年下跌至 59%，1992 年為 56.3%，1993 年則為 62.1%。[17]

縱觀過去近 10 年，香港雖開始踏上民主之路，但仍可視為威權政體。關於民眾對未民主化前政體的支持仍有證據：1992 年仍有 72% 的受訪者同意由公務員繼續管治；1994 年這一比例有所下降，但仍有 56.8%。

港人對未民主化前的舊政體仍有懷舊之情，這並不令人驚訝，因為"二戰"後香港的經濟奇跡及社會穩定，均是在殖民統治下成就的，但這種情緒不僅會影響港人對民主的支持度，更會影響其對民主的接受度。調查結果表明，雖然港人期盼民主，卻並不急切。1990 年，43.1% 的受訪者表示香港的政治體制應保持不變，38.5% 則認為需要改革。他們對民主的訴求在 1992 年有所增加，認為應進一步民主化的佔59.8%，認為應保持不變的只佔 30.5%。而到了 1993 年，33.6% 的受訪者認為香港近年的政制改革速度剛剛好，認為太慢的只有 11.3%。

　　民眾對公共制度的信任下跌，與對未來民主發展沒有太大信心有關。1985 年，超過一半的受訪者（54.7%）認為香港有機會成功推行民主政制，1992 年認為有機會成功的跌至 32.8%。受訪者於 1990 年、1991 年和 1994 年被問到香港推行民主政制成功的機會時，表示悲觀的受訪者比例依次為 43.6%、43.1% 和 35.1%。總體而言，民眾對香港民主化的未來呈悲觀之勢，這預示着未來民主發展將步履艱難。

　　在其他社會，民眾對民主政府表現的不滿，有可能削弱其對公共權威的信任，進而威脅民主體制的認受性。[18] 在民主體制成熟發展的社會，類似威脅的程度不大，可以承受。但對於新興民主國家，即使推行了民主但政府表現惡化，民眾因此對公共制度信任下滑，成為鞏固和進一步發展民主的極大威脅。[19]

　　在香港，由中國對香港恢復行使主權而引發的不確定和不穩定，肯定會在短期內繼續對公共制度的表現產生負面影響，香港的局部民主體制將面臨嚴峻考驗。同時，政治犬儒主義的冒起和民眾的不願參與政治，也必將阻礙香港民主發展的前景。再者，社會、經濟體系雖充滿活力，卻也面臨着民眾信任的下滑，進而也就更無力搭救邁向民主但存在諸多問題的政治體制了。

註釋

1. Bradley M. Richardson and Scott C. Flanagan, *Politics in Japan* (Boston: Little, Brown, 1984), pp. 217-264; Kendall L. Baker et al., *Germany Transformed* (Cambridge, MA: Harvard University Press, 1981); Bolivar Lamounier and Amaury de Souza, "Changing Attitudes toward Democracy and Institutional Reform in Brazil,"in Larry Diamond (ed.), *Political Culture and Democracy in Developing Countries* (Boulder: Lynne Rienner, 1993), pp. 295-326; José Ramón Montero, "Revisiting Democratic Success: Legitimacy and the Meanings of Democracy in Spain,"in Richard Gunther (ed.), *Politics, Society, and Democracy: The Case of Spain* (Boulder: Westview Press, 1993), pp. 140-168; Samuel J. Eldersveld and Bashiruddin Ahmed, Citizens and Politics: Mass Political Behaviour in India (Chicago: University of Chicago Press, 1978).

2. 除了 1985 年和 1986 年的調查，其他都是全港性調查。所有調查採用相同的抽樣程序。調查的總體是年滿 18 歲香港華裔居民，樣本為概率樣本。首先由港英政府統計處協助，在全港以分區等距方式抽取居住單位地址；其次是抽選住戶，如果已選取的居住單位有超過一家住戶或為一羣體住戶（如宿舍），訪問員將根據隨機抽選表，抽選其中一家住戶或一位符合資格人士接受訪問；最後是抽選受訪者，如果已選取的住戶有超過一位符合資格人士，訪問員將利用基什方格（Kish Grid）抽選其中一位接受訪問。回應率是扣除無效和沒有使用的住址後計算：（1）1985 年調查在觀塘區（一個多元化的、工業區與住宅區混合的小區）進行，完成 767 個訪問，回應率為 46.9%。（2）1986 年調查也在觀塘區進行，完成 539 個訪問，回應率為 67.4%。（3）1988 年調查完成 396 個訪問，回應率為 61%。（4）1990 年調查完成 390 個訪問，回應率為 69.8%。（5）1991 年調查完成 401 個訪問，回應率為 55.8%。（6）1992 年調查在 5～11 月進行，完成 868 個訪問，回應率為 55.4%。（7）1992a 年調查在 1992 年 12 月～1993 年 2 月進行，完成 1 993 個訪問，回應率為 54.9%。（8）1993 年調查完成 892 個訪問，回應率為 54.6%。（9）1994 年調查完成 997 個訪問，回應率為 57%；受訪者的社會經濟背景與 1991 年香港人口普查所得相似。

3. Lau Siu-kai, "The Unfinished Political Reforms of the Hong Kong Government," in John W. Langford and K. Lorne Brownsey (eds.), *The Changing Shape of Government in the Asia-Pacific Region* (Victoria: The Institute for Research on Public Policy, 1988), pp. 43-82; Lau Siu-kai, "Hong Kong's Path of Democratization," *Swiss Asian Studies*, Vol. 49, No. 1 (1995), pp. 71-90.

4. Lau Siu-kai and Kuan Hsin-chi, *The Ethos of the Hong Kong Chinese* (Hong Kong: Chinese University Press, 1988), pp. 73-80; Lau Siu-kai, "Institutions Without Leaders: Hong Kong Chinese View of Political Leadership," *Pacific Affairs*, Vol. 63, No. 2 (1990), pp. 191-209; Lau Siu-kai, "Social Irrelevance of Politics: Hong Kong Chinese Attitudes toward Political Leadership," *Pacific Affairs*, Vol. 65, No. 2 (1992), pp. 225-246.

5. Lau Siu-kai and Kuan Hsin-chi, "Public Attitudes toward Political Authorities and Colonial Legitimacy in Hong Kong," *Journal of Commonwealth and Comparative Politics*, Vol. 33, No. 1 (1995), pp. 79-102.

6. Terry Lui and Terry L. Cooper, "Hong Kong Facing China: Civil Servants' Confidence in the Future," *Administration and Society*, Vol. 22, No. 2 (1990), pp. 159; Terry L. Cooper and Terry T. Lui, "Democracy and the Administrative State: The Case of Hong Kong," *Public Administration Review*, Vol. 50, No. 3 (1990), pp. 338; Joseph Y. S. Cheng and Jane C. Y. Lee, *A Study of the Bureaucrat-Politician Relationships in Hong Kong's Transition* (Hong Kong: Department of Public and Social Administration, City Polytechnic of Hong Kong, 1994), pp. 13-27.

7. James S. Coleman, *Nationalism and Development in Africa: Selected Essays* (Berkeley: University of California Press, 1994), pp. 93.

8. Rupert Emerson, *From Empire to Nation* (Cambridge, MA: Harvard University Press, 1960), pp. 228.

9. Kuan Hsin-chi and Lau Siu-kai, "The Partial Vision of Democracy in Hong Kong: A Survey of Popular Opinion," *The China Journal*, Vol. 34 (1995), pp. 239-264; Lau Siu-kai, "Public Attitudes toward

Political Leadership in Hong Kong: The Formation of Political Leaders," *Asian Survey*, Vol. 34, No. 3 (1994), pp. 243-257; Lau Siu-kai and Kuan Hsin-chi, "The Changing Political Culture of the Hong Kong Chinese," in Joseph Y. S. Cheng (ed.), *Hong Kong in Transition* (Hong Kong: Oxford University Press, 1986), pp. 27-51; Lau Siu-kai and Kuan Hsin-chi, "The Attentive Spectators: Political Participation of the Hong Kong Chinese," *Journal of Northeast Asian Studies*, Vol. 14, No. 1 (1995), pp. 3-24.

10. Lau Siu-kai, "Decline of Governmental Authority, Political Cynicism and Political Inefficacy in Hong Kong," *Journal of Northeast Asian Studies*, Vol. 11, No. 2 (1992), pp. 3-20.

11. 在 1988 年、1990 年和 1991 年的調查問卷中，我們採用四分尺度（很信任、信任、不信任、很不信任），1994 年調查則採用五分尺度（很信任、信任、普通、不信任、很不信任）。所以，如果 1994 年調查是採用四分尺度，其相關數字應該較大。

12. Lau Siu-kai, "Colonial Rule, Transfer of Sovereignty and the Problem of Political Leaders in Hong Kong," *Journal of Commonwealth and Comparative Politics*, Vol. 30, No. 2 (1992), pp. 223-242.

13. Lau Siu-kai, *Public Attitude toward Political Parties in Hong Kong* (Hong Kong: Hong Kong Institute of Asia-Pacific Studies, The Chinese University of Hong Kong, 1992).

14. Lau, "Institutions Without Leaders," pp. 208.

15. Lau Siu-kai, *Society and Politics in Hong Kong* (Hong Kong: Chinese University Press, 1982); Lau Siu-kai and Kuan Hsin-chi, "Public Attitude toward Laissez Faire in Hong Kong," *Asian Survey*, Vol. 30, No. 8 (1990), pp. 766-781.

16. Larry Diamond, "Introduction: Political Culture and Democracy," in Diamond (ed.), *Political Culture and Democracy in Developing Countries*, pp. 1-33.

17. 1985 年、1988 年和 1990 年的調查採用四分尺度，1992 年和 1993 年調查則採用五分尺度。

18. Mark Franklin et al., *Electoral Change: Responses to Evolving Social and Attitudinal Structures in Western Countries* (Cambridge: Cambridge University Press, 1992); Jacques J. A. Thomassen, "Economic Crisis, Dissatisfaction, and Protest," in M. Kent Jennings et al., *Continuities in Political Action: A Longitudinal Study of Political Orientations in Three Western Democracies* (Berlin: Walter de Gruyter, 1990), pp. 103-134; Felix J. Heunks, "From Personal to Political," in Jennings et al., *Continuities in Political Action*, pp. 135-160; M. Kent Jennings, "Perception of Social Injustice," in Jennings et al., *Continuities in Political Action*, pp. 161-199; Peter H. Merkl, "Comparing Legitimacy and Values Among Advanced Democratic Countries," in Mattei Dogan (ed.), *Comparing Pluralist Democracies: Strains on Legitimacy* (Boulder: Westview Press, 1988), pp. 19-63; Juan J. Linz, "Legitimacy of Democracy and the Socioeconomic System," in Dogan (ed.), *Comparing Pluralist Democracies*, pp. 65-97; James W. White, "Civic Attitudes, Political Participation, and System Stability in Japan," *Comparative Political Studies*, Vol. 14, No. 3 (1981), pp. 371-400; Scott C. Flanagan and Bradley M. Richardson, "Political Disaffection and Political Stability: A Comparison of Japanese and Western Findings," *Comparative Social Research*, Vol. 3 (1980), pp. 3-44; Suzanne Berger, "Politics and Antipolitics in Western Europe in the Seventies," *Daedalus*, Vol. 108 (1979), pp. 27-50; Samuel Huntington, "The Democratic Distemper," *The Public Interest*, Vol. 41 (1975), pp. 9-38; Russell J. Dalton, *Citizen Politics in Western Democracies* (Chatham: Chatham House, 1988); Gabriel A. Almond and Sidney Verba (eds.), *The Civic Culture Revisited* (Boston: Little, Brown, 1980); Michel J. Crozier et al., *The Crisis of Democracy* (New York: New York University Press, 1975); Seymour M. Lipset and William Schneider, *The Confidence Gap: Business, Labor, and Government in the Public Mind* (Baltimore: Johns Hopkins University Press, 1987); Samuel H. Beer, *Britain Against Itself* (London: Faber and Faber, 1982); Kevin Phillips, *The Politics of Rich and Poor* (New York: Random House, 1990).

19. William R. Reisinger et al., "Political Values in Russia, Ukraine and Lithuania: Sources and

Implications for Democracy," *British Journal of Political Science*, Vol. 24, Pt. 2 (1994), pp. 183-223; James L. Gibson et al., "Democratic Values and the Transformation of the Soviet Union," *Journal of Politics*, Vol. 54, No. 2 (1992), pp. 329-371; Andrei Y. Melville, "An Emerging Civic Culture? Ideology, Public Attitudes, and Political Culture in the Early 1990s," in Arthur H. Miller et al. (eds.), *Public Opinion and Regime Change: The New Politics of Post-Soviet Societies* (Boulder: Westview Press, 1993), pp. 56-68; James L. Gibson and Raymond M. Duch, "Emerging Democratic Values in Soviet Political Culture," in Miller et al. (eds.), *Public Opinion and Regime Change*, pp. 69-94; Arthur H. Miller, "In Search of Regime Legitimacy," in Miller et al. (eds.), *Public Opinion and Regime Change*, pp. 95-123.

第 11 章　政治權威與殖民政權的認受性問題 [*]

1997 年，香港的殖民管治便會終結。由於中國將在 1997 年恢復行使主權，再加上伴隨而來的政權轉移，香港的殖民政府難免會淪為看守政府。殖民政府主動引入的民主政制改革，雖然程度及幅度有限，但終究終止了一直以來對權力的壟斷。中國政府日益參與香港事務，也自然令殖民政府愈來愈感受到未來主權國日漸擴張的影響。民主改革為近年冒起的各種本地政治勢力提供了活動空間，它們對行將撤離的政權不斷提出挑戰。因為 "九七回歸" 而產生的政治憂慮感及恐懼感提升了港人的政治意識，並促使他們向政府提出各種各樣的訴求，但與此同時，政府的管治能力卻因為公務員的惴惴不安而弱化。簡單來說，殖民政府陷入了前所未有的政治動蕩。[1]

身處這種不利的情況下，民眾很自然地會預期殖民政府的權威削弱及認受性下滑。事實上，這些現象已經出現。[2] 不過，殖民政權的認受性仍未跌至使英國人無法取得足夠權威以維繫像樣管治的地步。在港人心目中，無論是中國政府還是本地的政治勢力，都不能夠取代港英政府成為有效管治者。如果我們把這些有趣又使人困惑的現象與香港殖民歷史上從未出現過民族運動、反殖民運動或獨立運動的事實一併審視，那麼香港與其他前英國殖民地的差異的確很驚人。

[*] 本文與關信基合著，原以英文發表，刊於 Lau Siu-kai and Kuan Hsin-chi, "Public Attitudes toward Political Authorities and Colonial Legitimacy in Hong Kong," *Journal of Commonwealth and Comparative Politics*, Vol. 33, No. 1 (1995), pp. 79-102。中文版曾以 "香港人對政治權威的態度及殖民地政權的認受性" 為題，刊於《廣角鏡》，第 252 期（1993），80-93 頁；現在的譯本再經修訂。

很明顯，香港殖民政權的認受性有鞏固的基礎。鑒於管治的長期性及有效性，我們甚至可以認為，港英政府也許已經為自己取得了某種程度上伊斯頓（Easton）所言的"普遍支持"（diffuse support）。[3] 對港英政府而言，這是個不小的成就，因為這種認受性在其他殖民地十分罕見。當然，這種認受性可以由香港的獨特性來加以解釋。即使如此，要深入理解香港殖民政權的認受性本質，我們有必要探討港人對政府權威的取向，了解政府權威對他們究竟有何意義。

針對民眾對政府權威的態度及對殖民政權的認受性本質的研究，並非只具有學術意義。其研究成果，對於政權過渡的分析、香港的民主化與政治領袖的產生等問題來說，也具有參考價值。這是因為，儘管香港的殖民管治會在 1997 年結束，但由於殖民政權在港人心目中的政治認受性仍然存在，民眾不會馬上把效忠對象轉移到新政權，因此新政權會遇到一些管治上的困難。殖民政權認受性的持續也會削弱民眾對民主改革的支持，妨礙本地政治領袖的湧現。

本章數據主要來自我們在 1992 年進行的全港性隨機抽樣調查。其他輔助數據則取自我們與其他學者以往的調查發現。[4] 如非注明，本章引用的民意數字都來自 1992 年的調查。

殖民政權的認受性

在殖民管治者行將撤離的前夕，港人基本上依然接受並且留戀香港作為殖民地的身份。民眾一般仍舊認可殖民政權。這些現象表明了英國人在香港實施殖民管治的成功，並印證了英國的殖民管治具有政治認受性的事實。

1992 年的調查清晰顯示了殖民政權受到港人的擁護。有相當大比例的受訪者（84%）同意以下說法："如果一個政府能夠好好地照顧人民，即使它是殖民政府，也應該得到人民的擁護"，不同意這個看法的人極少，只有 5.6%；值得注意的是，對於這個問題，只有很少的人（4.1%）沒有明確意見（指答稱"不知道"或不予作答的人），這表明大多數港人毫不含糊地或確鑿地支持英國在香港的殖民管治。

港人對殖民管治的支持似乎並非單純地基於政治上的權宜考慮，或是由於沒有其他可取的選擇，而是因為他們對香港的殖民地身份好像並無怨懟之情。有人認為，由於殖民主義蘊涵了種族不平等、政治上的支配與被支配關係、經濟剝削及文化衝突等特徵，因此在殖民地人民心中出現某種羞恥感，對異族統治的抗拒感便不可避免，即使這些感受不一定導致公開的反叛。[5] 但顯而易見，這不是香港的情況。絕大部分受訪者（83.9%）坦白承認他們沒有因為香港是英國的殖民地而覺得心中不舒服，當然也不一定以此為榮，持相反意見的人則只佔 11.3%。一如所料，學歷較高的人比其他人較多地感到不舒服，而沒有明確看法的人則只佔極小比例（4.8%）。我們仍有理由認定，對港人來說，保留香港作為英國殖民地是可以接受的。

殖民政權所享有的政治認受性，也可以從殖民地政治體制所獲得的民眾支持中窺見。其中一個指標是民眾對公務員治港的持續支持，而公務員作為統治者的情況，一直都是香港及其他前英國殖民地的主要特點。在調查中，大多數受訪者（72%）對以下問題持肯定立場："香港一直以來都是由公務員管治。如果香港以後繼續由公務員管治，你是否同意呢？"反對的人則只佔微不足道的 7.5%。

很明顯，過去 10 年來，民主改革並沒有動搖港人對寬厚式威權政治體制的支持，以往連續數次的調查都顯示，民眾支持現行政治體制。在 1985 年及 1988 年的調查中，各有 74.3% 及 70.5% 的受訪者同意"雖然香港的政治制度並非完美，但在香港的現實環境下，這已經是最好的了"這一説法；[6]1990 年及 1991 年調查的相關數字分別為 59%

及 72%；[7] 1992 年調查的相關數字則為 56.3%。需要當心的是，由於政制改革，在不同的調查中，所謂"現行"的香港政制不盡相同，但我們仍然可以説，殖民政制的基本特徵一般被港人接受，當然也需要承認一點，就是港人對現行政制的接受度正在緩慢下降。

雖然民眾對現行政制懷有自滿感，但這並不表示港人不希望政制有所轉變。事實上，香港存在着一股溫和的民主改革訴求。在調查中，59.8% 的受訪者認為，香港的政治體制應該進一步民主化，只有 30.5% 的人表示應該保持不變。不過，較多的港人傾向於把民主政府定義為"一個肯諮詢民意的政府"，而民主政府是"一個由市民選舉出來的政府"的意義，並不普遍為民眾接受。在 1988 年的調查中，較多受訪者（44.2%）認為民主政府是一個肯諮詢民意的政府；同樣地，在 1990 年、1991 年及 1992 年的調查中，各有 39.5%、35.9% 及 40% 的受訪者把民主政府定義為諮詢型政府。那些把民主政府定義為"一個由市民選舉出來的政府"的受訪者比例，在 1988 年、1990 年、1991 年及 1992 年的調查中分別為 14.9%、27.9%、21.9% 及 22.7%。[8] 由此可見，在很多人心目中，所謂民主改革，其實基本上是以現行政制為基礎加以改進，而非激烈的變革。無論如何，港人並無意圖以其他政治力量取代現有管治。事實上，超過一半的受訪者（53%）強調，除了港英政府外，並沒有發現另外的政治力量有能力把香港管治好。

除了整體政治體制外，殖民政權的主要組成部分，即港督、行政局、立法局、立法局內的各類議員及政府高官，基本上得到了港人的支持（見表 11-1）。

表 11-1　對政治制度的信任　(單位：%)

	信任	普通	不信任	不知道	拒答
港督	40.6	38.6	13.5	7.0	0.3
行政局	29.3	39.6	15.8	14.6	0.6
立法局	33.9	41.4	12.1	11.9	0.8
立法局委任議員	23.6	39.9	21.9	13.8	0.8
立法局直選產生的議員	46.4	31.7	8.3	12.8	0.8
立法局功能團體選出的議員	31.4	38.6	11.0	18.3	0.8
政府高官	16.8	36.6	33.7	12.1	0.7

　　一個令人費解的發現是，在政制各組成部分中，政府高官最不為民眾信任。在我們過去的調查中，公務員通常都是最受民眾信任的，因此表 11-1 的發現令人詫異。[9] 在證據不足的情況下，我們只能臆測其原因。其中一個原因可能是我們用了 "政府高官" 這個詞，使受訪者容易聯想到一些高高在上、頤指氣使的官僚，因而作出負面的回應。另一個可能原因是，民主改革導致高級官員受到比以往更多的公開批評，從而使他們在民眾眼中的地位下降。但不管怎樣，政府高官的公眾形象受損是不爭的事實。

　　一般而言，過去 10 年間，各種變遷理應對殖民政權的認受性造成衝擊，但實際情況並沒有那麼嚴重。至少到目前為止，以民眾接受度而言，殖民政府的狀況看來還是蠻不錯的。

對港英政府的評價

　　各種指標似乎都顯示，民眾對港英政府的評價日益下滑，不過它仍然在一定程度上被港人接受。以一個 "夕陽" 政府來論，尤其是把它與西方國家日益減少的民眾支持相比較，[10] 殖民政府確實幹得不錯。

　　民眾對政府的政治信任度現正處於下降，[11] 當然還未達到危險水平。在 1985 年、1986 年、1988 年、1990 年及 1991 年的調查中，分別有 72.1%、76.4%、48.5%、42.9% 及 42.6% 的受訪者表示信任港英政府；1992 年調查的相關數字則為 45%。

雖然港英政府近年來在行政上的表現比之前有所下滑，但民眾對其評價仍處於安全線內。在 1985 年、1986 年、1988 年、1990 年及 1991 年的調查中，認為港英政府的工作表現良好的受訪者比例分別為 61.2%、43.6%、41.2%、22.8% 及 31.1%；1992 年調查的相關數字則為 28.4%。這再次顯示了下降的趨勢。

此外，大概 1/4 的受訪者（23.5%）表示港英政府辦事公正，只有 18.1% 抱怨政府不公正，約一半受訪者（51.4%）則認為一般。一個殖民政府竟被其人民視為辦事公正，不能不說是個成就。

在 1991 年的調查中，超過一半的受訪者（63.6%）承認喜歡港英政府；有為數不少的受訪者（38.9%）甚至表示會在回歸後懷念港英政府。在此次調查中，當被問及他們對港英政府有沒有好感時，34.8% 的人表示有好感，聲稱沒有好感的只佔 14%，49.2% 則答稱對政府的感情一般。

為了進一步了解港人對政府的評價，我們要求受訪者就政府在各方面的表現進行評價，其結果如表 11-2 所示。

表 11-2 對港英政府各方面表現的評價 (單位：%)

	好	普通	不好	不知道	拒答
關心市民的疾苦	17.9	48.3	31.5	2.2	0.1
解決香港所面對的問題	20.6	48.7	25.0	5.4	0.2
推動民主	21.6	43.5	25.5	9.1	0.3
處理與市民的關係	23.8	52.2	17.8	5.6	0.6
滿足市民的需要	14.0	46.8	36.5	2.4	0.3
推動經濟發展	54.2	30.3	9.3	6.1	0.1
維持社會治安	35.8	37.0	25.3	1.8	0.1

（續表）

	好	普通	不好	不知道	拒答
維護社會道德	31.2	45.5	17.4	5.4	0.5
愛民如子	13.3	43.7	37.7	4.3	0.9
提供社會福利	28.3	42.7	26.1	2.6	0.1
在英國政府面前維護香港的利益	16.5	34.3	38.3	10.3	0.6
在中國政府面前維護香港的利益	17.6	36.3	33.2	12.3	0.5
控制通貨膨脹	10.6	25.9	58.8	4.1	0.5
改善市民的生活質量	20.2	44.1	32.5	3.0	0.2

　　為了方便分析，我們用變值盡簡法（varimax solution）進行因素分析，則表 11-2 內的多個變項綜合成為幾個主要因素，分析結果列於表 11-3。我們可以看到，眾多變項可歸為 4 個獨立因素，其中一個可以解釋它們之間多達 35.2% 的方差，我們把這個主導因素命名為"照顧人民"。若我們把表 11-2 及表 11-3 的發現一併考慮，可以得到以下結論：港英政府雖然大體上得到港人還不錯的評價，但民眾覺得政府在"照顧人民"方面未盡人意。對於港英政府在促進經濟發展方面的努力，民眾表示讚賞，卻不滿政府無法控制通貨膨脹。此外，民眾也不認為港英政府在英國及中國政府面前保障香港的利益方面有所作為。

表 11-3　對港英政府表現評價的因素分析

	因素 1 照顧人民	因素 2 維護香港利益	因素 3 促進經濟發展	因素 4 維持社會秩序
關心市民的疾苦	0.70			
解決香港所面對的問題	0.71			
推動民主	0.57			
處理與市民的關係	0.68			
滿足市民的需要	0.65			
愛民如子	0.64			
在英國政府面前維護香港的利益		0.79		
在中國政府面前維護香港的利益		0.80		
推動經濟發展			0.70	

（續表）

	因素 1 照顧人民	因素 2 維護香港利益	因素 3 促進經濟發展	因素 4 維持社會秩序
控制通貨膨脹			0.63	
改善市民的生活質量			0.71	
維持社會治安				0.76
維護社會道德				0.80
提供社會福利				
特徵值（eigenvalue）	5.28	1.15	1.09	1.04
解釋的方差（%）	35.2	7.7	7.3	7.0

註：因素負荷量低於 0.5 者不予登錄。

　　儘管港人對政府的接受度逐漸下降，但大體上依然維護政府的管治權威。在政治前景不明朗的情況下，不少人擔心香港在回歸前會出現政治不穩定的局面。在調查中，有 37.8% 的受訪者承認擔心未來幾年會出現政治不穩定，而比較之下，沒有這個擔憂的人的比例則稍多一些（42.7%）。在這種情況下，民眾自然期望港英政府負起維護本土社會與政治秩序的重責。由於民眾不認為有可以取代現行政府執政的其他政治勢力，他們難免會增加對政府的依賴性。縱使政府的權威正在緩慢地減弱，但只有少數人認為應該限制政府的權力。大部分受訪者（66.2%）不認為港英政府擁有的權力過大，認為權力過大者只佔 21.4%。相反地，有些人甚至認為應該擴大政府的權力。當被問及在目前情況下，港督的權力是應該加強、削減或維持不變時，受訪者的答案頗具啟發性。極少數人（12.1%）贊成削減港督的權力，38.7% 的人則無意改變現狀，不過仍有不少人（33.4%）主張加強港督的權力。

　　作為一個有着多元化利益的現代社會，香港的私人利益與個體利益享有一定程度的民眾認受性。這種認受性在傳統中國社會是不存在的。在傳統中國社會，公共利益得到肯定，而私人利益被加以貶抑。在調查中，稍低於一半的受訪者（45.4%）肯定香港各界人士盡力向政府爭取自己利益的做法，大約 1/4 的受訪者（23.7%）則表示無所謂，只有

23.2% 反對私人利益抬頭。然而，儘管港人對私人利益採取寬容的態度，但仍有相當大比例（73%）的受訪者認為，政府有責任約束那些主要為了爭取自己利益的個人或團體。在主權移交前夕，由於政府權威下降及社會道德準則鬆弛為私人利益的擴張營造了一個合適的環境，民眾因而更重視政府作為公共利益保障者的角色。正因為在這件事上，港英政府是難以取代的，所以它在民眾心目中的認受性也有所提高。

對好政府的認識

為了探究殖民政權認受性的根源，我們有必要了解港人對好政府的認識。過去的研究顯示，在香港華人的政治文化中，所謂的好政府，在相當程度上是受了傳統價值觀的影響。[12] 香港的民間觀點認為，港英政府刻意仿效過去中國帝王及士大夫的治國之道，以鞏固在香港的殖民管治。所以，我們需要先探討，究竟中國傳統的政治價值觀在港人心目中是否仍有巨大影響力。如果情況屬實，則隨之而來的工作便是確定殖民政權的認受性究竟在多大程度上是因為符合中國傳統的政治價值觀。[13]

在中國傳統的政治思想中，國家被視為一個擴大了的家庭，而制約家庭的道德及運作原則基本上也適用於國家。皇帝乃人民的大家長（paterfamilias），官員則是人民的父母官。統治者與被統治者的關係理應和諧，而統治者更有責任確保人民之間關係和睦。在中國人的社會與政治思維中，衝突是令人厭惡的東西，甚至被當成是不正常的，社會內如果出現嚴重衝突，為政者也會面目無光。因此，政府的首要任務便是現實情況儘可能預防、處理或控制衝突。

在傳統中國社會結構中，統治者與被統治者之間的等級差距相當大。政府認為自己理應擁有至高無上的權威，其認受性基礎則建立在統治者的道德優越性上。人民的職責，則是竭誠地服從政府，並切實履行對國家的義務。在這種結構中，"主權在民"（popular sovereignty）的觀念並不存在，但人民被賦予一種在苛政下可以反叛的終極"權利"。不過，為了繼續保有"天命"，也為了回報人民對管治的認可，政府自覺有責任照顧人民的福祉、保護他們不受外來威脅、教育人民、維持公共秩序、贏得民心，以及置人民的利益於自己的利益之上。傳統價值觀要求政府實行簡政，並且要輕徭薄賦。政府也有責任平均財富，以避免因人民間經濟不平等而產生社會及政治動亂。

傳統的政府治理是由賢人領導的，而賢人必須要不懈地進行道德修養。國家有着崇高的責任去教化人民，並借官員的行為示範作用，在社會中宣揚道德規範。由於傳統治理之道最推崇的成就是營造社會和諧局面，因此在人民心中灌輸道德觀念（特別是那些關乎不同類別的人所應遵守的行為準則）便成為政府在維護社會等級秩序時的關鍵任務。

本質上，傳統中國社會治理由國家支配。國家的權力在法律上或理論上不受限制。因此，在公眾利益的名義下，國家可以干預社會經濟事務。國家並不承認社會經濟團體在政治上的自主性。對統治者而言，"有限政府"（即只負責有限職能的政府）的概念乃異端邪說。政府主要是因為缺乏足夠的手段，才會受到制約而無法過分介入社會經濟事務。從相反角度看，每當有公共事務必須要處理時，人民便會表現出一股強烈依賴政府的情緒。政治事項及公共問題屬於政府獨佔的管轄範疇，而民眾在政治上的參與不被鼓勵，自發性的民眾行動更被壓抑。一個好的政府，被認為是能夠使人民感到無須參與政治的政府。換言之，一個管治良好的社會，必然也是非政治化的社會。

為衡量傳統政治價值觀念對港人心目中好政府的影響程度，我們設計了一系列有關好政府的定義，並徵求受訪者的意見。有關調查結果可見表11-4。為了方便分析，我們也採用了變值盡簡法，對表11-4中的變項做因素分析，結果則在表11-5中列出。

表 11-4　對好政府特徵的意見

(單位：%)

	同意	普通	不同意	不知道	拒答
好的政府對待人民就像對待自己的子女一樣	81.6	7.7	8.7	1.5	0.5
好的政府能夠將所有事情打理好，使得人民不需要參與政治活動	41.5	7.3	46.0	4.6	0.7
好政府的官員有高尚的人格與道德操守	83.2	7.1	6.1	3.1	0.6
好的政府會教育人民如何好好做人	81.7	7.3	7.5	3.3	0.2
好的政府擁有無上權威，不會被社會其他力量挑戰	28.9	7.1	56.8	6.7	0.5
好的政府能夠把公眾利益放在最重要的位置，並且防止其他利益損害公眾利益	88.8	3.7	3.3	4.0	0.2
好的政府和人民的關係一定是和諧的	85.9	6.7	6.0	1.4	0.1
在好政府管治之下，社會很少發生衝突	74.5	8.6	13.1	3.3	0.5
好政府的官員願意與人民同甘共苦	83.3	6.9	6.5	3.1	0.2
好的政府是不會容許富人太有錢，也不會容許窮人太窮	65.9	11.1	17.9	4.4	0.8
好的政府對所有的人民都不分彼此，同樣對待	87.5	5.2	5.2	2.0	0.1
好的政府是盡量不管社會事務	14.8	5.5	73.8	5.4	0.5
好的政府是盡量不管經濟事務	16.3	7.9	68.9	6.7	0.1
好的政府不會濫用權力	88.3	2.6	5.1	3.6	0.3

表 11-5　對好政府特徵意見的因素分析

	因素 1 政治家長主義	因素 2 政治威權主義	因素 3 干預型政府
官員有高尚的人格與道德操守	0.50		
政府能夠把公眾利益放在最重要的位置	0.60		
政府和人民的關係一定是和諧的	0.64		
官員願意與人民同甘共苦	0.68		
政府對所有的人民都不分彼此	0.69		
政府不會濫用權力	0.59		
政府能夠將所有事情打理好		0.71	
政府會教育人民如何好好做人		0.50	
政府擁有無上權威		0.69	
政府盡量不管社會事務			0.87
政府盡量不管經濟事務			0.87

（續表）

	因素 1 政治家長主義	因素 2 政治威權主義	因素 3 干預型政府
政府對待人民就像對待子女一樣			
社會很少發生衝突			
政府不會容許富人太有錢			
特徵值	3.23	1.93	1.33
解釋的方差 (%)	23.0	13.8	9.6

註：因素負荷量低於 0.5 者不予登錄。

從表 11-5 可以看出，港人對好政府的認識仍然相當傳統。"政治家長主義"（political paternalism）因素在表中很顯著，這說明在民眾眼中，一個帶有家長取向的威權型政府才是理想的政府。最令人驚訝的發現是，有多達 81.6% 的受訪者選擇一個家長型的政府（即一個愛民如子的政府）。在 1985 年的調查中，有 81.1% 的受訪者同意 "政府應該像父親一樣對待人民" 的說法。[14] 事隔多年，港人仍然把好政府視為家長，不能不說是件令人詫異的事。從這個對好政府的理解出發，民眾自然也會期望政府能夠養育及教化人民、由具有道德品格的官員領導、維護公共利益及保持社會和諧、與人民和睦相處，並且以公正的態度來對待人民及慎重地行使權力。

另一個值得留意的發現是，雖然殖民政府長期以來都實施經濟自由放任及社會不干預政策，且香港已充分發展了社會多元化的局面，但港人仍然期望政府更多地介入社會經濟事務。[15]

不過，在傳統主義的籠罩下，我們仍可以看到政治價值觀念的一些轉變。很明顯，民眾希望在公共事務方面有發言權，這可以從下列事實中得見。有 46% 的受訪者不同意好政府是一個能夠把所有事情處理好，從而使得人民不需要參與政治活動。連帶有關的是，多數受訪者（56.8%）不願看見出現一個擁有無上權威而又不受其他力量約束的政府，這種看法在學歷較高者中尤其普遍。誠然，民眾期望看到一個擁有強大權威的政府出現，以確保香港的政治穩定並對狹隘利益加以約束，但他們同時擔心無限制的政府權力。所以在調查中，我們發現有 50.1% 的受訪者認為港英政府需要受到約束，而反對者則佔 36.1%。至於應該由誰負責約束政府，只有 15.7% 的人認為應由中國政府負起這個責任，更多受訪者（59.5%）則贊成由民主派人士來約束政府。另外，儘管香港官員多次抱怨有部分選舉成分的立法局阻礙了政府施政，但多數受訪者（52.6%）表示不同意政府受到立法局過分的約束。總體而言，縱使港人對何謂好政府的理解在相當程度上仍受傳統觀念影響，但我們仍可發現一些民主思想的滲入。顯然，民眾希望能夠扮演一個較為積極的角色，以驅使政府更切實地履行傳統思想所定義的政府職能。

對好政府的理解與殖民政權的認受性

　　殖民政權的認受性是不是建基於其符合民眾對好政府的要求呢？表面證據似乎指向一個有條件的肯定回答。殖民政府明顯致力於營造家長的公眾形象，希望民眾視它為一個持平（甚至是"超越政治"）的政府。在殖民管治之下，香港創造了 20 世紀的經濟奇跡。殖民政府也通過提供社會福利與公共服務來顯示對市民生活的關懷，特別是幫助社會不幸人士。它也借實施經濟自由放任及社會不干預政策，執行低稅方針，力求避免對民眾造成太大的負荷。香港的法治體系一般為民眾所接受，因此港英政府也不會被人指控歧視華人或實行民族不平等政策。由於香港並無明顯的民族衝突，民眾也比較相信政府處事公正，並且不會濫用權力。作為一個基本廉潔的政府，殖民政權也許還能以擁有若干程度的道德操守而自詡。

　　當然，在某些方面，殖民政府背離了民眾所理解的理想治道。殖民地官僚架構是一個非人格化的組織，而它"沒有面目"的官員更與民眾所期許的能夠與人民建立溫情關係的賢人政府相去甚遠。港英政府刻意置身於社會道德問題之外，使它失去了贏取民心的重要機會。港英政府由於過分遵循"有限職能政府"的原則，有時不免令港人覺得麻木不仁且遙不可及。不過，即使在一些方面背離了好政府的準則，但我們仍有理由相信，港英政府大致上仍然合乎港人對好政府的定義。

事實上，我們發現，民眾對好政府的理解與他們是否接受殖民政權並沒有密切的關係，這個結果是我們沒有預見的。很明顯，殖民政權的認受性並非因為符合港人心目中的好政府形象。換言之，雖然港英政府花了很大力氣去奉行傳統的治道，但並不構成港人接受它的原因。

政治信任與殖民政權的認受性

如果殖民政權的認受性與民眾對好政府的理解只有微弱關係，那麼為尋求解釋，我們下一步需要探討的是殖民政權認受性與民眾對政治制度（即殖民政權的主要組成部分）及 3 個在香港擁有政治權力政府的信任的關係。理由是，如果主要的政治制度受到民眾信任，那麼殖民政權的認受性便會相應提高。同樣地，如果民眾信任港英政府與英國政府，殖民政權在他們眼中的認受性也會因此強化。相反，如果民眾不信任中國政府，民眾會因逆反心態而支持殖民管治。表 11-6 顯示了殖民政權的認受性與民眾對政治制度及 3 個政府的信任的關係。

表 11-6　接受殖民政權與信任政治制度及政府的關係

	接受好的 殖民政府	對香港作為 殖民地感到不安	保留香港 作為殖民地
對政治制度的信任			
港督	0.11**	-0.16**	0.11**
行政局	0.10**	-0.15**	0.10*

（續表）

	接受好的 殖民政府	對香港作為 殖民地感到不安	保留香港 作為殖民地
立法局	0.13**	-0.11**	0.10*
立法局委任議員	0.12**	-0.17**	0.17**
立法局直選產生的議員	0.18**	-0.08*	0.04
立法局功能團體選出的議員	0.07**	-0.03	0.09
政府高官	0.09**	-0.12**	0.08*
對政府的信任			
港英政府	0.12**	-0.15**	0.11**
中國政府	0.04	-0.01	-0.20**
英國政府	0.12**	-0.20**	0.30**

*p<0.05　　**p<0.01
註：表中數字為皮爾森相關系數（Pearson's r）。

　　表 11-6 中的大部分發現都可以說在意料之內。殖民政權的認受性與民眾是否信任維繫殖民管治的核心制度有關。這些制度包括港督、行政局、立法局、立法局委任議員及政府高官。民眾是否信任那些新生的、帶有民主性質的殖民政治體制的附加成分，即立法局直選及功能團體選舉產生的議員，卻與他們是否賦予殖民政權認受性只有微弱的關係，特別是功能團體選舉產生的議員。因此，較認可殖民政治體制主要組成部分的人，也會較傾向於賦予殖民政權認受性。

　　通過表 11-6 可以看出，殖民政權的認受性與民眾是否信任港英及英國政府是相關的。表中數字顯示，殖民政權認受性的指標與民眾對港英及英國兩個政府的信任度，在統計學上有顯著的正向相關。至於與信任中國政府的關係，則頗令人費解。信任中國政府與否，只與是否支持保留香港作為英國殖民地有負向相關的關係，但與是否願意接受一個雖是殖民地卻是好的政府，以及是否因為香港的殖民地身份而感到不舒服，沒有顯著的相關性。民眾贊成保留香港作為英國的殖民地，很有可能是基於實際的考慮，即港人甚為擔憂中國恢復行使主權後所產生的後果。由於信任中國政府與否，與另外兩個更能反映殖民政權認受性的指標,沒有顯著的相關性,我們似乎可以相信,在解釋殖民政權的認受性方面,中國因素並不如一般人想像的那般重要。

政府工作表現與殖民政權認受性

一直以來,很多人都認為港英政府的認受性建基於它的工作表現,而港人則以功利態度來對待統治者。[16] 如果事實真的是這樣,我們應該可以找到民眾對政府表現的評價與他們是否接受殖民管治的關係。為了檢驗這個假設,我們計算了衡量政府工作表現的指標與顯示民眾接受殖民政權的指標的相關度。

總體來説,計算得來的數字並不足以顯示民眾是否接受殖民管治,與政府在行政上的表現有太大關係。假如我們細心檢視有關數字,可以發現一些令人驚奇的現象。在統計學上,與所有 3 個衡量殖民政權認受性指標有顯著相關(雖然不是很強的相關)的,只有 3 個顯示政府工作表現的指標,包括推動民主、在英國政府面前維護香港的利益,以及在中國政府面前維護香港的利益。很明顯,推動民主及在英國政府面前維護香港的利益,與殖民管治認受性並不相關。另外,要求港英政府在中國政府面前維護香港的利益,也實在是一件不易做的事,因為這顯然超出了它的能力範圍。因此,頗有諷刺意味的是,如果殖民政權認受性與政府工作表現有任何關係,那麼這關係是由政府在超越其能力範圍以外事情上的表現所造成的。

這些意料之外的發現間接顯示了港人對政府職能有一些新的期望。很明顯,這些期望是由於回歸問題改變了香港的政治形勢而引發的。隨着民主訴求的增加,港人愈來愈以政府是否積極回應民眾對政治參與的願望,作為評價政府工作表現的準則。由於英國及中國政府在香港事務上的參與日益顯著,促使港人提高了對中英兩國與香港之間在利益上出現矛盾的警覺性。在港英、英國及中國政府中，後兩個政府是港人較不信任的。在調查中，表示信任港英政府的受訪者有 45%，而信任英國及中國政府的則分別只有 20% 及 18.4%。可能是因為港人不信任兩個主權國政府，所以把維護本地利益的希望寄託在殖民政府身上，儘管他們也充分了解港英政府不可能不以英國的利益為依歸。

主觀福祉與殖民政權認受性

如果政府的工作表現不能為殖民政權認受性提供令人滿意的解釋，那麼另一個明顯的原因似乎是港人在殖民管治下的切身經驗。理由是，如果殖民管治能夠為某個人提供合適的個人發展及社會生活環境，他便會較樂意容忍或接受殖民管治。事實上，1992 年的調查也可能支持上述看法，因為結果顯示，港人大體上對自己的生活及社會整體狀況滿意。對於自己目前的生活狀況，42.8% 的受訪者感到滿意，42.7% 的人表示滿意度一般，而覺得不滿意的只有 13.2%。對於香港當前的經濟、政治及社會狀況，分別有 32.2%、18.3% 及 22.1% 的人表示滿意，表示不滿意的分別佔 28.8%、24.8% 及 30%，不過較多的人對這 3 種狀況的滿意度表示一般，其比例分別為 34.1%、38.1% 及 41.9%。

為了了解港人支持殖民管治是否因為對個人生活及社會生活滿意，我們計算了殖民政權認受性的指標與個人是否滿意自己的生活以及是否滿意香港的經濟、政治和社會狀況的相關度。奇怪的是，這一看法並沒有得到數據的支持。因此我們可以說，港人是否對自己的生活滿意及他們是否滿意香港的經濟、政治及社會狀況，並不影響其對殖民政權的認受性。

對好政府的理解與對政府的信任

在上述分析中，我們集中討論了可能影響港人對殖民管治接受與否的因素。在多個因素中，民眾是否信任主要政治制度、港英政府和英國政府，比較能解釋港人是否願意接受殖民政權。換句話說，對殖民政權認受性最具關鍵影響的，是作為殖民管治具體體現的港英政府與英國政府（尤其是前者）能夠得到港人多大的信任。因此，我們需要檢視決定港人對港英政府及英國政府信任的因素。鑒於民眾一般不太信任英國政府，以下分析將集中在港英政府。

作為分析的開端，我們先探討民眾是否因為港英政府及英國政府符合他們對好政府的理解才信任它們。因此，我們計算了民眾對好政府的理解與對兩個政府信任的相關度。

數字顯示，民眾對好政府的理解與其對兩個政府的信任度之間只有微弱關係。相對而言，民眾對好政府的理解與其對港英政府信任的相關度，比前者與對英國政府信任的相關度強一些。不過，在深入分析後，我們仍然可以獲得一些有趣的發現。在民眾心目中，有幾個被認為是好政府的標準與是否信任港英政府及英國政府有較密切關係。這些標準包括：好的政府能夠將所有事情打理好，使人民不需要參與政治活動；好的政府擁有無上權威，不會被社會其他力量挑戰；在好政府管治之下，社會很少發生衝突。對於這些發現，我們可以這樣理解：從傳統觀念去理解好政府的人，會比其他人更為信任港英政府及英國政府。

政府工作表現評價與對政府的信任

民眾對港英政府工作表現的評價對殖民政權認受性雖然只有很小的影響，但它與民眾是否信任港英政府與英國政府卻有較強的相關性。

從表 11-7 可以看出，所有用以衡量民眾對政府工作滿意度的變項，都與他們對兩個政府的信任度顯著相關。

事實上，表 11-7 揭示了港人對政府所持有的實用主義或功利主義取向。很明顯，港人之所以接受殖民政府，主要是因為它有能夠令人滿意的表現。

表 11-7　政府信任與港英政府工作表現評價的關係

	信任港英政府	信任英國政府
關心市民的疾苦	0.34**	0.34**
解決香港所面對的問題	0.35**	0.31**
推動民主	0.25**	0.21**
處理與市民的關係	0.32**	0.33**
滿足市民的需要	0.30**	0.32**
推動經濟發展	0.21**	0.24**
維持社會治安	0.18**	0.20**
維護社會道德	0.27**	0.23**
愛民如子	0.36**	0.29**
提供社會福利	0.35**	0.34**
在英國政府面前維護香港的利益	0.33**	0.26**
在中國政府面前維護香港的利益	0.31**	0.22**
控制通貨膨脹	0.26**	0.23**
改善市民的生活質量	0.32**	0.30**

*p<0.05　　**p<0.01
註：表中數字為皮爾森相關系數。

主觀福祉與政治態度

在之前的分析中我們發現，人們對各種情況的滿意度與他們是否接受殖民政權基本上沒有關係。不過，正如表 11-8 顯示，人們如果對自己的生活及香港的經濟、政治和社會狀況滿意，他們也會對各類政治權威有好感。

表 11-8　主觀福祉與對政治權威態度的關係

	個人目前生活 滿意度	香港經濟狀況 滿意度	香港政治狀況 滿意度	香港社會狀況 滿意度
對政治制度的信任				
港督	0.17**	0.19**	0.15**	0.12**
行政局	0.14**	0.18**	0.24**	0.16**
立法局	0.16**	0.18**	0.21**	0.19**
立法局委任議員	0.11**	0.10**	0.12**	0.15**
立法局直選產生的議員	0.10**	0.12**	0.08*	0.10**
立法局功能團體選出的議員	0.07	0.08*	0.13**	0.12**
政府高官	0.11**	0.10**	0.18**	0.18**
對政府的信任				
港英政府	0.15**	0.22**	0.26**	0.23**
英國政府	0.07*	0.09*	0.18**	0.17**
對政府行政表現評價	0.16**	0.24**	0.23**	0.27**
對港英政府有好感	0.16**	0.23**	0.22**	0.26**
政府辦事公正	0.15**	0.19**	0.24**	0.25**
贊同公務員治港	0.04	0.08	0.15**	0.18**

*p<0.05　**p<0.01
註：表中數字為皮爾森相關系數。

　　同樣地，當港人對個人生活及社會各方面的狀況滿意時，也會對政府工作表現給予較高的評價。從表 11-9 可以看出，受訪者對 4 個方面的滿意度與幾乎所有衡量政府工作表現的指標之間都有着顯著的正向關係。

表 11-9　主觀福祉與對港英政府工作表現評價的關係

	個人目前生活 滿意度	香港經濟狀況 滿意度	香港政治狀況 滿意度	香港社會狀況 滿意度
關心市民的疾苦	0.15**	0.17**	0.25**	0.27**
解決香港所面對的問題	0.17**	0.16**	0.22**	0.26**
推動民主	0.15**	0.05	0.24**	0.17**
處理與市民的關係	0.21**	0.21**	0.24**	0.25**
滿足市民的需要	0.21**	0.26**	0.23**	0.26**

	個人目前生活 滿意度	香港經濟狀況 滿意度	香港政治狀況 滿意度	香港社會狀況 滿意度
推動經濟發展	0.18**	0.27**	0.20**	0.14**
維持社會治安	0.16**	0.13**	0.18**	0.26**
維護社會道德	0.17**	0.11**	0.22**	0.26**
愛民如子	0.14**	0.14**	0.21**	0.28**
提供社會福利	0.16**	0.19**	0.21**	0.23**
在英國政府面前維護香港的利益	0.15**	0.10**	0.16**	0.13**
在中國政府面前維護香港的利益	0.10**	0.05	0.21**	0.13**
控制通貨膨脹	0.14**	0.17**	0.13**	0.20**
改善市民的生活質量	0.15**	0.27**	0.15**	0.27**

*p<0.05　　**p<0.01
註：表中數字為皮爾森相關系數。

政治犬儒心態與對殖民管治的態度

儘管港人普遍接受殖民管治，並且對港英政府的觀感不錯，但我們仍可以發現他們對殖民政府潛伏着一股犬儒心態或憤世情緒。無論殖民管治如何仁厚，或在行政管理上如何有能力，蘊藏在殖民主義中的民族間基本不平等原則，以及香港華人心中的民族自傲感，都會不可避免地孕育出某種對殖民統治者的政治犬儒心態。到目前為止，這股情緒在香港的政治生活中，只是一股不太重要的暗湧。但由於主權行將轉移，民眾認定中英兩國政府背着港人進行秘密交易，由於懷疑行將撤退的殖民政府有着不可告人的目標，也由於單純的政治不安全感作祟，民眾的政治犬儒心態便油然而生。1991 年的調查已經清楚顯示了這一心態的存在。[17]

政治犬儒心態正在逐步上升，1992 年的調查清楚地發現了這種心態的各種表現。從表 11-10 中可以看出，所有反映憤世情緒的語句都獲得了受訪者的普遍認同。特別值得留意的是，大部分受訪者認為港英政府作為殖民政府，是以維護英資財團的利益為己任的。無論如何，港人的政治犬儒心態肯定會使他們質疑港英政府作為公平公共利益捍衛者的誠意。

表 11-10　對港英政府的政治犬儒心態

（單位：%）

	同意	普通	不同意	不知道	拒答
港英政府是欺善怕惡的	39.8	18.9	32.0	8.6	0.6
港英政府只懂得照顧自己的利益	49.4	19.4	25.5	5.1	0.7
港英政府浪費納稅人的錢	50.6	22.4	18.8	7.1	0.9
港英政府主要照顧富人的利益	55.0	19.1	21.1	5.1	0.6
港英政府主要維護英資財團的利益	62.4	15.1	10.7	11.5	0.3

港人的這種心態會削弱對殖民政權的認受性。具有政治犬儒心態的人也大多不滿意自己及社會的狀況，而這反過來又會引發憤世之情。

政治犬儒心態雖未嚴重到衍生民眾反對殖民管治的地步，但此心態也的確催生了某種程度的反殖情緒。根據我們的統計分析，所有衡量政治犬儒心態的指標都與“因為香港是英國的殖民地而覺得心裏不舒服”顯著相關。

數字也顯示，政治犬儒心態會助長民眾對港英政府的不滿之情。此心態較強的人也比較不信任港英政府，認為港英政府工作表現不好，不喜歡港英政府，以及覺得港英政府處事不公正。

結論

在絕大多數殖民地，殖民統治是以武力鎮壓作為支撐的。殖民地人民之所以服從殖民權威，主要是由於害怕在物質方面受到剝奪，以及在肉體上受到懲罰。在這種情況下，殖民認受性既不穩定，又不確定。不但殖民政權的權威容易受到人民的揶揄及挑戰，殖民統治者亦要在鎮壓

工具 (軍事性、法律性及政治性的) 上大量投資，才可以維持政治支配地位。

在世界殖民史上，香港具有一定的獨特性。一系列的因素使香港異於其他殖民地。毋庸置疑，在世界所有殖民地中，香港的工業化程度最高。同時，它是一個很“平靜”、服從及自滿的殖民地。在整個香港的歷史中，找不到嚴重的反殖民運動。除了在“二戰”期間香港曾一度被日軍佔領外，殖民管治一直比較平穩、順暢。雖然香港的憲制曾經做過一些變動，但香港現在的管治方式與以往的差異其實不是很大，統治階層本質上依舊是那羣在政治上自我延續的官僚及經濟精英。

與其他殖民地相比，香港有一個根本性的差異，而這個差異對殖民政權的認受性有極其重要的含義，即香港是英國以武力從一個主權國家 (中國) 搶奪過來的，在搶奪發生時，該主權國 (中國) 在政治及軍事上正處於衰弱不堪的狀態。英國人謀取香港的主要動機並非擴張領土，而是獲得一個安全基地，以保護及促進他們在遠東的經濟利益。在整個香港的歷史中，中國內地大部分時間都在經受戰亂及動蕩的折磨。為了追求經濟發展機會、逃避政治迫害，或是替自己及後代尋找庇護所，大量華人自中國內地湧入香港。由於香港在英國佔領時，只是一個荒蕪又缺乏人煙的島嶼，所以另一個使香港與其他殖民地有別的主要特徵是，殖民地人民是在殖民政府建立之後才遷入殖民地的。這表示，到香港定居的華人大多無意挑戰殖民地權威。相反，殖民政權與殖民地人民之間存在着相當多的共同利益，這些共同利益確保了香港的殖民地地位不受內部因素的威脅。

再者，要發展一塊無任何自然資源的殖民地，人才的引進必不可少，因此殖民政府不得不實行開明之治，以吸引中國內地移民前來，特別是擁有資金及生產技能的人。結果，對於香港華人而言，雖然失去了政治權力，卻在一個大體上公正的法律制度下，得到充分的賺錢自由。

附帶出現的，自然是種族矛盾的紓緩，種族矛盾僅以隱晦及非政治的形式表現出來。開明的殖民管治，再加上大批意欲在殖民管治之下謀取私利的華人湧入，使香港最終獲得一個龐大的人口，由於能夠從戰後的世界性經濟復甦中獲益，並且能夠在過去 40 年維持高速經濟增長，殖民政府在港人心目中的認受性自然得以提高。

很多時候，反殖民情緒來自殖民地人民心中的一份羞恥感。理論上，這份羞恥感在華人之間應該特別熾烈並令人感到痛苦，因為人們可以從其祖先的光輝文化中取得民族自豪感，而且對於在內地出現的民族主義浪潮及戰後出現的全球反殖民運動，他們也不能無動於衷。然而頗具諷刺意味的是，自新中國成立後，即使香港華人對殖民管治懷有羞恥之情，但這份情感被兩個因素沖淡，即民眾對共產黨統治的恐懼及他們本身的功利主義考慮，這兩個因素使得港人自願接受殖民管治，縱使不一定積極認可。再者，民眾也一致認為，中國有足夠的軍事力量及政治本領，可以隨時收回香港主權，這便令人相信香港之所以維持殖民管治，原因並非中國國力薄弱或中華民族破敗不堪，而是一種中國內地及香港華人皆蒙其利的精明及務實政治安排。

從清朝到新中國成立，港人一直不願意接受中國政府，實際上支撐了香港的殖民管治，港人要改變政治狀況，唯一實際可行的辦法，便是接受中國政府的管治，但這是他們所不願意的。

一般來說，在提升殖民政權的認受性方面，香港作為殖民地的歷史根源、管治方式、經濟發展、殖民地人口的構成、中國因素的影響及香港缺乏政治獨立的條件等因素都起了相應作用。不過，我們還有一個問題未解決：支撐殖民管治的殖民政權認受性的主要基礎究竟是甚麼？這個問題的答案，對於最後幾年的殖民管治及回歸後特區政府如何建立權威，都有着很大的意義。

這項研究的發現，使我們在處理這個問題時可以較有把握。證據顯示，港人接受殖民管治，並非因為殖民政府體現了他們心中所謂的理想政府概念，換句話説，殖民政府並不依靠人們的"規範性服從"（normative compliance）（即人們服從政府，是因為它符合人們心中的價值觀與社會規範）來維繫它的管治。正如上文討論所得出的結論，武力鎮壓在香港管治過程中角色有限。因此可以説，殖民政權的權威主要不是建立在"規範性服從"及"鎮壓性服從"（coercive compliance）（即服從是基於對武力鎮壓的恐懼）之上，儘管規範性及鎮壓性的因素在維持殖民管治過程中仍然扮演不可或缺的角色。[18]

　　與一般人的認識相反，港人對中國政府的恐懼，並非他們接受殖民管治的主要因素，雖然中國因素仍然有一定的重要性。由此，殖民政府不能簡單地認定人們由於害怕中國政府接管香港，因而會必然地對它服從。香港過去的歷史也顯示，如果政府不能夠滿足人們的需要，他們也會使政府的日子難過。由於國際輿論一般不同情殖民主義，再加上中國政府在殖民政府倒行逆施的時候，可能將被迫干預香港事務，因此香港如果出現任何帶有反殖民性質的嚴重動亂，即使港人並非要求推翻殖民政權，殖民管治者也會陷入很困難的境地。所以，中國因素只可以被視為一個有利於殖民政權認受性的重要因素，但不足以保證殖民管治不會受到港人的挑戰。

　　我們的研究表明，民眾對香港政治制度的信任度，特別是對港英政府的信任度，與殖民政權認受性有很大關係。在某種意義上，殖民管治在改變香港華人的政治文化上取得了一些成果，這可以反映在民眾把法治看得比人治更重要一事上。港人傾向於認為，對於一個好政府而言，好的制度比能幹的領袖更重要。這一論斷更可以從實際證據中顯示出來。在調查中，我們詢問受訪者："如果香港要管治得好，究竟好的政治領袖較重要，還是好的政治制度較重要呢？" 54% 的受訪者認為好的政治制度較為重要，而 25.3% 則認為兩者同等重要，只有 11.6% 認為好的政治領袖較為重要。這些調查結果顯示,一個半世紀以來通過法律及官僚管治香港的殖民政府已經在港人心目中獲得一定的理解與尊重。所以,我們甚至可以說,在香港殖民政權的權威中,存在着一種法理性認受性(rational-legal legitimacy)。[19]

然而,在進一步分析後發現,功利考慮無疑在民眾接受殖民政府的過程中佔有關鍵位置,從而也間接深深地影響了殖民政權的認受性。民眾對殖民政權的接受,代表着他們對政府行政表現的欣賞,特別是這些表現對他們切身感受到的個人及社會狀況的影響。套用埃茨奧尼(Etzioni)的概念,殖民政權的權威是建立在殖民地人民的“功利性服從”(utilitarian compliance)(即服從合乎自己的利益)之上的。[20] 換句話說,港人支持殖民政權,主要是因為他們從政府的管治中得到好處。

現代世界的一個主要趨勢是,各種政權都依靠提供物質好處給人民的能力來營建它們的認受性。所以,韋伯(Weber)把權威劃分為傳統型、法理型及魅力型 3 種,對於解釋發達或發展中國家,及資本主義或社會主義國家的政治認受性而言,這種分法變得愈來愈失去意義。維迪希(Vidich)提出以下意見:

> 根據韋伯所定的正式類別,認受性的基礎是由主觀上篤信魅力、傳統或法理的有效性所提供的。在先進的工業文明世界中,所有這些信念對於維繫權威來說似乎都不是必要的。它們已經被工業化真正帶來的好處或承諾帶來的好處所補充,甚至取代。對權威的認受而言,人們對更高消費標準的預期,比魅力、傳統或法理似乎更具廣泛重要性。無論是在第一世界、第二世界,還是在第三世界,個別領袖的任何言行都不及政治或經濟工作表現重要。作為一股力量,人們對自我利益的理性盤算,可能比他們對高層次的精神、文化及法制價值觀念的信任更為強大。[21]

　　香港的獨特情況減輕了人們對殖民主義的恥辱感。所以，雖然香港是殖民地，但殖民政權認受性的主要基礎，與其他主權國家的政權基礎相類似。最令人驚訝的是，在最後幾年裏，殖民政權的權威雖然正在下降，但依然能夠保持較高的民眾接受度。相比較之下，世界上大多數國家（包括發達國家）的執政政權則黯然失色。

　　由於殖民管治行將結束，有兩個問題變得迫切。第一，在邁向回歸的過程中，殖民政權的認受性將會如何？第二，中國在香港恢復行使主權後，殖民政權所享有的認受性，對新的繼承政權將有何影響？我們打算在這兒對這兩個問題做簡單的初步探討。

　　對於殖民管治最後幾年的政治認受性問題，我們可以這樣預期：時日無多的港英政府，其權威不可避免地會逐步下降，除非能夠通過更佳的行政工作表現來將之提升。港人普遍認為，政府的權威正在下降，其自身也沒有辦法將之恢復。在調查中，有 62.1% 的受訪者覺得政府愈來愈沒有權威，只有 28.9% 對此表示異議。在覺得港英政府喪失權威的受訪者中，92.6% 擔心如果沒有足夠的權威，社會將出現更多衝突；61.2% 認為政府應該對挑戰其權威的人採取較強硬的態度，反對這樣做的則為 25%；57.3% 認為政府沒有機會重振權威，對此持樂觀態度的只佔 28.2%，這對於在未來數年維持殖民政權認受性來說最不利。

　　另外，在調查中，有 66.8% 的受訪者對港督的權威下滑表示惋惜。他們認為，如果愈來愈多的人對港督沒有以往那麼尊重，是不健康的現象，只有 19.9% 持不同意見。

　　隨着回歸臨近，政治犬儒心態自然會持續增加。民眾對英國人的意圖愈來愈懷疑，這會進一步削弱殖民政權的認受性。公務員的士氣低沉，也會削弱政府的行政效率，從而侵蝕殖民政權權威的根基。自然地，權威下降對政府的工作表現也一定會產生不良效果，因為政府會愈來愈缺乏能力去應對反對其行政決策的人，以及果斷地推行公共政策。

　　雖然我們預期從現在到回歸，殖民政權的認受性會持續下降，但最有可能的是，認受性會維持在一個還不錯的水平。由於行將撤離的政權在港人心目中仍然享有認受性，所以承繼的新政權將會面臨如何為自己營建認受性的問題。由於殖民管治的完結並非源於民眾的要求，因此新政權無法借助反殖民情緒來建立認受性。此外，新政權還可能被港人視為認同中國內地利益，甚至是受到中國政府引導，從而遇到認受性的問題。再者，殖民政權繼續享有認受性，也妨礙了本地領袖的出現，這是因為港人還不能肯定本地有志從政人士是取代殖民政府以推行“港人治港”的合適人選。在這種情況下，殖民政權在撤離前不會感到有交出權力的迫切性。結果是，在殖民地統治者離去後，新政權所遇到的認受性問題，不會因加入有民望的本地領袖而有所紓緩。

　　不過，從另一個角度看，由於殖民政權的認受性是非常狹隘地建立在殖民地人民的功利考慮之上，因此港人很有可能在回歸後對新政權也有相似的期望。所以，如果未來香港的經濟繼續保持繁榮，而特區政府的行政工作表現又基本上令人滿意，那麼新政權的認受性問題應該不會太嚴重。但是，如果新政權希望其認受性能夠達到殖民政權在全盛時期的程度，它便需要進行大量工作，以消除民眾對中國政府對港政策的疑慮。但無論如何，即使能夠取得成果，恐怕也需要經過一段較長時間。

　　因此，在殖民管治剛完結的一段日子裏，新政權在港人心目中的認受性很可能不及舊的殖民政權。就這點而言，香港與其他殖民地有所區別，因為其他殖民地在脫離原來宗主國宣告獨立時，新政權的威望一般來説都會比舊殖民政權高。

註釋

1. Lau Siu-kai, "Hong Kong's 'Ungovernability' in the Twilight of Colonial Rule," in Zhiling Lin and Thomas W. Robinson (eds.), *The Chinese and Their Future: Beijing, Taipei, and Hong Kong* (Washington, DC: The AEI Press, 1994), pp. 287-314.

2. Lau Siu-kai, "Decline of Governmental Authority, Political Cynicism and Political Inefficacy in Hong Kong," *Journal of Northeast Asian Studies*, Vol. 11, No. 2 (1992), pp. 3-20.

3. "普遍支持" 是指在人民中間存在着一份對政治權威的良好態度或善意，這會令他們接受或容忍一些實際上反對的公共政策。David Easton, *A Systems Analysis of Political Life* (Chicago: University of Chicago Press, 1979), pp. 267-288.

4. 除 1985 年和 1986 年的調查，其他都是全港性調查。所有調查採用相同的抽樣程序。調查的總體是年滿 18 歲的香港華裔居民，樣本為概率樣本。首先由港英政府統計處協助，在全港以分區等距方式抽取居住單位地址；其次是抽選住戶，如果已選取的居住單位有超過一家住戶或為一羣體住戶（如宿舍），訪問員將根據隨機抽選表，抽選其中一家住戶或一位符合資格人士接受訪問；最後是抽選受訪者，如果已選取的住戶有超過一位符合資格人士，訪問員將利用基什方格（Kish Grid）抽選其中一位接受訪問。回應率是扣除無效和沒有使用的住址後計算：（1）1985 年調查在觀塘區（一個多元化的、工業區與住宅區混合的小區）進行，完成 767 個訪問，回應率為 46.9%。（2）1986 年調查也在觀塘區進行，完成 539 個訪問，回應率為 67.4%。（3）1988 年調查完成 396 個訪問，回應率為 61%。（4）1990 年調查完成 390 個訪問，回應率為 69.8%。（5）1991 年調查完成 401 個訪問，回應率為 55.8%。（6）1992 年調查完成 868 個訪問，回應率為 55.4%。受訪者的社會經濟背景，與 1991 年香港人口普查所得相似。

5. Albert Memmi, *The Colonizer and the Colonized* (Boston: Beacon Press, 1965).

6. Lau Siu-kai and Kuan Hsin-chi, *The Ethos of the Hong Kong Chinese* (Hong Kong: Chinese University Press, 1988), pp. 74; Lau Siu-kai, "Institutions Without Leaders: The Hong Kong Chinese View of Political Leadership," *Pacific Affairs*, Vol. 63, No. 2 (1990), pp. 197.

7. Lau Siu-kai, "Political Attitudes," in Lau Siu-kai et al. (eds.), *Indicators of Social Development: Hong Kong* 1990 (Hong Kong: Hong Kong Institute of Asia-Pacific Studies, The Chinese University of Hong Kong, 1992), pp. 132; Lau Siu-kai, "Public Attitudes toward Political Leadership in Hong Kong: The Formation of Political Leaders," *Asian Survey*, Vol. 34, No. 3 (1994), pp. 243-257.

8. Lau Siu-kai et al., "Political Attitudes," in Lau Siu-kai et al. (eds.), *Indicators of Social Development: Hong Kong* 1988 (Hong Kong: Hong Kong Institute of Asia-Pacific Studies, The Chinese University of Hong Kong, 1991), pp. 184; Lau Siu-kai, "Political Attitudes," in Lau Siu-kai et al. (eds.), *Indicators of Social Development: Hong Kong* 1990 (Hong Kong: Hong Kong Institute of Asia-Pacific Studies, The Chinese University of Hong Kong, 1992), pp. 135; Lau, "Public Attitudes toward Political Leadership in Hong Kong."

9. Lau Siu-kai, "Social Irrelevance of Politics: Hong Kong Chinese Attitudes toward Political Leadership," *Pacific Affairs*, Vol. 65, No. 2 (1992), pp. 231.

10. Seymour M. Lipset and William Schneider, *The Confidence Gap* (Baltimore: Johns Hopkins University Press, 1987).

11. Lau, "Decline of Governmental Authority," pp. 5-6.

12. Lau and Kuan, *The Ethos of the Hong Kong Chinese*, pp. 69-117.

13. 有關中國傳統政治價值觀的詳細討論，可參考：Lucian W. Pye, *The Spirit of Chinese Politics* (Cambridge, MA: Harvard University Press, 1992); Lucian W. Pye, *Asian Power and Politics: The Cultural Dimensions of Authority* (Cambridge, MA: Harvard University Press, 1985), pp. 182-214; Richard H. Solomon, *Mao's Revolution and the Chinese Political Culture* (Berkeley: University of California Press, 1971); Li Fu Chen, *The Confucian Way* (London: KPI Ltd., 1986), pp. 413-448; 田廣清 . 治國古鑒［M］. 成都 : 四川大學出版社 , 1991.

234

14. Lau and Kuan, *The Ethos of the Hong Kong Chinese*, pp. 83.
15. Lau Siu-kai and Kuan Hsin-chi, "Public Attitude toward Laissez Faire in Hong Kong," *Asian Survey*, Vol. 30, No. 8 (1990), pp. 766-781.
16. Lau Siu-kai, *Society and Politics in Hong Kong* (Hong Kong: Chinese University Press, 1982), pp. 102-115; Lau and Kuan, *The Ethos of the Hong Kong Chinese*, pp. 80-88.
17. Lau, "Decline of Governmental Authority."
18. Amitai Etzioni, *A Comparative Analysis of Complex Organizations* (New York: Free Press, 1961), pp. 14.
19. H. H. Gerth and C. Wright Mills, *From Max Weber: Essays in Sociology* (London: Routledge and Kegan Paul, 1948), pp. 299.
20. Etzioni, *A Comparative Analysis of Complex Organizations*, pp. 14.
21. Arthur J. Vidich, "Legitimation of Regimes in World Perspective," in Arthur J. Vidich and Ronald M. Glassman (eds.), *Conflict and Control: Challenge to Legitimacy of Modern Governments* (Beverly Hills: Sage Publications. 1979), pp. 301.

第 12 章　舊政權與特區政府的
　　　　　政治認受性問題[*]

1997 年 7 月 1 日，香港結束一個半世紀以來的殖民管治，它的
600 多萬華人成為中華人民共和國香港特別行政區居民。但是，與其他
殖民地人民在脫離殖民管治並宣告獨立時的態度不同，港人對新政府的
態度明顯不是熱情澎湃。民眾在特區政府成立時不冷不熱的態度，與香
港回歸祖國所代表的歷史意義，及其在內地人民間所激發的民族自豪感
對照，顯得很不相稱。香港特區政府雖在理論上是 "港人治港" 及 "高
度自治" 等原則的最佳體現，但從第一天起，它便需面對如何在一個惶
惑不安的社會中建立政治認受性的嚴峻考驗。

儘管特區政府在 1997 年 7 月 1 日才正式就職，但其實當一個由
400 位香港社會經濟精英組成的推選委員會於 1996 年 6 月推選航運業
巨子董建華為特區第一任行政長官時，特區政府便已產生。推選委員會
的組成受中央政府影響甚大。中央政府希望看到香港特區最高與權力最
大的職位，由一位既能維持香港穩定繁榮，又能照顧中國根本利益的人
士出任。董建華以其正直、老實、誠懇、溫和及慈祥的個人形象，以及
對儒家美德的推崇，的確獲得了港人一定的認可。港人當然也十分明
白，董建華不會把港人利益置於中央政府的利益之上。在中英政權交接
前的 6 個月裏，董建華及其團隊在一定程度上提升了民眾對香港前景的
信心。當然，信心的逐漸恢復主要是由中英關係在 1996 年年底逐步正

＊　本文曾刊於劉兆佳 . 香港人對新舊政權的態度及特區政府的政治認受性問題 [M]// 劉兆佳，尹寶珊 .
　　華人社會的變貌：社會指標的分析 . 香港：香港中文大學香港亞太研究所，1998：169-188.

常化帶來的。中央政府在香港回歸前夕對香港所採取的務實與克制策略，與此也大有關係。

民眾在回歸時對殖民管治的懷念，及對與中央政府、工商界關係密切的特區政府的疑慮，難免會對新政權造成困擾。由於董建華作為政府行政首長缺乏政治經驗，而且缺少強大及有組織的政治支持基礎，因此令特區政府的政治認受性問題更為棘手。不過，通過維持原有公務員體制的完整性、委任一些親英政治人物進入管治團隊、承諾保留舊政權的基本政策，以及宣示特區政府要在社會經濟領域有所建樹等措施，董建華政府從過去的殖民政權也"借"得一些認受性。當然，從另一角度看，由於董建華作為行政長官的選舉基礎較狹隘，加上他的政治觀點保守，其政府肯定得不到社會進步分子的鍾愛。

由於香港殖民管治的結束並非來自港人的要求，而殖民政權的威信即使在最後歲月有所下降，但仍處於不錯水平，[1] 因此港人難免經常把特區政府與港英政府比較。事實上，董建華政府也深刻了解並關注到，港人不斷將特區政府的工作表現與被過分"美化"的港英政府表現對比。香港是一個高度多元複雜的社會，任何政府都不可能得到全體市民的愛戴。殖民政權及董建華政府既然在很多方面存在差異，那麼新政權必然要為自己培植新的政治支持基礎，當然，這個基礎一定會與舊政權的有重疊之處。新政權需小心周密地設計它的管治哲學及政策方針，以爭取在政治態度上有可能成為新政權忠實支持者的人。因此，要了解特區政府的認受性基礎、未來香港的管治方式以及回歸後影響香港有效管治的種種因素，我們有必要深入探討與分析港人對新舊政權的取態。為實現研究目標，我在 1997 年香港回歸前夕對華人居民進行了一項隨機抽樣問卷調查，其他輔助數據則取自我與其他學者以往的調查發現。[2] 在以下的論述中，除非另外注明，所有數據都來自 1997 年調查。

對殖民管治的緬懷

作為殖民地，香港與其他殖民地有一個顯著不同之處，即在其整個殖民歷史中，管治從未受到殖民地人民的重大挑戰。相反，香港的經濟奇跡、社會穩定、法治、個人自由及免於中國內地的政局動盪等狀況，一般都被認為可歸功於殖民管治。即使《中英聯合聲明》已明確決定了香港回歸中國的命運，香港仍充斥着一種渴求維持殖民管治的情緒，雖然這種情緒正在淡化。在 1992 年的調查中，多數受訪者（38.9%）贊同保留香港為英國殖民地；持反對意見者則稍少一些（32.1%）。考慮到有 15.8% 的受訪者持模棱兩可的態度，我們因此可以說：保留香港作為英國殖民地在回歸前 5 年符合多數港人的意願。[3]

當民眾逐漸接受香港行將回歸中國這個不可改變的事實，而對香港前途的信心又逐步回升後，[4] 港人對殖民管治的緬懷也緩緩減退。儘管如此，在回歸前夕的調查中，我們仍發現，有 29.3% 的受訪者贊同保留香港為英國的殖民地，但不同意者佔多數，有 47.5%，模棱兩可者則為 10.8%。隨着民眾對保留香港殖民地身份的意向淡化，民族自豪感也逐漸上升，有多達 46.5% 的受訪者對香港結束殖民管治及回歸中國表示高興，意見相反者則佔較少的 34.2%。

不過，與特區政府政治認受性有密切關係的是，民眾依舊對殖民管治者給予高度評價。66.5% 的受訪者認為英國在過去一個半世紀對香港的管治做得好，認為做得不好的則僅有 2.1%。雖然不少港人不滿英國在處理香港回歸時把英國的利益置於香港利益之上，但有相當比例受訪者（32.8%）認為英國在撤出前，對港人有履行管治的道義責任；不以為然者則稍多，佔 39.2%。總體而言，我們可以這樣說，縱使殖民管治的終結激發了港人的民族感情，但一般人依舊對英國人在香港的管治印象良好。民眾對舊政權的緬懷，無疑對特區政府在營造政治認受性方面的努力構成阻力。至少在民眾的心目中，1997 年的政權轉變並非一樁熱切期待的事。

對政治體制的有限支持

與殖民地的政治體制相比，香港特區的政治體制（特區政府為該體制的主要組成部分）同時代表進步與倒退。香港特區成立時正式就任的臨時立法會，比諸其所取代的殖民地立法局，是以一種民主程度較低的選舉辦法產生的。[5] 相反，特區的行政長官雖然只是由一個規模小且帶有精英主義性質的選舉團選出，但與純粹由英國委派而無須獲港人同意的最後總督彭定康相比，董建華理應有更大的民意授權。

由於港人普遍對中央政府缺乏信任，而中央政府又在選拔行政長官及成立臨時立法會過程中，扮演了舉足輕重的角色，所以大體上港人認為回歸前的政治體制比回歸後的好。比如在此次調查中，較多受訪者（40.9%）認為回歸前的政制比回歸後的好，而認為回歸後的政制較好者僅有 12.8%。調查也發現，民眾對香港政治體制的支持有下降趨勢。在 1995 年的調查中，63% 的受訪者同意以下說法：“雖然香港的政治制度並非完美，但在香港的現實環境下，這已經是最好的了”，不同意者僅佔 20.1%。兩年後，同意“雖然《基本法》所規定的政治制度並非完美，但在香港的現實環境下，這已經是最好的了”這一觀點的人有 49.2%，反對者則為 26.5%。

儘管民眾對回歸後政治體制的支持下降，但行政長官的產生辦法始終比臨時立法會的產生辦法更受支持。同意行政長官產生辦法的受訪者有 28.7%，反對者則為 34.9%；相比之下，僅 17.3% 同意臨時立法會的產生辦法，不滿者則多達 40.8%。

雖然特區的政治體制不為港人所喜，但董建華政府的保守性，其狹隘的精英支持基礎，以及《基本法》均令香港的民主化步伐只能緩緩前進。隨着特區的成立，港人擁有的示威、遊行及結社權也因"國家安全"的理由在法律上有所收緊。所以，從借助推動民主發展及維護人權以強化認受性而言，特區政府難以與港英政府媲美，更遑論超越了。

除了民主基礎不足外，特區政治體制以及董建華政府的認受性較低的另一個原因是，港人普遍認為特區的政治體制是由中央政府設置的，目標是在香港建立一個擁護中央的政權。在過去 10 年，港人大多視內地與香港為互相矛盾的關係，但隨着時間的流逝，持此看法的人逐漸減少。在 1995 年，有 60% 的受訪者認為內地與香港的利益有衝突，不以為然者則有 25%。到了 1997 年，認為兩地利益有衝突的受訪者下降至 44.8%，認為沒有衝突者則猛升至前所未有的 40.2%。這個發展趨勢明顯表示，回歸前夕中央政府採取務實手段以爭取民心的策略取得一定成效。

不過，在回歸之際，民眾對中央政府的信任仍處於較低水平。在受訪者中，不信任中央政府者（30.3%）比信任者（25.7%）多。同時，較多人（36.9%）相信特區政府會優先照顧中央政府的利益，而非港人的利益；而認為它會把港人利益置於中央政府利益之上的人則有 32%。此外，大多數人（72%）認為中央政府對特區政府有較大甚至很大的影響力。總的來說，由於港人普遍相信特區政府偏袒中央政府，因此特區政府要建立認受性便倍加困難。

新政權對政治認受性的追求

在各種困難與限制面前，特區政府以自身優勢為基礎，採取 3 個策略以求建立政治認受性。策略的最關鍵部分在於向港人宣示新政權獲得中央政府的全面信任，因此它不僅能防止中央政府干預香港事務，也可取得中央政府的協助來解決香港本身的問題。舊殖民政權在其最後歲月裏與中央政府發生嚴重衝突，香港也因此蒙受重大損失。新政權由於在相當程度上由中央政府扶植，並深受器重，民眾因此普遍預期特區的成立不單為香港與內地的關係帶來和平，雙方也會合作愉快。在政權交接前，中央政府的確與董建華政府積極配合，國家主要領導人也多次公開讚揚董建華的表現，其目標在於建立董建華在香港的聲譽與威望。在某種程度上，董建華與中央政府的親密關係的確有助於他在香港爭取認受性。調查發現，認為董建華及特區政府在政權交接前工作做得好的受訪者（24%）比認為做得不好者（17.3%）多。這一發現充分表明，中央政府對新政權的政治認受性起到舉足輕重的作用。

新政權尋求政治認受性的另一個手段是竭力宣揚中國傳統價值觀。雖然沒有證據顯示董建華的親密政治盟友是"儒家思想"的擁護者，但他的確尊奉並大力宣揚傳統美德。董建華所宣示的管治哲學明顯帶有傳統色彩，不過他的政治思想缺乏系統性與嚴謹性。在董建華的講話中，集體主義、家庭、和諧、和平、孝道、敬老、仁愛、社會責任、謙遜及正直等傳統價值觀隨處可見。[6] 董建華心目中的理想政府是個實行仁政的家長型政府。在他的理想社會中，衝突（尤其是政治衝突）絕無僅有，人民尊重並順從政治權威。從表面上看，在高度現代化及西化的香港，董建華的管治哲學是落伍的，而且與社會相抵牾。但事實並非如此。以往的屢次調查發現，傳統思想在香港華人的思維中仍然強固。[7] 在政權交接時，董建華的思想顯然對民眾仍有廣泛吸引力。

大多數受訪者（69.7%）同意"好的政府對待人民就像對待自己的子女一樣"；只有17.3%反對家長型政府。同樣地，大多數受訪者（68.2%）同意政府應立法處罰不肯贍養父母的人，反對此建議者則僅佔21.5%。港人也熱切希望政府能作為人民的道德表率及訓導者，同意"好的政府會教育人民如何好好做人"的受訪者（75.6%）遠比不同意者

（12.4%）多。

　　當被要求在中國與西方的價值觀中做選擇時，港人比較推崇前者。當被問及中國傳統的忠孝仁義思想與西方的自由、民主、人權思想，何者比較適合香港需要時，較多受訪者（32.1%）選擇中國傳統思想，31.1% 認為兩者同樣重要，而認為西方思想較適合的則有 27.4%。更具體而言，只有極少數受訪者（14.1%）認為個人自由比社會秩序重要，持相反意見者多達 59.1%，而認為兩者同樣重要的則有 23.7%。至此，香港華人重集體而輕個人的傾向顯而易見。在比較人權與民眾利益孰輕孰重時，44.7% 的受訪者認為民眾利益應在人權之上，持相反意見者僅有 23.7%，25.7% 的人則認為兩者有相同重要性。這些調查發現顯示，在很多方面，董建華的傳統心態與港人的主流思想相符。這種領導人與人民在思想心態上的共通性，為新政權在爭取認受性時，提供了可資利用的潛在資源。

　　儘管如此，港人的思想在某個重要方面遠非傳統守舊。大多數受訪者不同意以下觀點：“政府行政首長如同大家庭的家長，一切大小公共事務都應該聽從他的決定。”少於 1/3 的受訪者（27.9%）表示願意聽從政府的任何決定。因此，董建華不能輕易地假設人民會千依百順，並以此作為建構其政府認受性的基礎。要換取人民對他的支持，很明顯，他只能切實執行所宣示的寬厚政府承諾。

　　毫無疑問，在中英政權交接時，港人對新政權能否實踐其管治哲學並非信心十足。不過，由於董建華的個人形象蘊含着真誠、正直、謙厚、隨和與勤懇等特質，因此民眾對其政府在實行仁政方面事實上也有一定信心。

　　新政權在尋求政治認受性過程中的另一重要手段是對港人承諾特區政府會在經濟、社會及民生方面有所建樹。回歸前，香港長期受到一些嚴重的經濟、社會及民生問題的困擾，[8] 港英政府又沒有好好予以正視。對董建華政府來說，那些問題正好提供機會，讓它可以尋求民眾支持。事實上，雖然英國人在回歸前的 10 多年中試圖通過高姿態的民主改革去強化管治權威，但港英政府的政治認受性基礎始終源於它在香港經濟繁榮和社會穩定上所取得的成就與所顯示的能力。[9] 在特區成立之初，香港的立法機關（臨時立法會）在民主本質上，與殖民時期的立法局相比顯得力有不逮。因此，新政權更迫切需要依賴工作表現來建立政治認受性，以彌補其在推動民主改革上的能力有限。在正式就職前，董建華明確表示，房屋、教育及老人問題乃新政府的施政重點，他也信誓旦旦地表示將以強化香港經濟競爭力及改善人民生活為己任。在香港經濟旺盛，而特區政府又從港英政府手上接收大筆財政盈餘的情況下，對一般港人來說，董建華的承諾可以信賴。因此，董建華對社會經濟問題的重視符合港人的意願。當被問及一個好的政府應首先關心哪個問題時，34.5% 的受訪者選擇社會穩定、33.4% 選擇民生問題、20.5% 選擇經濟發展、5.4% 選擇人權自由、1.7% 選擇民主發展。同樣地，在經濟繁榮、社會穩定、個人自由及民主政府當中，52.6% 的受訪者認為社會穩定最重要，而認為經濟繁榮、民主政府及個人自由最重要的則分別佔23.3%、10.4% 及 7.7%。考慮到港人的務實取向，新政權嘗試以政績為基礎建立政治認受性應該有較大的成功機會。

事實上，以傳統價值觀及以政績來爭取民眾支持，這兩方面的策略是互相關聯的。在傳統的思想中，仁政是指政府能在物質上及精神上滿足人民的需要。"有效的表現有助於產生道德權威。若要人民接受大量權力集中在國家機器手上的事實，那麼統治者必須證明它是運用這些權力為人民的整體利益服務。政府及其所置身的政權在這方面的成敗，將決定其能否取得人民的擁戴。"[10]

新舊政權的認受性基礎

儘管中央政府意欲並承諾保持香港原來的體制結構及生活方式在殖民管治結束後 50 年不變，但由於新舊政權的管治理念有異，兩者的政治認受性及支持基礎自然也不一樣。

在中英政權交接前夕，殖民管治下的港英政府得到 52.8% 的受訪者信任，而表示信任特區政府者則有 31.7%。考慮到港人依然緬懷殖民管治，而且對特區政府仍普遍存有疑慮，因此這項發現不足為奇。

重要又值得留意的反而是，民眾對港英政府及特區政府的信任有正向關聯。也就是說，人們若信任港英政府，也會信任特區政府。此外，就民眾的個人社會經濟背景（如年齡、性別、學歷等）而言，信任舊政權者的背景與信任新政權者的背景在很多方面相似。港人大體上以他們對港英政府過去的表現及對特區政府未來表現的估計作為準則，決定他們對兩個政府的信任度。因此，受訪者若認為港英政府在一系列事情上表現良好，他們會較傾向於信任舊政府。這些事情包括：改善市民生活、建立廉潔政府、推動經濟發展、保持社會穩定、維護法治、推動民主發展、保障人權與自由、提供社會福利、推行道德教化，以及與中國內地建立良好關係。同樣地，估計特區政府未來會在這些事情上表現良好的人，也會較傾向於信任新政府。從表 12-1 可以看到，受訪者認為港英政府及特區政府都有能力改善市民生活、推動經濟發展、保持社會穩定、維護法治及提供社會福利。但他們相信舊政府的強項在於建立廉潔政府、推動民主發展及保障人權與自由，但在推行道德教化及與中國內地建立良好關係方面則表現較差。特區政府的強項及不足之處剛好是港英政府的弱項及長處。

表 12-1　對港英政府過去表現及特區政府未來表現的估計

（單位：%）

	好		普通		不好		不知道	
	港英政府	特區政府	港英政府	特區政府	港英政府	特區政府	港英政府	特區政府
改善市民生活	54.9	37.2	35.2	37.8	6.5	8.1	3.3	16.8
建立廉潔政府	71.5	24.4	19.3	33.7	2.9	21.3	6.3	20.7
推動經濟發展	75.3	49.1	17.5	29.0	2.6	5.0	4.6	17.0
保持社會穩定	64.2	47.2	29.7	32.1	3.0	6.4	3.1	14.3
維護法治	63.6	34.1	29.0	36.5	2.4	12.0	4.9	17.3
推動民主發展	42.6	11.7	35.1	30.5	8.1	36.8	13.7	20.4
保障人權與自由	53.7	15.1	32.7	34.7	4.2	30.1	9.0	19.8
提供社會福利	41.3	29.8	42.2	43.1	12.4	10.	34.0	16.7
推行道德教化	21.8	37.2	45.9	37.7	22.6	6.8	9.7	18.1
與中國內地建立良好關係	18.4	71.8	40.5	14.3	31.8	1.8	9.1	12.0

　　雖然分別信任新舊政權的人有不少相似之處，但彼此間仍存在差異。信任特區政府的受訪者一般對香港的前途較有信心、較相信"港人治港"及"高度自治"的落實、對中國的前途較具信心、較信任中央政府、較信任董建華，以及較認同"中國人"（而非"香港人"）為自己的主要身份。他們對香港也具有較高的歸屬感、較反對香港繼續保留為英國殖民地、對香港回歸感到較高興、對作為中國人覺得較驕傲、較認為內地與香港不存在利益衝突、較相信特區政府能比英國人更好地管理香港，並且會照顧民眾利益多於富人利益、較支持回歸後的政治體制與政治領袖，以及對香港的民主發展前景較為樂觀。信任舊政權的受訪者則是較信任英國政府且對殖民管治緬懷的人。由此可見，新舊政權支持者之間的主要分別在於政治態度方面。很明顯，大多數港人持有促使人們支持舊政權的政治態度。因此，舊政權比新政權更受民眾信任，便不足為奇。

　　儘管調查發現舊政權比新政權較得民眾信任，但同時意外地發現董建華，一位政治新手，竟然比末代港督兼政壇老手彭定康得到更高的民眾支持。在受訪者中，表示信任董建華的有 26.4%，信任彭定康的則只有 21.5%。民眾對董建華的較高信任也在另一調查發現中得到體現。表示支持董建華治港方針的人（24.7%）比支持彭定康的（22.8%）稍多。此外，與信任新舊政權的正向相關不同，信任彭定康與信任董建華兩者的關係是負向相關的。換句話説，信任彭定康的人一般不信任董建華，反之亦然。很明顯，董建華與彭定康的政治支持基礎不一樣。統計分析顯示，信任特區政府的人與信任董建華的人有相當多的共同特徵。不過，信任董建華的人對中國傳統價值觀更為熱衷，董建華的支持者傾向於把政府與人民的關係視為父子關係、認同好政府應教導人民如何好好做人、認為中國傳統思想比西方思想更適合香港的需要、置民眾利益於人權之上，以及認為與民主發展與人權自由相比，經濟發展、民生問題及社會穩定更應受到好政府的關注。

相反，信任彭定康的受訪者較有可能具有以下特點：對香港的前途缺乏信心、信任英國政府、認為英國確曾履行對港人的道義責任、希望香港繼續成為英國的殖民地、支持彭定康所推行的民主改革、不相信新政權在管理香港上會比舊政權做得好、認為回歸前的政治制度比回歸後的好、信任回歸前的政治領袖、認為民主政府比任何一種政府優越、認為民主政府比經濟繁榮及社會穩定重要、認為人權比民眾利益重要，以及相信西方思想比中國傳統思想更適合香港的需要。

顯然，彭定康及董建華的支持者的政治價值觀有很大分歧。西化程度較高、民主化取向較強的人傾向於支持彭定康；反之，董建華的支持者則多來自尊崇傳統價值觀人士，他們同時有較濃厚的民族意識。由於大部分港人都接受傳統價值觀，所以董建華很自然地比彭定康更受港人歡迎，縱使他與新政權有密切關係。

除較少人認同西方思想的因素外，彭定康個人聲望受到影響，也因民眾相信自身利益因他在任時與中央政府對抗而受損。29.4% 的受訪

者認為彭定康政府所推行的政制改革對香港有利，但認為不利的人也有
19.4%。從表 12-2 可以看出，民眾對其切身利益的憂慮的確影響了他們
對彭定康的信任。一般來說，對香港各種狀況滿意的人較信任董建華而
不信任彭定康。毫無疑問，在現實情況下，有既得利益的人較傾向於抱
怨彭定康損害了他們的利益。

表 12-2　社會滿意現況與信任董建華及彭定康的關係　　　　　　　（單位：%）

	董建華		彭定康	
	信任	不信任	信任	不信任
經濟狀況	34.2	22.5	28.9	31.7
治安	38.8	18.4	—	—
政治狀況	44.7	14.0	32.2	33.1
交通	38.7	21.2	29.8	33.2
房屋	44.4	19.2	32.9	29.2
醫療服務	37.6	18.1	29.2	34.8
教育	36.8	20.9	30.7	33.1
社會福利	42.5	16.1	34.2	30.7
就業	42.9	16.5	31.3	29.3
文娛康樂	34.6	20.6	27.7	32.0

註：表內只包括在卡方檢定中顯著度小於 0.05 的變項的數字，回答信任度為 "普通" 者亦沒有列出，
下同。

　　重要的是，在民眾心目中，舊政權與彭定康並非完全等同，雖然事
實上信任港英政府的人也傾向於信任彭定康。通過表 12-3 可以發現，
認為港英政府在建立廉潔政府、推動經濟發展、保持社會穩定及維護法
治幾個方面政績良好的人，卻較不信任彭定康。相反，正如表 12-4 所
示，如果受訪者估計特區政府在未來表現良好，現在便會信任董建華。

表 12-3　正面評價港英政府過去表現與信任彭定康的關係 （單位：%）

	信任	不信任
改善市民生活	31.6	27.1
建立廉潔政府	27.0	29.6
推動經濟發展	27.1	30.0
保持社會穩定	27.9	30.5
維護法治	27.6	30.4
推動民主發展	30.3	28.6
保障人權與自由	31.5	27.0
提供社會福利	35.9	26.3
推行道德教化	38.0	29.6
與中國內地建立良好關係	44.7	22.0

表 12-4　正面評價特區政府未來表現與信任董建華的關係 （單位：%）

	信任	不信任
改善市民生活	45.2	12.7
建立廉潔政府	57.5	9.2
推動經濟發展	38.0	17.0
保持社會穩定	40.5	16.3
維護法治	49.0	10.5
推動民主發展	62.2	9.5
保障人權與自由	61.7	9.6
提供社會福利	49.2	12.8
推行道德教化	43.7	18.3
與中國內地建立良好關係	32.3	24.2

　　上述調查發現顯示，與對待港英政府的態度不同，港人對彭定康的態度是矛盾的。部分港人可能被彭定康的民主言論及親民作風所吸引，但另有相當部分港人（包括贊同其政治立場的人）不滿他處理與中國內地關係的手法。不少人對香港與中央政府對抗深以為憂，認為此舉非香港利益所在。因此總體而言，彭定康個人所得民眾的信任低於他所領導的殖民政府。

在個人社會經濟背景方面，信任港英政府者與信任特區政府者分別不大。兩個政府都得到年齡較長及學歷較高者的信任。不過，信任彭定康的人及信任董建華的人有顯著分別。總體來説，與彭定康的支持者相比，董建華的支持者年齡較長、學歷較低且家庭收入較少，這些人較易受到董建華的傳統思想所感染，同時，他們對董建華在滿足其物質與精神需要上抱有較大期望。

結論

過去董建華不止一次公開承認自己是"新加坡立國之父"李光耀的仰慕者。作為一位篤信以優良政績為基礎實踐家長式仁政的人，董建華與李光耀的確有很多相似之處。李光耀"通過向人民承諾卓越的經濟表現來迫切爭取人民對其統治的認同，因此他的政策需要特別針對一些嚴重社會問題以求取得實質結果⋯⋯人民行動黨政府意圖將其管治的認受性置於以下基礎之上：一，通過一個有效率且相對（如非完全）廉潔的政府來建構政治秩序。二，通過一個有愛心的（如非完全寬厚的）家長式政府向人民作出為民造福的承諾。"[11] 事實上，作為典型的華人政治領袖，董建華與李光耀都是運用現代包裝來實施中國傳統治道的人物。[12]

就政治認受性而言，香港特區新政權的處境，與人民行動黨在新加坡獨立時的處境相比，更為艱難。董建華政府不能依靠過往輝煌的政績來樹立威望，也沒有一個團結又受人民擁戴的政黨受其指揮。董建華是政壇新丁，又厭惡政治。最重要的是，董建華不是一位經由人民普選產生的行政首長，民眾對其政府擁護中央及親工商界的傾向存有疑慮。同樣重要的是，民眾對殖民管治殘存的緬懷將在相當長時間內對新政權造成困擾。

在這些不利因素下，目前董建華所制定的管治方針恐怕是唯一可行的選擇。在中央政府的強力支持、蓬勃的經濟發展、高效率又盡忠職守的公務員隊伍、龐大的財政儲備等有利條件下，新政府應有能力在社會中建立一個有效的政治支持基礎。我在特區成立前夕所做的民意調查發現，董建華以傳統思想號召及對有能力政府的承諾，的確能為特區政府奠定良好根基。董建華積極塑造的個人政治形象，成功地增加了港人對其政府的期望。雖然民眾仍較信任舊政權，但董建華能在個人威望上勝過彭定康，這本身便很不簡單。

　　不過，新政權尋求認受性所使用的策略是否有效，在相當大程度上依靠良好的經濟增長及充裕的財政儲備。新政府還要在解決香港日益嚴重的社會、經濟及民生問題上顯示有效率與能力。另外不可缺少的是，香港繼續享有高度的社會與政治穩定。只有在這些條件得到滿足後，新政權才可以繼續獲得工商界及普羅大眾的政治支持，抗擊來自進步精英分子的挑戰。當香港的經濟表現不好，新政府財政拮据，而其行政表現又被視為無能時，整個建立認受性的策略便會瓦解。

　　自 1997 年 10 月以來，香港飽受亞洲金融風暴及一連串不幸事件（禽流感肆虐、巴士意外叢生、醫療機構屢次出錯）的蹂躪，特區政府以及董建華個人的民望也急劇下降。值得留意的是，董建華民望的下降速度比特區政府慢。這個事實顯示，董建華對傳統價值觀的推崇，在支撐其民望方面仍然發揮作用。畢竟在艱苦時刻，港人熱切渴望新政府是個不折不扣地實行家長式仁政的政府。如果董建華不能信守承諾，民眾不單會因期望破滅而遷怒於政治認受性仍然脆弱的特區政府，而且最終會毀滅一位意圖以傳統思維作為其認受性基礎的政治領袖。

註釋

1. Lau Siu-kai, "Democratization and Decline of Trust in Public Institutions in Hong Kong," *Democratization*, Vol. 3, No. 2 (1996), pp. 158-180.

2. 所有調查採用相同的抽樣程序。調查的總體是年滿 18 歲的香港華裔居民，樣本為概率樣本。首先由港英政府統計處協助，在全港以分區等距方式抽取居住單位地址；其次是抽選住戶，如果已選取的居住單位有超過一家住戶或為一羣體住戶（如宿舍），訪問員將根據隨機抽選表，抽選其中一家住戶或一位符合資格人士接受訪問；最後是抽選受訪者，如果已選取的住戶有超過一位符合資格人士，訪問員將利用基什方格（Kish Grid）抽選其中一位接受訪問。回應率是扣除無效和沒有使用的住址後計算：（1）1992 年調查完成 868 個訪問，回應率為 55.4%。（2）1995 年調查完成 408 個訪問，回應率為 61.5%。（3）1997 年調查完成 701 個訪問，回應率為 49.7%。

3. Lau Siu-kai and Kuan Hsin-chi, "Public Attitudes toward Political Authorities and Colonial Legitimacy in Hong Kong," *Journal of Commonwealth and Comparative Politics*, Vol. 33, No. 1 (1995), pp. 79-102.

4. 53.4% 的受訪者表示對香港的前途有信心，表示沒有信心的只有 11.1%，另有 32.1% 表示其信心一般。

5. 由 400 人組成的推選委員會除負責選舉首任行政長官外，還負責選舉臨時立法會全體（共 60 名）議員。

6. 可參見：董建華．共同建設二十一世紀的香港 [M]．香港：政府印務局，1996：5、10. 董建華．追求卓越、共享繁榮：中華人民共和國香港特別行政區成立慶典行政長官董建華演辭 [M]．香港：政府印務局，1997.

7. Lau Siu-kai and Kuan Hsin-chi, *The Ethos of the Hong Kong Chinese* (Hong Kong: Chinese University Press, 1988).

8. Lau Siu-kai, "The Fraying of the Socio-economic Fabric of Hong Kong," *Pacific Review*, Vol. 10, No. 3 (1997), pp. 426-441.

9. Lau and Kuan, "Public Attitudes toward Political Authorities and Colonial Legitimacy in Hong Kong."

10. Muthiah Alagappa, "Introduction," in Muthiah Alagappa (ed.), *Political Legitimacy in Southeast Asia: The Quest for Moral Authority* (Stanford: Stanford University Press, 1995), pp. 22.

11. Khong Cho-oon, "Singapore: Political Legitimacy through Managing Conformity," in Muthiah Alagappa (ed.), *Political Legitimacy in Southeast Asia*, pp. 112-114.

12. Lucian W. Pye, *Asian Power and Politics: The Cultural Dimensions of Authority* (Cambridge, MA: Belknap Press of Harvard University Press, 1985); Lucian W. Pye, *The Spirit of Chinese Politics* (Cambridge, MA: Harvard University Press, 1992); Richard H. Solomon, *Mao's Revolution and the Chinese Political Culture* (Berkeley: University of California Press, 1971).

第 13 章　中國傳統政治取向與政治參與[*]

中國文化不利於民主發展嗎？這個問題不易解答。中國文化的含義豐富，到底是哪些內容產生了甚麼作用？民主發展的含義也不簡單。當代民主化理論主張分清"建立""鞏固"與"擴展"等方面，因為不同的過程涉及不同的規律，不能混為一談。大體上，現代化理論傾向於論述民主建立，而文化理論則較注重民主鞏固。前者認為工業化、城市化、教育普及、經濟成長等力量會帶來社會結構和規範的巨變，尤其是社會多元化和中產階級的興起最終促成民主制度的建立；後者主張任何政治制度需有相對應的文化才能順利運作。因此，把民主制度移植到專制的文化土壤是不可能成功的。

"中國文化不利於民主發展"這個命題的正誤涉及文化（主觀思想）、社會經濟變遷（環境條件）、現行政治制度（權力的遊戲規則）和政治領導（制度選擇與運用）之間的複雜關係。理清這些關係着實超過本文能力。這裏只能就較具體問題，即中國傳統政治取向對政治參與的影響提供一些觀察，希望有助於探討文化與民主的關係。

我們的基本假設是中國傳統政治取向對政治參與有消極影響。換言之，傳統政治取向被視為因素，政治參與被視為結果，影響政治參與的因素還有很多，其中較重要者包括政治制度、社會經濟現代化等，我們都得在推論過程中控制好。

---

* 本文與關信基合著，原以英文發表，刊於 Kuan Hsin-chi and Lau Siu-kai, "Traditional Orientations and Political Participation in Three Chinese Societies," *Journal of Contemporary China*, Vol. 11, No. 31 (2002), pp. 297-318。中文版曾以"中國傳統政治取向與政治參與"為題，刊於《二十一世紀》，總第 64 期（2001），61-71 頁；現在的譯本再經修訂。

有關傳統政治取向和政治參與的數據來自中國內地、台灣和香港的調查，樣本根據成年人口隨機抽樣建立。[1]樣本有效總數分別是 3 360 人、1 402 人和 892 人。調查是在 1993 年（台灣與香港）和 1994 年（內地）進行，方式是面對面的訪談。

我們的推論基礎是三地的比較。三地的文化傳統基本上應當一致，但在社會經濟現代化程度和政治制度方面有顯著差異。因此，在比較的基礎上進行政治取向與政治行為間的相關性分析（correlation analysis）應可以分辨出傳統、現代化和制度的個別效果。

然而，我們的推論結果並不足以證明"中國文化不利民主發展"這個命題正確與否。因為傳統政治取向只是政治文化中的一個環節，而政治文化也不能等同於文化。雖然我們認為提出這個命題的人多半是暗指傳統的政治文化，或稱數千年來的君主專制傳統不利於民主發展。

此外，我們雖可以指定政治參與涵蓋民主的兩個主要角度，即參與和競爭，但政治參與不能等同於民主發展。例如，把政治參與的研究聚焦到競爭性，甚至反對性參與的現象，便能一針見血地捕捉到民主精神。然而，民主發展不僅僅是參與制度與行為上的發展，還涉及法治精神和多種自由制度的發展。因為後者的落後，前者也不可能健全。[2]

基於上述限制，我們的分析結果如同盲人摸象，不一定能摸到全貌。但願這些區區貢獻能引發更多的研究與討論。

傳統政治取向的意義與測量

中國傳統政治取向的基本內容是"道德國家"。這個源於亂世的大傳統有着極強烈的秩序關懷，例如務求在五倫之中，各安其分以達致和諧。差序結構帶來專制獨裁的傾向，最後有賴倫理教化的制約。一切倫理教化從個人的修養做起，推演到齊家、治國、平天下。治國者不求以力壓人,乃求以德服人。君子似風、小人如草,為官者就像家裏的長者,立道德榜樣,愛民如子。這種國家觀念是為道德國家,與以經濟發展為己任的國家、現代獨裁國家或民主國家都相去甚遠。

以上博大精深的傳統思想是否仍然存在於中國人心中?這是個很難測量的問題。問卷調查方法要求把複雜的觀念化為一般人能理解的陳述,但具體陳述永遠表達不了豐富的理論,甚至有以偏概全的風險。因此,一個思想觀念應盡量用很多表達不同意義的陳述來代表。問題是,調查訪問時間有限(尤其是在像香港這樣生活繁忙的大都市),而且陳述問句的數目越多,調查的邊際效益越累減。基於上述考慮,我們選擇了 9 個陳述句來代表中國的傳統政治取向,在實地調查時詢問受訪者是否同意。

這些陳述句都在表 13-1 中詳細列出,為了便於討論,我們把它們簡稱為:道德政府、道德領袖、道德自主、國家優於個人、我為國家、精英主義、家長主義、穩定優於多元、穩定優於民主。

第八句和第九句表達的是傳統觀念中的秩序情結。嚴格來說,這是秩序情結的現代版本,因為多元和民主的概念,在大傳統思維中縱然存在也無關宏旨。第六句和第七句表達的主要是差序結構的非道德倫理部分。勉強地說,第六句也許可以和"君子之德如風"之類的想法扯上關係,而第七句也許可以反映中國傳統上把國事家事化的傾向。第四句和第五句是對集體主義與集體認同的測量,由於傳統思想中集體軸心定在家,而不在國,所以這兩句把軸心定在國家概念上存在一些問題;不過,我們的演繹既然是政治取向,即政治文化,而非較廣義的文化,那麼這兩句的提法是可以接受的。至於前 3 句正是道德國家的扼要陳述,當然,道德自主是道德國家的反義語。

表 13-1　傳統政治取向　　　　　　　　　　　　　　　　　　　　　（單位：%）

		內地	台灣	香港
社會上道德風氣敗壞是政府的錯	(道德政府)	82.2	52.7	23.9
只要有品行端正的領袖，我們就可以把所有公共事務託付給他們，我們不必多給意見	(道德領袖)	71.3	48.0	27.2
一個人的品行好壞是他自己的事，與政府無關，政府不該過問	(道德自主)	37.4	56.1	48.8
先有個人，才有國家，個人是國家的根本	(國家優於個人)	81.7	30.5	24.9
不要問國家為自己做了些甚麼，要問自己為國家做了些甚麼	(我為國家)	86.7	60.7	57.5
教育程度高的人，應該對政治有更大發言權	(精英主義)	66.9	31.3	44.5
政府行政首長正如大家庭的家長，一切大小事情都該聽他決定	(家長主義)	73.6	30.1	24.0
在一個地方有許多不同的團體出現，會影響地方的安定與和諧	(穩定優於多元)	42.6	54.3	41.6
如果進一步推行民主化會影響內地／台灣／香港的安定	(穩定優於民主)	31.6	21.7	26.1

註：表內數字是回答"同意"和"很同意"的受訪者佔比。第三句（道德自主）和第四句（國家優於個人）的數值經反向編碼以代表傳統取向。

政治參與的意義與測量

　　民眾企圖影響政府行為的任何活動都屬於政治參與。[3] 這是非常廣泛的說法，在一些方面和西方政治學的主流看法有重要區別。

　　首先，西方有關政治參與的主流研究重點在於選舉以及與選舉有關的行為，例如，競選、助選活動。本文並不注重任何特定的參與模式。其次，西方的研究多數局限於合法的參與活動，而我們並不管行為是否違法，都將其納入研究範圍，例如，示威抗議可能是非法行為。最後，西方學者大多只對企圖影響決策的行為感興趣，而我們的興趣點則包括企圖影響政策執行的行為。

這些差異的原因在於，西方學者多數研究成熟民主國家的政治參與，即民主參與，而我們則對非民主或正在民主化地方的政治參與更感興趣。民主參與的研究視民主制度為當然，公民的參與，尤其是對決策的參與，要求足夠的制度供應，例如，選舉、創制、公決等制度，因此無需進行非法活動，或在民主理論中較為次要、企圖影響政策執行的活動。我們關心的是民主化中的華人地區，這是過渡政治的研究，民主參與的制度不能視為當然，甚至縱然已引進選舉制度，但參與平等的原則尚未貫徹（如香港），或者由於制度的地域、事務或運作上的局限，有可能流於形式（如內地鄉村）。換言之，在普遍情況下，民眾有必要利用任何機會，突破官民間的差序結構，以捍衛自己的利益。這類活動不能不當作政治參與，而且在民主化理論的研究中至為重要。

根據上述理論精神，我們選擇了 27 種行為作為研究對象。[4] 它們可以通過統計學上的因素分析被歸類為投票、競選、請願、用關係、找對手出頭和抗議六大參與模式。[5] 限於篇幅，本文不能一一解釋。然而，找對手出頭模式有必要說明一下。這裏包括 8 種活動，其中除了"到領導家軟磨硬泡"外，都涉及找可能與政府抗衡的人或制度出頭，其中火藥味較濃的有"找反對黨幫忙"和"到法院告狀"兩種；至於"找政治組織""找民意代表（議員）"或"找工會 / 農會"表達意見這 3 類活動也許不一定有對抗政府的味道；"寫信到報社投訴"及"向投訴信訪機關投訴（檢舉）"則處於以上兩極之間。

兩岸三地的政治參與比較

現在，讓我們先看看 3 個華人地區的政治參與頻率。表 13-2 清楚顯示了三地政治參與模式的異同。

表 13-2　政治參與

（單位：%）

	內地	台灣	香港
投票	59.1	91.0	29.6
競選	24.2	36.3	9.2
請願	42.7	11.2	13.7
用關係	14.4	7.6	6.3
找對手出頭	8.7	6.1	12.9
抗議	4.8	1.4	14.2

註：表內數字是回答"有參與"的受訪者佔比。

　　首先，投票是 6 種參與模式中最重要的，這一點三地都一樣。但是，三地的差異才最有趣。對台灣而言，政治參與的特色全都集中在投票及與競選有關的活動上，其參與頻率之高應有資格問鼎世界冠軍。我們相信原因來自制度方面。這是台灣民主化階段的第二屆"立法院"選舉，新鮮的激情推動參與活動。相比之下，香港第一屆立法局地區直選只有 39.1% 的投票率，可以說非常冷清。這只怪香港的民主化有"和稀泥"特徵。要知道，立法會 60 個席位中，只有 18 席由地區普選產生，這樣的安排對政府組成和公共政策都不會產生影響，理性選民當然不會投票。內地選民參與投票及與競選有關的活動的頻率都比香港高，除了因內地的有關尺度包含兩層選舉外，也跟制度安排存在動員成分有關，這方面在後面還會談到。

　　就差異而言，內地民眾的政治參與以請願和用關係兩種比較傳統的模式為主，其中請願最為突出，約 43% 的受訪者都參與過這種活動。在民主參與制度不健全和傳統政治取向充斥的條件下，這些模式的流行可以理解。不過由於篇幅有限，我們不打算在此提供有關的實證分析。

　　最後，香港民眾的政治參與特徵是沒有單一突出模式。請願、找對手出頭和抗議的出現頻率都差不多。有意義的是，和其他兩個地區比較後可以發現，港人喜歡對抗式的政治參與。在選舉制度不健全但自由制度有基礎的環境下，抗議應是政治參與的合理出路。

三地的傳統政治取向

　　在研究設計之初我們估計，香港因受社會經濟現代化及教育西化的影響甚深，因此政治取向應最不傳統。而台灣由於國民黨長期維持專制統治及宣揚儒家傳統價值，政治取向應最傳統。至於內地，因有革命在先，社會主義教育在後，估計傳統的政治取向較難有生存空間。這些假設的實證檢驗結果可從表 13-1 看出，其結果是：內地民眾最傳統，香港民眾最現代，台灣民眾居中。內地在道德國家觀的許多具體問題上的取向[6]達成共識的程度，[7]約為香港的 3 ～ 4 倍。這是本研究的一項重要發現。顯然，革命和社會主義教育並沒有發揮破舊立新的功用，傳統的道德國家文化只是換上了一件新的政治意識形態外衣。

　　比較而言，港人的現代化大概也源於獨特的政治經驗。他們比較傾向於個人主義，受不了道德政府、道德領袖、家長主義的說法。這也難怪，港英政府、英國派來的高官終究都是外族統治，哪怕施政多麼英明和有效率，最後還是不可能得到道德認可。

　　至於台灣，正是政治變遷使民眾處於傳統與現代之間。在民主化巨浪下，精英主義難有市場，對自身的重新定位帶來個人主義與集體認同的緊張，大約一半的人認同道德政府和道德領袖的信念，也許是因轉變方向而產生迷惑的反應。

　　最後，不要忽略三地唯一相同的信念。仔細觀察表 13-1 有關秩序情結與民主化關係的態度取向可以看出，三地的數值在所有取向數值中差異最小。這說明民主的普遍性價值已深入中國人的內心，只有兩到三成的受訪者會為穩定而贊成犧牲民主發展。民主得不到發展，錯不在人民！

政治取向的社會經濟基礎

兩岸三地在中國傳統價值取向上的顯著差異正好說明了文化不是一成不變的。任何一種現行文化都可以找到傳統的影子，也受到新經驗的洗禮。在上一節，我們通過比較三地的傳統政治取向，尋找有關制度經驗的差異作用。在這一節，我們可以通過問卷調查數據，對社會經濟現代化的作用進行實證分析。結果可見表 13-3。我們把政治取向分成三大類：現代取向、過渡取向和傳統取向。[8] 然後對它們和代表社會經濟現代化的變項（例如，學歷、年齡、居住地、[9] 職業 [10] 和性別 [11]）進行相關分析。

表 13-3 提供的重要信息是，社會經濟現代化會消滅傳統價值取向。屬於傳統取向的往往是學歷低、年齡大、住在農村、從事非白領工作的人。現代化力量在香港尤其重要。香港的學歷與政治取向的相關系數（-0.566）約是內地的 3 倍、台灣的 1.5 倍。而職業方面，香港的相關系數（0.217）約是內地的兩倍、台灣的 2.5 倍。

表 13-3　政治取向的分佈
（單位：%）

	傳統取向			過渡取向			現代取向			（人數）		
	內地	台灣	香港	內地	台灣	香港	內地	台灣	香港	內地	台灣	香港
學歷												
沒上學	52.0	13.9	17.3	41.1	50.2	38.7	7.0	35.9	43.9	(1 047)	(223)	(173)
小學	53.7	20.9	10.5	39.2	42.4	40.0	7.1	36.7	49.5	(899)	(335)	(190)
中學	43.2	11.7	4.3	41.8	32.1	17.9	15.0	56.1	77.7	(1 251)	(588)	(368)
專上	24.2	6.9	1.3	46.7	19.4	6.3	29.1	73.8	92.5	(86)	(248)	(159)
(Gamma：內地 =-0.178***，台灣 =-0.341***，香港 =-0.566***)												
年齡												
18~30 歲	42.1	8.2	2.6	42.9	27.0	14.0	15.0	64.8	83.3	(1 378)	(341)	(228)
31~40 歲	52.8	9.6	5.6	39.0	31.3	24.3	8.2	59.2	70.1	(686)	(387)	(284)
41~50 歲	52.2	14.7	8.8	40.2	40.0	25.3	7.7	45.3	65.9	(479)	(225)	(182)

(續表)

| | 傳統取向 | | | 過渡取向 | | | 現代取向 | | | （人數） | | |
	內地	台灣	香港	內地	台灣	香港	內地	台灣	香港	內地	台灣	香港
51~60 歲	56.9	19.6	14.6	36.7	40.2	33.7	6.4	40.2	51.7	(368)	(189)	(89)
60 歲以上	49.9	20.1	15.9	42.8	44.0	39.3	7.3	35.9	44.9	(374)	(259)	(107)
(Gamma：內地 =0.153***，台灣 =0.284***，香港 =0.374***)												
居住地												
農村	51.0	14.0	—	39.7	42.5	—	9.3	43.5	—	(2 288)	(515)	—
鄉鎮	32.4	15.7	—	54.7	40.2	—	13.0	44.1	—	(136)	(127)	—
小城	42.6	12.1	—	44.8	32.6	—	12.6	55.3	—	(489)	(463)	—
大城	45.4	13.3	7.6	38.9	24.6	24.6	15.8	62.1	67.8	(372)	(293)	(890)
(Gamma：內地 =-0.142***，台灣 =-0.174***，香港 = 不適用)												
職業												
白領	36.4	12.8	3.1	45.9	27.8	16.8	17.7	59.4	80.1	(2 909)	(468)	(351)
其他	49.9	13.6	10.6	40.4	38.9	29.7	9.8	47.5	59.7	(376)	(933)	(539)
(Eta：內地 =0.102***，台灣 =0.085***，香港 =0.217***)												
性別												
男性	48.5	13.2	7.0	39.6	32.9	22.3	11.9	53.9	70.7	(1 682)	(709)	(460)
女性	48.1	13.5	8.3	42.5	37.4	26.7	9.4	49.1	65.0	(1 602)	(692)	(430)
(Eta：內地 =0.015，台灣 =0.037，香港 =0.056)												

*p<0.05　　***p<0.001
註：人口少於 100 萬算小城，100 萬及以上算大城。

傳統政治取向對政治參與的影響

　　本章重點在於探討中國傳統政治取向是否對三地的政治參與有抑制作用，依變項是政治參與指數，由 6 種參與模式組成。這個假設的求證可以分兩步進行。首先，我們只看這兩個現象之間是否有關係。其次，我們會控制學歷（代表現代化的作用）觀察原來的關係是否會發生變化。分析結果列在表 13-4 中，其中括號內數字是淨相關系數（partial correlation coefficient），即控制了學歷的影響後，剩下的傳統政治取向與政治參與的關係。[12]

表 13-4　影響政治參與的因素

	內地		台灣		香港	
個人社會經濟背景						
學歷	0.18***	0.23***	0.20***			
年齡	-0.01	(-0.11***)	0.06*	(-0.13***)	-0.10**	(0.03)
職業	0.14***	(0.07***)	-0.26***	(0.18***)	0.11**	(-0.00)
性別	-0.13***	(-0.09***)	-0.17***	(-0.15***)	-0.07*	(0.00)
居住地	0.11***	(0.06**)	0.07**	(-0.01)	—	
收入	0.02	(0.00)	-0.09**	(-0.05)	0.02	(-0.02)
政治認知心理						
政治興趣	0.30***	(0.25***)	0.37***	(0.35***)	0.32***	(0.33***)
政治效能感	0.13***	(0.11***)	0.24***	(0.17***)	0.24***	(0.20***)
傳媒使用	0.20***	(0.15***)	0.25***	(0.14***)	0.23***	(0.18***)
政治知識	0.15***	(0.04**)	0.23***	(0.10**)	0.17***	(0.07)
組織						
社會參與	0.16***	(0.11***)	0.20***	(0.21***)	0.24***	(0.20***)
黨員身份	0.23***	(0.21***)	0.20***	(0.16***)	0.00	(-0.02)
政府輸出	0.09***	(0.06**)	0.18***	(0.01**)	0.20***	(0.17***)
政治恐懼	-0.02	(0.01)	0.07*	(0.07*)	-0.17***	(-0.13**)
傳統政治取向	0.04*	(0.04*)	-0.06*	(0.02)	-0.17***	(-0.08)

*p<0.05　　**p<0.01　　***p<0.001
註：表中數字是皮爾森相關系數；括號內數字是控制學歷後的淨相關系數。

　　首先，單獨來看，傳統政治取向對政治參與有影響，但不大。表
13-4 中，有關傳統政治取向的皮爾森相關系數除香港外均非常微弱。
可見，傳統政治取向在現代化最高的香港更能發揮抑制政治參與作用。
奇怪的是，傳統政治取向在最傳統的內地居然能促進政治參與。我們將
在後面解釋這個矛盾。

　　其次，控制了學歷的影響後，情況是否不一樣？答案是肯定的。
參考括號內淨相關系數，在香港和台灣，傳統政治取向本對政治參與有

負面影響，控制了學歷因素後，這個影響完全消失，這表示社會經濟現代化（以學歷為代表）在發揮作用。依然奇怪的是，在內地，不管人們的學歷是高還是低，傳統政治取向都有助於政治參與，這個難題以後再解。[13]

　　表 13-4 除列出所有與傳統政治取向有關的數值外，還提供了其他可能影響政治參與的因素，以便我們辨認兩岸三地的異同。[14] 相同的方面是學歷與政治興趣都促進了政治參與，而且政治興趣最有效（包括控制了學歷之後）。不同之處包括：一，黨員身份只在內地有顯著動員政治參與的作用，在其他兩地並不顯著。二，只有在台灣，職業（是否白領）可以解釋政治參與頻率的差異。[15] 三，社會參與，即民眾是否參加社會組織，對台灣和香港民眾的政治參與有正面影響。更有意思的是，社會參與作用在台灣並不因學歷的高低而減弱。[16] 四，香港的特色在於混雜，影響民眾政治參與的因素是多樣的，除了和其他兩地共通的學歷和政治興趣外，還包括政治效能感、[17] 傳媒使用 [18] 和社會參與。

傳統政治取向與制度動員

　　上文提到了一個理論與實證的矛盾。理論上，傳統政治取向應不利於政治參與。實證結果是，在內地，傳統取向高的人，政治參與頻率也高，而且這個關係絲毫不會因學歷的差異而變化，也就是說傳統政治取向對政治參與有獨立的影響，不受現代化干擾。為甚麼？解答這個疑團，要從制度和政治參與模式入手。

　　我們在上文提過 6 種政治參與模式。現在需要說明的是，不同模式涉及不同的難易程度、不同的資源需要，甚至不同的政治風險。例如，投票是比較不花費時間和其他資源，而且政治風險較低的行為；相反，抗議需要付出更大的資源代價，並且承擔一定的政治風險。所以，我們可以假設，由於政治參與模式不同，各種影響參與的因素的效能也不同。

再者，我們相信制度安排差異會影響政治參與。制度是一種誘因結構和規範結構，既可以剝奪某種參與途徑，也可能提供某種參與機會，甚至有時候通過規範（公民責任）或賞罰（強制投票）來動員民眾的政治參與。我們假設，具有傳統政治取向的人較易被政治制度動員。

首先讓我們看看，政治參與模式不同時，傳統政治取向是否不一樣。表 13-5 的分析結果清楚地表明，在控制了學歷的影響後，投票、與競選有關的活動和請願等參與行為與傳統政治取向有正向關係；用關係、找對手出頭和抗議等參與行為則與傳統政治取向無關。也就是說，傳統政治取向和整體政治參與指數的正向關係，主要由前 3 種參與模式（尤其是與競選有關的活動）決定。

表 13-5　內地的傳統政治取向與政治參與模式

投票	0.04*	(0.04*)
競選	0.08***	(0.09***)
請願	0.03	(0.04*)
用關係	0.00	(0.02)
找對手出頭	0.02	(0.03)
抗議	-0.04*	(-0.03)
政治參與指數	0.06***	(0.08***)

*p<0.05　　***p<0.001

註：表中數字是皮爾森相關系數；括號內數字是控制學歷後的淨相關系數。自變項是傳統政治取向，依變項是 6 種政治參與模式和政治參與指數。

可是，為甚麼傳統政治取向會對現代參與模式，例如，投票和競選等，有促進作用？[19] 我們的假設是因為制度動員。可惜的是，我們在設計研究時，未能預計到這些制度對不同參與模式（尤其是有關競選活動方面）的動員作用。因此，我們事後不能對其進行因應分析。幸運的是，我們針對投票參與的原因包含了"無法選擇，上級要求我去投票"的選項。我們可以根據這一問題的回答，把內地的選民分成自發投票者和動員投票者，然後再論證傳統政治取向是否對這兩種選民有不同作用。分析結果（見表 13-6）是，具有傳統政治取向的選民傾向於被動員投票，而具有非傳統政治取向的選民則多屬於自發投票。

表 13-6　內地的選民類型與動員選舉

（單位：%）

	自發投票	動員投票	（人數）
傳統政治取向的投票者	89.9	10.1	（1 233）
非傳統政治取向的投票者	95.7	4.3	（2 063）

註：卡方值（X^2）=42.7，自由度 =1，顯著度 <0.001。

結論

上述實證分析可以簡單總結為 5 點。

第一，就政治取向而言，內地人最傳統，港人最現代，台灣人居中。

第二，單獨來說，中國傳統政治取向對香港和台灣的整體政治參與有消極影響。

第三，控制了現代化（以學歷為指標）的影響後，上述影響在兩地完全消失。可見，現代化力量對政治參與（引申而言，對政治發展）的重要性。

第四，和台灣、香港兩地截然不同的是，中國傳統政治取向對內地人民的政治參與有積極作用，而且絲毫不受現代化力量的干擾。

第五，這個違反有關理論假設的內地現象可以通過制度動員來解釋。內地當年還是一個動員政體（movement/mobilization regime），特定的制度安排可以動員羣眾從事特定行為，例如投票。而這種動員作用對持有傳統政治取向的人比較有效。

中國文化是否不利於民主發展？我們可以根據上面的分析結果作

出以下推測。中國傳統政治取向是中國文化的一部分，可能也是內容上與民主最不相容的一系。政治參與是民主發展必須處理的一個環節，尤其是競爭式、反對性的參與。我們發現，傳統政治取向雖不利於提升政治參與，但作用有限，並隨着現代化而消失，正如香港和台灣所顯示的那樣。因此我們不得不質疑"中國文化不利於民主發展"的命題。何況文化同源的台灣，不正是建立起民主制度，剛剛經歷和平的政府交替，並進入民主鞏固期嗎？

更重要的是，文化並非一成不變，因為隨着政制改革、新經驗累積，文化內涵會發生變化。德國的民主化經驗最能發人深省。第一次世界大戰後的魏瑪共和國建立了新的民主制度，它的崩潰被認為是軍國主義的文化土壤結不出民主果子的例證。"二戰"結束後，西德在盟軍的強制下恢復了民主制度，即聯邦德國，東德在蘇聯的扶植下建立了民主德國。西方學者一直擔心聯邦德國會步魏瑪共和國的後塵。20世紀50年代末、60年代初的比較政治文化研究也發現，西德人欠缺公民文化有可能危及民主穩定。但到了20世紀70年代中期，新的比較政治文化研究發現，西德人的公民文化已和英美人並駕齊驅，首次證實民主制度的發展足以改變不民主的傳統文化。更有趣的是，東西德統一後，兩地政治文化研究發現，東西德人由於過去政治生活的差異，經歷的制度不同，所以對民主的理解有顯著不同。前者較看重以自由權利為基礎的民主，後者則較看重以社會權利為主的民主。這項研究再次證明，東西德人雖然文化為同源，但制度差異可以影響文化的發展軌跡。因此，我們可以大膽地把原先的命題倒過來問：民主發展是否不利於中國傳統文化的維持，而有助於新文化的開拓？

答案之一還在於制度的革新和政治領袖的膽識。我們曾提到中國傳統的政治取向可以被制度利用，成為有利於某種動員式政治參與的工具。同樣地，有膽識的政治領袖，也可以設置新制度來改變民眾的思想與行為。上文也提到兩岸三地人民都已接受民主觀念，不認為應為穩定而不追求民主發展。顯然，民主發展的責任不在於人民的政治文化不夠成熟，而在於政治領袖對權力、利益的迷戀。有遠見、有膽識的領袖，應改革教育制度讓我們的後代擁有獨立思考的能力，改革大眾傳播制度使信息得以自由流動，改革政黨制度讓人才從公平競爭中成長，改革選舉制度讓人民真正可以當家作主。

註釋

1. 內地樣本不包括西藏。

2. 近年來，許多學者提出，民主化有往前和往後之分（forward vs. backward democratization）。早期英美等國家的民主化是先具備了法治與自由的基礎，然後才發展參與制度，例如普選制度。後期所謂"第三波"的民主化，卻是一步到位開展一人一票的全民普選，但是競爭、反對性的選舉參與得不到法治與自由的保障。因此，"第三波"民主化的國家還需要往後補課，跟進法治與自由的調養。

3. 這裏的政治參與，並不包括企圖推翻現行政權的活動，例如，革命是一種獨特的政治行為，自成一個研究領域。

4. 這 27 種行為中，"參加村委會選舉"和"在單位按章工作"是內地特有。"找經辦人的上司直接談判"和"找反對黨幫忙"是台灣特有。因此，香港的總體政治參與尺度只包括 23 種行為，台灣和內地包括 25 種行為。

5. "投票"在內地包括村委會和地方人大兩個層次的選舉，台灣指的是"立法院"，香港則為立法局。"競選"尺度是 5 種有關活動的總和。"請願"尺度包含 5 種（適用於內地與香港）或 6 種（適用於台灣）行為。"用關係"尺度是 4 種活動的累加。"找對手出頭"尺度有 6 種（適用於香港）或 7 種（適用於大陸與台灣）行為。"抗議"尺度是兩種（適用於台灣與香港）或 3 種（適用於內地）行為的總和。

6. 這裏指的是道德政府、道德領袖、家長主義等方面。

7. 一個社會裏的人如果有 70% 或以上共同持有某一種特定信念，我們就可以説該社會在這方面有共識。

8. 這 3 種取向類型的尺度經 4 個步驟建立起來。首先，正如表 13-1 的注釋所述，有關道德自主和國家優於個人兩項陳述句所取得的回答數值，需要反向編碼以保證所有正價值都表示傳統取向。其次，若所有陳述的回答是"很不同意"，重新定值為 -1.5，"不同意"為 -0.5，"同意"是 0.5，"很同意"為 1.5。然後所有 9 題陳述的回答值加起來。最後，凡是總值在 0 或以下的定為現代取向。1.51 及以上的定義為傳統取向，其餘是過渡取向。

9. 居住地可以測量城市化的影響。

10. 職業反映經濟由農業社會，經歷工業化，再走向服務業為主導的經濟現代化過程。此外，服務業的從業人員（白領）常被視為支持民主化的重要階層。

11. 性別並不能直接反映社會經濟現代化，雖然後者對兩性平等有重要貢獻。而兩性平等化後對政治參與的性別差異有影響。表 13-3 顯示了性別與政治取向毫無關聯。

12. 比較理想的辦法是執行多變項的回歸分析（multivariate regression analysis）。這樣既可以清楚確定傳統政治取向為因、政治參與為果，也可以檢驗其他可能的解釋。但由於進行各種假設中的自變項

（傳統取向、組織因素等）與假設中的依變項（政治參與）間散點圖（scatterplot）分析後發現它們的關係呈現非線性（non-linear）特徵，違反回歸分析的基本條件。因此，決定改用淨相關分析（partial correlation analysis）的方法。相關分析只能找出關係是否存在，並不能確定因果的方向。

13. 根據表 13-4 第一列學歷與政治參與的相關系數，內地的數值也是最小。這是否意味着內地教育不是很強的現代化工具？

14. 在比較三地的異同時，我們把淨相關系數不達 0.18 者視為關係不顯著。

15. 廣義地推論，香港的中產階級不是民主化的有效推動力量，而內地的中產階級恐怕還未成長為有效力量。

16. 進而言之，社會參與連同職業（白領）的作用一塊考慮可以得出如下假設：以中產階級為骨幹的社會運動是台灣民主化過程中一種獨立於現代化影響的力量。

17. 政治效能感是由 4 個問題的回答值累加組成的。問題 1 是 "我認為自己很有能力參與政治"，問題 2 是 "我認為自己非常了解（內地／台灣／香港）所面對的重大政治問題"，問題 3 是 "像我這樣的人對政府決策沒任何發言權"，問題 4 是 "我認為政府官員並不太在乎我這類人的想法"。回答的選擇是 "很不同意" "不同意" "同意" "很同意" "不知道" "拒答"。

18. 傳媒使用是指受訪者在過去一週看報紙、看電視和聽廣播電台新聞節目的頻率，以天數計算，3 種傳媒加總達成傳媒使用尺度。

19. 假如請願可以被算作一種自古以來已有的政治參與模式，那麼它和傳統政治取向成正比應是理所當然的。